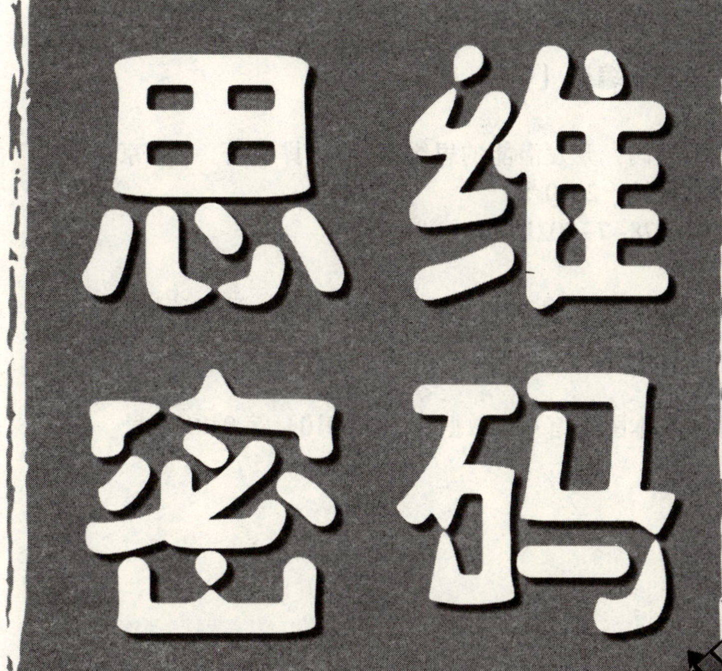

开发潜能的思维游戏

KAI FA QIAN NENG DE SI WEI YOU XI

常 桦◎编著

西苑出版社

图书在版编目（CIP）数据

思维密码：开发潜能的思维游戏/常桦编著．—北京：西苑出版社，2010. 5
ISBN 978-7-80210-674-1

Ⅰ. ①思… Ⅱ. ①常… Ⅲ. ①智力游戏—通俗读物
Ⅳ. ①G898. 2

中国版本图书馆 CIP 数据核字（2010）第 049176 号

思维密码：开发潜能的思维游戏

编　　著　常　桦
出版发行　西苑出版社
通讯地址　北京市海淀区阜石路 15 号　　邮政编码：100143
电　　话：010-88624971　　传　　真：010-88637120
网　　址　www. xycbs. com　　E-mail：xycbs8@126. com
印　　刷　唐山新苑印务有限公司
经　　销　全国新华书店
开　　本　787mm×1092mm　　1/16
字　　数　260 千字
印　　张　13.75
版　　次　2010 年 5 月第 1 版
印　　次　2010 年 5 月第 1 次印刷
书　　号　ISBN 978-7-80210-674-1
定　　价　22.00 元

前　言

你是否曾为一个本来简单的数学问题解答不出来而苦苦思索?

你是否曾在某个知识的大门口久叩不开而徘徊低首踯躅不前?

你是否曾为一个脑筋急转弯的问题没有转过弯来而赧然汗颜?

……

在这样的时候,就是你的思维陷入困境的时候,是你的思维短路的时候,也是你的思维青黄不接的时候。毋庸讳言,我们每个人都有过这样的时候。此时,就需要打开你的思维之门,开启你的思维之匙,畅通你的思维之路。一言以蔽之,你需要掌握思维的密码。当你掌握了思维的密码之后,它不仅能帮你打开知识的迷局,而且能帮你开解人生的困境。

现今社会,思维能力越来越被人看重,它是一个人思考问题和处理事情的方式及结果的表现,同时也是知识和能力的表征,甚至更是一个人思想深度和高度的外化,这样的能力也常常与生活或工作中的应变能力、创新能力以及解决问题的能力息息相关。

有人说:头脑用得越多,便有越多的头脑可用。这句话无疑可以当作真理。古今中外,但凡聪明或有所成就的人,都是勤于动脑、善于思考的人。做事其实就是一种思路,思路决定我们所采取的行动,甚至也决定我们未来的出路。面对同样的问题,同样的事,由于思考方式的不同,有的人能取得成功,而有的人却失败。这说明人的成功与否与他思考问题的方式有着密切的关系。毫无疑问,一个思维活跃、思路开阔、思考积极的人,更善于运用聪敏睿智和创新求变的思维方式,也许别人还在苦思冥想时,他就已经把问题解决了。他因为比别人更有能力解决问题,也就更能获得他人的信赖,在更多的时候,他也因此更有机会取得成功。而他之所以能够做到这样,就是因为他掌握了思维的规律,破译了思维的密码。

所以,如果我们平时有意识地做一些这类游戏的训练,将一定有助于提高我们的思维能力。爱因斯坦曾说过:想象力比知识重要。我们在做这些思维游戏或是回答问题时,要善于联想和想像,要冲破定势思维,试着从不同的角度考虑问题,不断进行逆向思维,进行换位思考,并且把游戏与自已熟悉的场景联系起来,这样才能突破困境,化解迷局,才能顺利把问题解决。当然,这些思维方式或是思维能力,不一定能保证当场见效,但有一点可以肯定的是,这些经典的思维方式,这些严密的思维能力,总有一天会让你饱尝甜头;到真正用到的时候,你就可以得心应手、游刃有余了。

本书分想象力、观察力、创造力、判断力、推理力、计算力、语言力、实践力八辑,以轻松愉悦的方式,用有趣的内容取代各类理论书籍的生硬刻板;用游戏的形式,让我们在愉快的脑力游戏中不知不觉掌握思维的密码,让读者在轻松愉悦的做题游戏中激荡脑力,激发思维潜能。相信你一定可以从这本书中获得思维的快乐,获得心灵的愉悦,获得智慧的启迪,从而提高人生路上的成功指数。

目 录

第一辑 想象力——世界如你所想

想像一下，如果没有想象力，世界会变什么样子？各地的大楼都将是一个样子，建筑设计师这个职业将从地球上消失，没有电影，没有小说，没有蒸汽机，没有电……甚至人们的发型都一模一样！好险！幸亏我们还有想象力，那就让它像火山一样的喷发吧！

注意：一定要把你的想象力用到合法的地方。

第二辑　观察力——世界任你透视

什么是观察的最高境界？就是你看到的什么不是什么。观察的本质是一眼看透被表象遮住的内核，虽然迷雾重重，虽然曲曲折折，但在这些阻力的背后是一条清晰的道路，路的尽头就是目的地。良好的观察力不是一天两天能练就的，需要多看，多思考，之后便是水到渠成的事了。

注意：解决问题最大的障碍往往是自以为是。

第三辑 创造力——世界缘你驾驭

没有创造力的民族是落后的,同样,没有创造力的人是可悲的。相信每一个人都是不甘平庸的,都有创造的欲望。创造力的获得需要大量的前期积累,繁琐的思维酝酿,高超的理解能力,最后,还要有厚积薄发的灵感。创造是一个痛苦的过程,但更是一个无比快乐的过程。

注意:创造过程中如果一直痛苦,找不到乐趣,放弃吧。

第四辑　判断力——世界随你辨别

判断其实是一个抉择的过程，这个过程风险很高，因为一不小心就会把正确的给毙掉，需要有较强的综合素质。更让人惊羡的是精准的快速判断能力，因为在这个判断的一瞬间包含着很多优秀的基因：渊博的知识、清晰的思维、严密的逻辑、出色的大局观。是不是想跃跃欲试呢？

注意：一定要出结果，不要一直停留在判断阶段（是这个？这个？还是这个？）。

第五辑　推理力——世界因你揭秘

推理是研究人们思维形式及其规律和一些简单的逻辑方法的科学。其作用是从已知的知识中得到未知的知识,特别是可以得到不可能通过感觉经验掌握的未知知识。推理需要一个很强的逻辑架构,要不然这个摩天大楼会因为一个小小的蚁穴而轰然倒地,之后重新来过。

注意:不要推出一些你已经知道的东西。

第六辑　计算力——世界由你探测

计算力是个人必备素质，锻炼此能力需要花费大量时间和草纸，也许需要昏黄的路灯或许昏黄的台灯作陪衬。但这都不是最重要的，最重要的是通过计算不仅能增强你的逻辑思维能力，更能享受计算带给你的那种高级乐趣。数学家们的乐趣是一般人体会不到的，而你，马上就可以亲身体验了！

注意：当你领略到数学王国的精彩后还没有成为数学家，这很正常。

第七辑 语言力——世界在你描绘

语言表达能力是一个人的基本能力,但如果运用好的话,就可以成为个人的超能力,是智慧与成熟的表现。

想知道如何才能妙语连珠吗?想知道怎样把说话当成一门艺术吗?想知道那些聪明人是如何与敌人针锋相对吗?好,现在马上进入精彩的语言世界,去感受聪明人的智慧与语言的碰撞!

注意:名人不是靠说名言而出名的。

第八辑　实践力——世界为你改变

人类从一开始到现在一直在做同一件事情，那就是实践。正是因为有了实践，我们才得以征服大自然，成为地球的主人。做事情不要怕失败，不要只停留在想的阶段，如果去做了，可能不会成功，但如果不去做，一定不会成功。务必要养成良好的动手能力，之后你会发现，原来，很简单。

注意:有的人不犯错误,那是因为他从来不去做任何值得做的事。

第一辑　想象力——世界如你所想

想像一下,如果没有想象力,世界会变什么样子？各地的大楼都将是一个样子,建筑设计师这个职业将从地球上消失,没有电影,没有小说,没有蒸汽机,没有电……甚至人们的发型都一模一样！好险！幸亏我们还有想象力,那就让它像火山一样的喷发吧！

注意:一定要把你的想象力用到合法的地方。

1. 新手司机

游戏难度:★★☆☆☆　最佳完成时间:2 分钟

一位新手司机开着小轿车去见朋友,半路上忽然有一个轮胎爆了。当他把轮胎上的 4 个螺母拆下来,从后备箱里把备用轮胎拿出来时,却不小心把 4 个螺母踢进了下水道。

请问:新手司机该怎么做才能使轿车安全地开到距离最近的修车厂?

2. 斯巴达克智胜强手

游戏难度:★★☆☆☆　最佳完成时间:2 分钟

斯巴达克曾是一名角斗士。一次,他被安排参加了团体角斗。

在残忍的比赛中,他的同伴一个个都倒在了血泊里。这时对方也只剩下三个人。从个人的斗技来说,斯巴达克技艺超群、力大过人,但对方现在是三个人,而且都是强手。一个人对付三个强手的攻击,是很难招架的。

就在人们以为斯巴达克要失败的时候,他急中生智,想了一个办法,居然获得了胜利。他是怎么做的呢?

3. 老鼠过通道

游戏难度:★★★☆☆　最佳完成时间:3 分钟

有两只老鼠在狭窄的地下通道里相遇,通道一次只能过一只老鼠。在通道的一侧有一个凹处,凹处里有一个小球,老鼠要想先到凹处避一避,就只得先将小球拖出,但是若把小球拖出来,小球又会占据通道。聪明的你,开动脑筋,想想这两只老鼠能双双顺利通过这条通道吗?

4. 盲人买伞

游戏难度:★★☆☆☆　最佳完成时间:2 分钟

一个夏天的午后,阳光照射在街道上。街道上一个商贩正在那里卖伞,他的摊上摆着三把白色的伞和一把黑色的伞。一个盲人走到伞前,用手摸了摸伞,对商贩说:“老板,我要买这把黑伞。”商贩一看,盲人手里拿的正是黑伞,他大吃一惊:盲人怎么会分辨黑色与白色呢?

请问,你知道盲人是如何区别出黑伞与白伞的吗?

5. 出其不意

游戏难度:★★★☆☆　最佳完成时间:3 分钟

五代时,后晋百姓常被契丹军队骚扰掠夺,大将李存审奉命率军讨伐契丹军队。

为了出其不意,攻其不备,李存审决定以智取胜,让敌人摸不清楚后晋军队的实力,并且让后晋军队能有机会突然发动进攻,一举打败契丹军队。但是要想出这样一个办法,是何等的困难。这时候,李存审看见自己的军队里还有不少的老弱残兵,突然想出了一个计策,成功地实现了他以智取胜的构想。你知道他的计策是什么吗?

6. 离奇死亡

游戏难度:★★★☆☆ 最佳完成时间:3 分钟

在一次森林火灾中,消防队员们扑灭大火后,经过两天的搜索,发现了一具身穿潜水服并配有呼吸装备的男性尸体,尸体表面没有丝毫烧伤的痕迹。森林周围 20 英里内,也没有什么水源。并且经过调查,警方掌握了以下线索:

A. 该男子没有步行到他被发现的地方

B. 该男子不是被谋杀的,而是意外死亡

C. 他潮湿的服装没有被烧着

D. 该男子身上有多处骨折

请问,你知道他是怎么死在这里的吗?

7. 钓冰块

游戏难度:★★★☆☆ 最佳完成时间:3 分钟

假设用铅笔和丝线做一个钓竿,在一只杯子里装上水,让一个小冰块漂浮在水上。如何才能用这个钓竿把冰块钓起来呢?

8. 永远坐不到的地方

游戏难度:★☆☆☆☆ 最佳完成时间:1 分钟

儿子和爸爸坐在屋中聊天。儿子突然对爸爸说:“我可以坐到一个你永远坐不到的地方!”爸爸觉得这不可能,你认为可能吗?

9. 翻穿毛衣

游戏难度:★★★☆☆ 最佳完成时间:3 分钟

小强有一件漂亮的套头式毛衣,但是他发现毛衣穿反了,印有刺绣的那一面被穿在了后背,而他的两个手腕被一根绳子系住了。在不剪断绳子的情况下他该怎么做才能把套头式毛衣的正面穿在前面(毛衣没有扣子)?

10. 惯性

游戏难度:★★☆☆☆ 最佳完成时间:2 分钟

让你的朋友迅速做出反应,很快地说“老鼠”这个词 15 遍。然后让他不假思索地回答下一个问题:“猫怕什么?”

11. 奇怪的引路人

游戏难度:★★☆☆☆　最佳完成时间:2 分钟

一天,英国伦敦下了一场大雾,面对面几乎看不清人。斯密特先生要去国会开会,汽车无法行驶,他只好步行。

许多人在大雾中迷失了方向,纷纷抱怨老天。斯密特走出不远也迷失了方向,转来转去,却怎么也找不到去国会的路。斯密特摸索着,突然和一个人撞了满怀。斯密特连忙道歉。那人知道他迷路了,愿意为他引路。那人带领他准确地穿过大街小巷。到了国会,斯密特问他:"你为什么在大雾中不迷路?"那人笑着说:"这对我来说并不难。"

你能说出原因吗?

12. 反插裤兜

游戏难度:★☆☆☆☆　最佳完成时间:1 分钟

发挥一下想像,怎样才能把你的左手放入右边的裤兜里,而同时又将右手放入到左边的裤兜里?

13. 最有效的东西

游戏难度:★☆☆☆☆　最佳完成时间:1 分钟

杨先生是一个很怀旧的人。有一天,当他和现在的女朋友正在一起吃饭的时候,一不小心把口袋中的东西全掏了出来,有酒吧的打火机、体育彩票、便条和旧情人的照片。他在慌张之际,要用手去挡住一些东西,这样可以避免和女朋友之间的不愉快。那么,他用双手挡住的最有效的东西是什么呢?

14. 难以实现的愿望

游戏难度:★☆☆☆☆　最佳完成时间:1 分钟

现在住在美国的日本移民,尽管家族有那样的愿望,但是也不能埋葬在美国的土地上,为什么?

15. 农夫过河

游戏难度:★★★☆☆　最佳完成时间:3 分钟

从前,一个农夫带了一条狗、一只兔子和一棵白菜过河。在河边,那儿仅有一只很小的旧船,农夫最多只能带其中的一样东西上船,否则就有沉船的危险。可是,农夫如果把菜带上船的话,调皮的狗就会欺负胆小的兔子;如果把狗带上船的话,贪吃的兔子会把白菜吃掉。农夫坐在河边想了很久,终于想出了一个办法。你知道农夫是怎么做的吗?

16. 鱼和水

游戏难度:★★☆☆☆　最佳完成时间:2 分钟

小红过生日时,妈妈送给她一个漂亮的鱼缸,并问了她一个奇怪的问题:"如果把这个鱼缸装满水,再放进一些小石块,水就会从鱼缸里面溢出来,如果在鱼缸里面放一条与石块相同重量的小金鱼,水会不会溢出来呢?"请你也来想一想,水会不会从鱼缸里溢出来?

17. 找错误

游戏难度:★☆☆☆☆　最佳完成时间:1 分钟

做事情不认真,不负责任,就会弄出很多错误。有人说,这一表述上就有四处错误,请问,错误在什么地方呢?

18. 拉不动的马车

游戏难度:★☆☆☆☆　最佳完成时间:1 分钟

有个傻子在马车上套了一匹马赶路,走了几里路嫌太慢,又回家套了一匹马,可套上这匹马以后,两匹马却怎么也拉不动这辆马车了。你知道这是怎么回事吗?

19. 工程师的话

游戏难度:★★☆☆☆　最佳完成时间:2 分钟

在一次科技博览会上,铁路工程师给大家讲了这个城市地铁的一些情况,然后他对观众说:"我们这一条线路,其中有 1 千米是没有铁轨的。"观众吓了一跳,很多人骚动不安起来。有人问:"那不是很危险吗,我一直乘坐地铁,怎么没有感觉到呢?"但是工程师告诉大家:"没有关系的,通车 5 年了一直很安全,大家不要担心。"你知道这其中的原因吗?

20. 安然无恙

游戏难度:★☆☆☆☆　最佳完成时间:1 分钟

阿飞是一位优秀的空降兵,有一次,他乘飞机去执行一项任务。飞机飞上高空不久,阿飞就从飞机座椅上跳了下来,他连降落伞也没有打开。可奇怪的是,他却安然无恙。你知道他有什么神奇的本事吗?

21. 平安无事

游戏难度:★☆☆☆☆　最佳完成时间:1 分钟

某地发生了大地震,伤亡惨重,收音机里不断播报受灾情况以及寻人启事,一位老大爷一直在收听收音机的报道。有人问他:"收音机里播放过你孙子的消息吗?”他回答说:“没有。”接着他又说:“但我知道我孙子肯定平安无事。”请问:他是凭什么这么说呢?

22. 漂浮的针

游戏难度:★★☆☆☆ 最佳完成时间:2 分钟

稻草可以浮在水面上,但是针却不能。想想办法,如何让针能够漂浮在水面上。

23. 小和尚化缘

游戏难度:★★★☆☆ 最佳完成时间:3 分钟

有一座山,山上有座庙,只有一条路可以从山上的庙到山脚,每星期一早上8:00,有一个聪明的小和尚去山下化缘,星期二早上8:00从山脚回山上的庙里,小和尚的上下山的速度是任意的,在每个往返中,他总是能在星期一和星期二的同一钟点到达山路上的同一点。例如,有一次他发现星期一的8:30和星期二的8:30他都到了山路靠山脚的3/4的地方,问这是为什么?

24. 关帝庙求财

游戏难度:★★☆☆☆ 最佳完成时间:2 分钟

太平盛世时,到关帝庙求财祈福的善男信女总是络绎不绝。关公在上面看着,总是微微一笑。

这日,来了一名香客,他跪下祈求关公保佑他生意兴隆,财源广进,谁知,温和的关公听后大怒,“啪”地一拍桌子,大喝一声:“大胆刁民,有此歹意,当五雷轰顶!”

那香客一听,惊叫一声,赶紧拔腿逃了出去。

关公旁边持刀的周仓看了,大笑说:“此人肯定是个祸害百姓的不法之徒。”

关公笑了笑,说:“不,他是个规矩的生意人,做的也是合法的生意。”

这让周仓很疑惑了,为什么祈福求财的香客中,关公单单说这个人有歹意呢?

读者朋友,你想到原因了吗?

25. 过桥的问题

游戏难度:★★☆☆☆ 最佳完成时间:2 分钟

有一个人一不小心掉进了山崖,等他从昏迷中醒来,发现自己在一个半山腰中,必须通过前面的一根横在山崖之间的吊桥才能够走出去,但是这个地方人迹罕至,吊桥已经破烂不堪了,而且桥下是一个水潭,里面有很多鳄鱼。

他开始试着想走过小桥,但是他刚走了两三步,桥就发出嘎嘎的响声,好像马上就要断了似的，他只好又返回去。这个半山腰上什么都没有，他不能用木材来加固小桥，好在那里有泉水，他不至于渴死。他就这样在那里困了11天，到第12天，他终于可以通过桥离开了。你知道这是怎么回事吗？

26. 窃贼的绝招

游戏难度：★★☆☆☆ 最佳完成时间：2分钟

有一帮窃贼打开了一家大卖场的仓库大门，正把从仓库偷出的电视机搬上小货车。这时，他们听到警车的警笛声越来越近，他们没有办法躲开或者跑得比警车还要快。但他们用了一个方法，躲过了劫难，他们是怎么做的呢？

27. 逃跑的人

游戏难度：★☆☆☆☆ 最佳完成时间：1分钟

一个人在山谷里遇到了一头狼，他拼命地跑，狼就在后面追，跑了很久，前面出现了一条河，没有桥，也没有结冰，更没有船，这个人也不会游泳，但是他却过去了，这是为什么呢？

28. 电话事件

游戏难度：★★☆☆☆ 最佳完成时间：2分钟

小明失恋很久了，一直没有找到新的女朋友，当他一个人待在房间里的时候，感觉特别寂寞和孤独。他无法忍受这种感觉，于是随便拿起电话想找一个人聊聊天，他拨了5次电话，每次都听到了很好听的女性的声音，他觉得今天的运气一定特别的好。

你说这是巧合还是他的错觉？

29. 最安全的地方

游戏难度：★☆☆☆☆ 最佳完成时间：1分钟

有一个窃贼去动物园偷东西，在没有偷到东西的情况下把关动物的笼子全打开了，狮子和老虎都跑了出来，很多动物在动物园中跑来跑去，很是危险。现在需要找一个安全的地方躲起来，等动物管理员把动物制伏后再出来。

在这个时候，哪里是最安全的呢？

30. 把鸡蛋拿回家

游戏难度：★★☆☆☆ 最佳完成时间：2分钟

明明打完篮球后，穿着背心、短裤，抱着篮球回家。路上他突然想起妈妈让他买些鸡蛋回家,于是就买了十几个鸡蛋。可是,没有其他的工具,这些鸡蛋该怎么拿回家呢?

31. 释放犯人

游戏难度:★☆☆☆☆　最佳完成时间:1 分钟

有一个女犯人刑满释放,但是要出狱的时候却是一男一女两个人,这把门卫搞糊涂了。但是他又接到上级的通知,准许两个人出狱,你知道这是为什么吗?

32. 幸运的自杀者

游戏难度:★★☆☆☆　最佳完成时间:2 分钟

两个穷困潦倒的人决定一起自杀,但是他们的钱只够买一瓶毒药,而半瓶毒药是不能毒死人的,他们去了药店,没有向老板乞求什么,结果如愿以偿,这是怎么回事呢?

33. 失事的伞兵

游戏难度:★☆☆☆☆　最佳完成时间:1 分钟

一个班的伞兵训练跳伞,班长说跳出机外数到 30 秒才能拉伞,结果其他人平安落地,只有一个人不幸身亡,为什么?

34. 猜物品

游戏难度:★☆☆☆☆　最佳完成时间:1 分钟

如果你在那个东西的前面,那么你就在那个东西的里面;如果你在那个东西的里面,那么你就在那个东西的前面。请问,提到的那个东西是什么?

35. 什么时候

游戏难度:★☆☆☆☆　最佳完成时间:1 分钟

什么时候挂钟响 13 下?

36. 撒豆制胜

游戏难度:★☆☆☆☆　最佳完成时间:1 分钟

宋将毕再遇和金人作战,因为金兵骁勇善战,且战马强健剽悍,如果正面碰撞,形势一定对毕再遇不利。所以,他先采用流动游击的战术,一直将敌人拖到夜晚,期间不曾给对方人马喘息的机会。夜晚,毕再遇命人把预先用香料煮好的黑豆撒在阵地上,之后,派人前往金人军营挑战,将敌人骗到撒豆的地方。

奇怪的事情发生了,白天骁勇善战的金兵,一进入撒豆的地方便乱了阵脚,使胜利的指针指向了毕再遇。你知道这其中的奥秘吗?

37. 先做什么

游戏难度:★☆☆☆☆　最佳完成时间:1 分钟

方方平时很热爱劳动,同时也非常聪明。

一天爸爸问他:“假如有一天你去学校,发现有人忘记关水房中的水龙头,以致水房中积了很多水,这时,在你面前有一个拖把、一块毛巾、一只水桶、一把扫帚、一根引水用的水管,见到这种情况,你应该先做什么?”

方方一听,很快说出了令爸爸满意的答案。你知道方方是怎么回答的吗?

38. 气球升空

游戏难度:★☆☆☆☆　最佳完成时间:1 分钟

甲和乙比谁的气球飞得远。甲用很快的速度在他的气球里充满了气,但乙的气球充的气比甲的少。你猜,他们俩谁的气球会飞得更远呢?

39. 他们是双胞胎吗

游戏难度:★☆☆☆☆　最佳完成时间:1 分钟

有两个男孩上了同一所学校:他们的相貌一模一样,出生年月日及父母亲的名字也相同。但当人们问他们是否是双胞胎时,他们回答说:“不是。”

这是怎么回事?

40. 有趣的故事

游戏难度:★★☆☆☆　最佳完成时间:2 分钟

甲耳朵听不见,但他却不愿让别人知道自己是聋子。

一天,甲请几位朋友吃饭,一位朋友讲了一个有趣的故事,大家都笑了,甲也跟着大笑,并说这真是一个有趣的笑话。然后甲又郑重地宣布说:“我要给你们讲一个更有趣的故事……”

果然,当甲把故事讲完,大家的确笑得更厉害了。

你知道甲讲的是一个什么故事吗?

41. 奇怪的数字

游戏难度:★☆☆☆☆　最佳完成时间:1 分钟

请问:什么数字减去一半等于零?

42. 公共汽车上的怪事

游戏难度:★★☆☆☆　最佳完成时间:2 分钟

皮皮乘上一辆公共汽车,他发现买票的人(包括皮皮在内)只占了车上人的 1/3,可汽车一直开到终点,司机和售票员也没有向另外 2/3 的人索要车票。你知道这是为什么?

43. 神奇的超车

游戏难度:★★☆☆☆　最佳完成时间:2 分钟

爸爸带着皮皮开着新买的小汽车沿湖滨公路游览,皮皮坐在里面别提有多开心了。

这时,皮皮注意到后面有一辆破旧的小货车,开得很慢,像一位老人在艰难地往后倒着走。小货车越走越远,渐渐看不见了,皮皮高兴得在车上手舞足蹈。

湖边的路只有三米多宽,是单行线,皮皮玩累了,一会儿就睡着了,等他一觉醒来,简直不相信自己的眼睛,小货车竟然出现在自己的车的前面。它是怎么超过去的?

44. 为什么不让座

游戏难度:★☆☆☆☆　最佳完成时间:1 分钟

在一个以文明礼貌而著称的城市,有一个残疾人上了公交车后,却没有人让座。车上的每个人都是非常有礼貌的,并且他们也都非常反感不给“老弱病残孕”乘客让座的行为,可是,他们为什么不给这位残疾人让座呢?

45. 孪生姐妹

游戏难度:★☆☆☆☆　最佳完成时间:1 分钟

丁丁讲了这样一件怪事:有一对孪生姐妹,姐姐出生在 2001 年,妹妹出生在 2000 年。

这可能吗? 丁丁有没有撒谎?

46. 圣诞老人的工作

游戏难度:★☆☆☆☆　最佳完成时间:1 分钟

今年圣诞夜, 圣诞老人首先放进袜子里的是什么东西?

47. 小王的绝技

游戏难度:★☆☆☆☆　最佳完成时间:1 分钟

小王一边刷牙,一边悠闲地吹着口哨。他是怎么做到的?

48. 管理员的帽子呢

游戏难度:★☆☆☆☆　最佳完成时间:1 分钟

野生动物园的池塘里,一只鳄鱼正叼着管理员的帽子玩耍。管理员站在池塘外,愤怒地喊着:“可恶的畜生!”可是游客看了看,每个管理员的帽子都还在啊。奇怪! 到底发生了什么事?

49. 不用上保险的名画

游戏难度:★★☆☆☆ 最佳完成时间:2 分钟

有一个美术馆,专门收藏世界名画,因此美术馆为每张画都投了一份巨额保险。可只有一幅画例外,那是一位非常有名的画家画的一幅画,也是美术馆数一数二的热门展品。为什么没有给它投保呢?

50. 叫什么名字

游戏难度:★☆☆☆☆ 最佳完成时间:1 分钟

白雪公主与黑马王子结婚后生下一女儿。他们的女儿叫什么名字?

51. 奇怪的来信

游戏难度:★★☆☆☆ 最佳完成时间:2 分钟

一天,老王打开信箱,取出一封信。老王撕开信封看了看,吓了一跳。信上的邮戳日期是两天以前的,信里面却是一份今天的报纸。之前信封并没有被打开过的痕迹,老王怎么也想不通,你能帮老王想想这到底是怎么回事吗?

52. 如何得到钻石

游戏难度:★★★★☆ 最佳完成时间:4 分钟

有一位年事已高的国王,想从众多儿子中挑选一个聪明的继承人。为此,国王给儿子们出了一道难题。国王拿出 10 颗钻石,其中只有一颗是真钻石,上面带有标记。国王将这 10 颗钻石围成一圈,让儿子们轮流挑选。

规则是:任选一颗钻石为起点,然后按顺时针方向数,数到 17 的时候,这颗钻石就被淘汰。依此类推,继续数下去,直到剩下最后一颗钻石。最后一颗如果是真钻石,进行该游戏的人就可以成为王位的继承人。

这个游戏如果摆在你的面前,怎样做才能得到真正的钻石?

53. 火车的挂钩

游戏难度:★★☆☆☆ 最佳完成时间:2 分钟

大多数青少年朋友都知道,机车在前面牵引列车的时候,各车厢的挂钩都是拉紧的。当机车在后面推列车前进的时候,各车厢的挂钩则是顶紧的。

有一列火车,它前面有一个机车拉,后面有一个机车推,这时候,在车厢挂钩处由于拉和推的力量抵消,挂钩不就都是松浮的了吗?既然车厢前时的动力是由挂钩传递,那么,松浮的挂钩怎么能使车厢前进呢?

54. 精美的菜单

游戏难度:★★★☆☆　最佳完成时间:3 分钟

几乎没什么人到白玫瑰餐厅吃饭,老板不知如何是好。餐厅里饭菜物美价廉,可是好像没有人愿意来吃。

后来他采取了措施把情况改变了,几个星期以来他的餐厅总是爆满。每当一位先生带着一位女士进来,侍者就给他们每人一份印刷精美的菜单,两份菜单外表看来完全一样,但内容却大不相同。

你能猜出其中的玄机吗?

55. 大力士游戏

游戏难度:★★★★☆　最佳完成时间:4 分钟

"你是大力士吗?"不经过一番比试或较量,你可能一时不能做出回答。可是,当你与别人比试较量以后,就一定能肯定回答这个问题吗?还是先让我们来做一个游戏吧。

你和你的朋友们站在一堵墙前排成一字队形,你用手撑住墙,让你的朋友们一个推着一个站好,一声令下,你们就使劲往前推,这时,你能顶得住吗?

你一定不愿做这个游戏:太不公平了,一个人哪能比得过这么多人呢?就算你是大力士,也不可能有 10 个人的力气大!

还是来试一试吧,你勇敢地站在这个位置上,一个人顶住 10 个人甚至更多人的推力,看看结果会是什么样。你要做的只是找一个力量大小跟你相当的人站在你的身后就行了。这时,你把手撑放在墙上,站稳身子,让其余人一个推一个一齐使劲。

你会惊奇的发现,你把他们全顶住了。

难道你真成了"大力士",比你身后所有人力量的总和还大吗?

56. 你看到了什么

游戏难度:★★☆☆☆　最佳完成时间:2 分钟

福尔摩斯和助手华生一同外出野营,吃完晚餐后,他们疲倦地睡着了。

几小时后,福尔摩斯醒了过来,他轻轻推了推他忠实的伙伴,说:"华生,看看天空,告诉我你看到了什么?"

华生回答说:"我看到了成千上万的星星。"

"你可以由此推理出什么呢?"

华生沉思了一阵,说:"从天文学上,它告诉我宇宙中有上百万的星系和亿万颗星球;从星相学上,我观察到土星在狮子座,推断出现在的时间大约是三点一刻;从神学上,我看到了上帝的全能,而我们是多么的渺小和微不足道;从气象学上,我认为明天会有很好的天气——你又由此推断出什么呢?"

问题就在这儿了,福尔摩斯由此推断出什么呢?

57. 信号怎样发出

游戏难度:★★☆☆☆　最佳完成时间:2 分钟

初春时节,西伯利亚仍然是寒气袭人,美国特务史密夫在那里执行任务时,失手被擒,其后被关在高原上的木屋内。木屋的囚室内没有纸、笔、电筒,就只有一扇窗、一张床、一台冰箱及一罐汽水。

在晚上,史密夫就利用囚室内的设备,发出了求救信号,通知同伴来救援。最后,他成功地逃脱掉了。

请你判断一下:史密夫是如何发出求救信号的呢?

58. 过隧道时自杀

游戏难度:★★★☆☆　最佳完成时间:3 分钟

一个人坐火车去邻镇看病,看完之后病全好了,所以此人高高兴兴地坐火车回家。但在回来的路上,火车经过一个隧道,这个人突然受不了就跳车自杀了。你知道他为什么前后反差如此大吗?

59. 高个子的人

游戏难度:★★☆☆☆　最佳完成时间:2 分钟

李兵是一个篮球运动员,身高 2.2m。有一次他去参加一场篮球比赛,对方球队里,有一个个头高为 2.3m 的运动员。他走上前去对那个球员说:"你是我有生以来第一次碰到的比我高的人,但我一定能打败你。"但那个球员却对他笑笑说:"你说错了,你一定见过很多比你高的人。"你知道那个球员为什么如此肯定地说吗?

60. 魔法变球

游戏难度:★☆☆☆☆　最佳完成时间:1 分钟

魔术师站在舞台上,手中拿着四颗球对观众说:"各位,请看仔细了。"他把球放在手掌上,大喊一声:"变!"球仍然在原来的位置,没有什么变化。但是,观众看到这个情形后,立即鼓掌高声喝彩。这究竟是什么原因呢?

61. 奇怪的经历

游戏难度:★☆☆☆☆　最佳完成时间:1 分钟

有一群人乘坐一艘船,他们在闲聊。这时,船慢慢沉了下去,但是没有人惊慌,也没有人去穿救生衣,或者上救生艇逃命,大家还是继续原来正在做的事情,直到船沉没了。你知道这是为什么吗?

62. 开灯问题

游戏难度:★★☆☆☆　最佳完成时间:2 分钟

如果有一盏由按钮控制的灯泡,你先把灯开 1 分钟,再关上半分钟,然后再打开 1/4 分钟,再关上 1/8 分钟,如此重复下去。那么,最后这盏灯是打开的还是关着的呢?

63. 死了的蚯蚓

游戏难度:★☆☆☆☆　最佳完成时间:1 分钟

老师说蚯蚓切成两段仍能再生,小东照老师的话去做,为什么蚯蚓却死了?

64. 两个月亮

游戏难度:★★☆☆☆　最佳完成时间:2 分钟

外星人向地球发射了一颗人造卫星。这颗卫星同月亮一样大,而且与月亮运行在同一条轨道上。从此,两个月亮一前一后围绕着地球转,后果如何?

65. 企鹅肉

游戏难度:★★★★★　最佳完成时间:5 分钟

曾经在北极探过险的阿松一次在朋友家蹭饭,饭后,阿松问朋友这顿餐吃的是什么肉?朋友说是企鹅肉,他就号啕大哭自杀了。为什么?

66. 水草

游戏难度:★★★★★　最佳完成时间:5 分钟

那年夏天,小冬跟他女朋友去河边散步,突然他的女友掉进河里了,小冬急忙跳到水里去找,可在水里半天也没有找到他的女朋友,他伤心地离开了这里。过了几年后,小冬故地重游,这时看到那伤心地正有个老头在钓鱼,那老头左一条右一条地往上钓着,可钓上来的鱼身上不带一丝水草,他就问那老头为什么看不见一点水草,那老头说:“这河自古就没有长过水草。”听了这话,小冬突然跳到水里自杀了。为什么?

67. 是否高兴

游戏难度:★★★☆☆　最佳完成时间:3 分钟

西乡先生走在路上捡到了 500 元钱,旁边的路人说道:“恭喜啊,意外之财。”但是西乡先生却说:“我一点儿都不高兴。”走着走着，西乡先生又捡到了200元钱，这次他自己就说了："我很高兴。"虽然两次捡到的钱都是真的，但是西乡先生为什么两次的态度不同呢？

68. 齐白石家的门

游戏难度：★★★☆☆ 最佳完成时间：3分钟

齐白石是我国著名画家，他的画闻名国内外，被很多博物馆收藏。有很多要学画的人，有的要拜他为师，有的拿着画向他请教，还有的学生作品获奖了，来向他表示感谢。总之，他家门前总是热闹得很。

有一天，几个学生来拜见老师，他们刚想敲门，却见门上写着一个"心"字。他们觉得奇怪，只见过门上写着"福"字的，那"心"是什么意思呢？这时候有一个学生恍然大悟，说："我明白了！"说着，拉起同伴就往回走。第二天，他们又来到齐白石门前，只见门上写着"木"字，大家十分高兴，马上就敲门进去拜见齐白石。

那么，你能猜到这一前一后有什么寓意吗？

69. 下水道盖子

游戏难度：★☆☆☆☆ 最佳完成时间：1分钟

为什么下水道的盖子是圆的？

70. 半根火柴

游戏难度：★★★★★ 最佳完成时间：5分钟

有一个人在沙漠中，头朝下死了，身边散落着几个行李箱子，而这个人手里紧紧地抓着半根火柴，请推理这个人是怎么死的？

71. 满地木屑

游戏难度：★★★★★ 最佳完成时间：5分钟

马戏团里有两个侏儒，瞎子侏儒比另一个侏儒矮。马戏团只需要一个侏儒，马戏团里的侏儒当然是越矮越好了。两个侏儒决定比谁的个子矮，个子高的就去自杀。可是，在约定比个子的前一天，瞎子侏儒也就是那个矮的侏儒已经在家里自杀了。在他的家里只发现木头做的家具和满地的木屑。他为什么自杀？

第一辑 想象力——世界如你所想参考答案

1. 新手司机

从其他3个轮胎上各取下1个螺母,用3个螺母去固定刚换下来的轮胎。

2. 斯巴达克智胜强手

他摆脱对方,拔腿就跑,三个对手紧紧追赶。由于三个对手速度不一样,四个人之间有了距离,他再返身迎战,逐个击破。

3. 老鼠过通道

可以通过。其中的一只老鼠先把凹处的小球拖出来,然后进入凹处,让出通道。另一只老鼠推着小球往前走,过了凹处后停下来,让这只在凹处的老鼠爬出来,并接着往前走。然后自己再把小球拖回凹处,接着爬走。这样,两只老鼠就顺利通过通道了。

4. 盲人买伞

摸出来的。在阳光的照射下,黑色比白色更容易吸光,因此黑伞会比白伞热。

5. 出其不意

当后晋军快接近契丹军时,李存审命老弱残兵在地上拖动柴捆,手持燃草前进,使后晋军阵中烟尘滚滚。因而契丹军远远望去只见烟雾不见人,不知虚实,被后晋军一举击溃。

6. 离奇死亡

为了灭火。他们用飞机从最近的湖中取水,正巧把一个潜水员吸进了水箱,在飞机把水喷洒出去的同时,把他也喷了出去。水把火浇灭了,但是这个潜水员被摔死了。

7. 钓冰块

把丝线头下降到冰块上,然后在冰块上撒几粒食盐。食盐使线头立即冻在冰块上。一个物体融化时需要热量,于是热量被冰块表面上没有沾到盐粒的地方摄走,所以这里的液体立即重新结冰,把落在上面的线头冻在冰块上,于是就可以把冰块钓上来了。

8. 永远坐不到的地方

可能。爸爸永远都坐不到自己的腿上。

9. 翻穿毛衣

首先,把毛衣拉过头脱下,这样就把它翻了个面,让它的里面向外挂在绳子上。

其次,把毛衣从它的一只袖子中塞过去,这样就翻了个面。现在它正面向外挂在绳子上。

最后,把毛衣套过头穿上,这样就完整地把毛衣穿好了。

10. 惯性

毫无疑问,他会脱口而出:老鼠!

11. 奇怪的引路人

带路的是位盲人。

12. 反插裤兜

把裤子前后反穿。

13. 最有效的东西

他女朋友的眼睛。

14. 难以实现的愿望

现在住在美国的日本移民,也就是活着的日本人,当然不能埋葬。

15. 农夫过河

第一步,农夫可以先带兔子到对岸,然后空手回来。第二步,农夫带狗到对岸,但把兔子带回来。第三步,农夫把兔子留下,带菜到对岸,农夫空手回来。第四步,农夫带兔子到对岸。这样三件东西都带过河去了,一件也没有遭受损失。

16. 鱼和水

把小金鱼放进水里,水会溢出来。

17. 找错误

错在这一表述上。“错误”这个词出现过3次。也就是说,有3个“错误”。还有一个错误在哪里呢?原来就有3个“错误”,却说有4个。这就是另外那个错误。

18. 拉不动的马车

傻子在相反的方向又套了一匹马,两力抵消了。

19. 工程师的话

他所说的1千米指的是铁轨之间的缝隙加起来有1千米,因为每两根铁轨之间都有一定的缝隙。

20. 安然无恙

别去想他有什么神奇的本事了,他只是做了一件连你也能做到的事,即从座椅上跳到了机舱里,当然他不用担心安全问题了。

21. 平安无事

他的孙子就是那个播音员。

22. 漂浮的针

有一种方法,就是将针涂上少许油,它就会漂浮在水面上。这是因为油针在水面上形成了一个凹曲面,针表面被油覆盖,凹膜试图伸直,将针推出水面,使它不至于下沉。此题答案并不唯一,你可以想想是否还有其他的方法。

23. 小和尚化缘

我们可以想像在星期一早上8:00,小和尚下山时,有另一个小和尚同时从山脚下开始往山上走,这样,不管两个人的速度如何,总会在山脚到山顶中间的某个位置相遇。当他们相遇时,他们的时间、地点肯定是相同的,也就是说他们两个在同一钟点到达了山路上的同一点。我们可以把第二个小和尚想像成题目中的那个小和尚,也就可以解答他的疑问了。

24. 关帝庙求财

因为这个人是棺材店老板。

25. 过桥的问题

这个人在那里没有食物,饿了11天,变得骨瘦如柴,体重轻得可以过那座桥了。

26. 窃贼的绝招

他们把货车上的电视机再卸下来,并把它们运回大卖场。当警车经过盘问时,他们声称是晚班送货员。

27. 逃跑的人

水很浅的话,他可以直接趟过去。如果很深,那只能晕过去了。

28. 电话事件

他5次都拨到了空号上面,这时总台就会传过来一个女性的声音告诉他请他查证后再拨。

29. 最安全的地方

关动物的笼子是最安全的。

30. 把鸡蛋拿回家

可以把篮球里的气放掉,把球的一面压瘪,使球呈一个碗状,这样就可以把鸡蛋放在里面拿回家了。

31. 释放犯人

刑满释放的是个女犯人,那个男的是她在狱中生下的孩子。(现实中是不可能发生的。)

32. 幸运的自杀者

他们买了一瓶毒药,打开后发现瓶盖上写:再来一瓶!

33. 失事的伞兵

因为那个伞兵口吃。

34. 猜物品

镜子。

35. 什么时候

坏了的时候。

36. 撒豆制胜

金兵的战马在白天已经疲劳饥饿,到宋地闻到了豆子的香味,就只顾抢着吃,鞭打不动,金兵因此乱作一团,自然大败。

37. 先做什么

首先要关上水龙头。

38. 气球升空

乙的气球会飞得更远。越鼓的气球升空的速度也越快,但它内部的气压却在高空气压减弱的情况下越来越高,最后使气球破裂。乙的气球升空速度虽然慢,但却可以升得更高。它还可以继续膨胀,得到新的动力,直到它的重量和被排除的空气一致。然后里面的部分气体通过气球外壁的毛细管缓慢外泄,逐渐下滑而最后降落到地面。

39. 他们是双胞胎吗

这两个人是三胞胎(或三胞胎以上)中的两个

人。

40. 有趣的故事

甲讲的这个故事就是他的朋友刚才讲过的故事,大家怎能不笑吗?

41. 奇怪的数字

8(上下一半)。

42. 公共汽车的上怪事

车上只坐了一个乘客,那就是皮皮。售票员是不会向自己和司机要票的。

43. 神奇的超车

小汽车已经沿湖跑了一圈,又快追上慢腾腾的小货车了,所以掉在小货车的后面。

44. 为什么不让座

因为还有空座位。

45. 孪生姐妹

丁丁没有撒谎。姐姐是在2001年1月1日出生在一艘由西向东将过日界线的客轮上,而妹妹则是在客轮过日界线后才出生的。那时的时间还是处在2000年12月31日。所以,按年月日计算,妹妹似乎要比姐姐早一年出生。

46. 圣诞老人的工作

圣诞老人的脚。

47. 小王的绝技

他刷的是假牙。

48. 管理员的帽子呢

因为鳄鱼把一个管理员吃掉了。

49. 不用上保险的名画

那是一幅巨大的壁画。小偷的手段再高,也不可能连美术馆一起偷走。

50. 叫什么名字

灰姑娘。

51. 奇怪的来信

寄信人先用铅笔在收信人地址处写上自己的地址,然后随便在信封里装一张纸把信寄出去。待第二天信寄回自己家后,他用橡皮擦掉自己家的地址,再用钢笔写上老王家的地址,第二天再把当天早上的报纸装到信封里,封好直接丢到老王家的信箱里,就能引起老王的误解了。

52. 如何得到钻石

这个游戏有一个规律:无论从哪一颗钻石开始数起,每次拿走第17颗,最后剩下来的,必定是最初开始数的第3颗钻石。因此可以以真钻石为起点,逆时针数到第3颗钻石,然后以这第3颗钻石为起点,按国王定下的规则数下去,那么最后剩下的就是真正的钻石。

53. 火车的挂钩

当机车在前面牵引列车的时候,并不是每节车厢的挂钩都拉得一样紧,而是第一节车厢拉得最紧,第二节次之……最后一节车厢拉紧程度最小。相反,当机车在后面推的时候,倒数第一节车厢的挂钩顶得最紧,向前依次顶紧的程度逐渐减小。

当列车前后各有一个机车时,从理论上说,只有最中间的一只挂钩是松弛的。实际上,由于前后机车拉和推的力不一定恰好相等,并且在行进中每时每刻都在变化,所以松弛的挂钩会在中间几个挂钩中变化。这样,前机车拉一半车厢,后机车推一半车厢,列车会跑得更快。

54. 精美的菜单

侍者给男人的那份菜单上是每份菜、每瓶酒的正常价格,而给女士们的那份菜单上的价格要高得多,所以当男人从容地点了一份又一份菜,要了一种又一种酒的时候,女士会觉得他比实际上要慷慨得多,因此会经常要求男人们到这里来就餐,餐厅自然生意火爆了。

55. 大力士游戏

答案自然是“不是”。其实这个游戏的秘密很简单。因为每个人所能传递的力,不能大过他自己的力气,否则他就顶不住了。大家站在一条线上,每个人都推着前面那个人,每个人都用获得的反作用力来对付背后的推力而撑住自己。如果有人力气较大,他可能比身后的人推得有力些。但影响前面一个人的力仅仅是他一个人的力而已。因此,你要留心的只是紧站在你背后的那个人。

只要你顶住了他的推力,后面的人再多,你也顶得住。

56. 你看到了什么

他们的帐篷被偷走了！

57. 信号怎样发出

史密夫先将冰箱移至窗户前，再将冰箱开关打开，利用冰箱内闪烁的灯光来发出求救信号。

58. 过隧道时自杀

因为他治好的是眼睛的疾病。

此人治好眼睛后坐火车回家时，火车经过隧道，这个人眼前突然一黑，以为眼睛又看不见了。他经受不住打击，所以自杀了。

59. 高个子的人

因为当李兵还是孩子的时候，他遇到的大人基本上都比他高。

60. 魔法变球

舞台上的魔术师消失了，球仍然在原来的位置，飘浮在空中。

61. 奇怪的经历

这些人是在潜水艇里。

62. 开灯问题

这是一个无限循环的问题，后面打开或者关上灯的时间很接近于零秒，但是不可能找到最后一个数，所以无法判断灯到底是开着还是关着。

63. 死了的蚯蚓

小东竖着切，蚯蚓必死无疑。

64. 两个月亮

潮涨潮落的规律改变了；许多歌曲的歌词需要修改；大多数的人造卫星的正常运转将受到影响；花前月下谈恋爱的人更多了；在荒野夜行比以前方便得多了，地球外文明终于被证实了；星球大战很可能从科学幻想变为现实；晚上天空更亮了，许多星星凭肉眼看不到了；关于有两个月亮为题材的文学作品将源源不断地出现；恋人的山盟海誓将以此为证，从此历法需要修订……

65. 企鹅肉

几年前，他和一个朋友出去玩，遇海难漂到一个岛上，没有东西吃。朋友出去找东西，带回了烤好的企鹅肉，而且腿在捉企鹅时受了伤。朋友不肯吃企鹅肉，结果饿死了。现在他吃到真的企鹅肉，知道那时候朋友是把自己腿上的肉割下来烤了给他吃了。

66. 水草

几年前，他跳进水里找女友的时候，自己的腿被一些东西缠住了，就拼命地蹬，总算挣脱了那些东西，他以为那是水草。现在他终于明白，那是女友的头发。

67. 是否高兴

因为西乡先生自己丢了700元钱，刚刚还为找不到那200元而着急呢，怎么能高兴起来？

68. 齐白石家的门

第一次门上写“心”就是“闷”字，说明主人心情不好；第二次写“木”字就是“闲”，说明主人现在闲着，可以接待来客。

69. 下水道盖子

下水道的开口是圆的。

70. 半根火柴

几个人乘热气球旅行，路过沙漠，气球漏气，很危险。大家把行李全都扔下去了，以减轻热气球所承载的重量，但还是不行，只好扔下去一个人。大家决定拿几根火柴来赌一把，谁抽到半根的就把谁扔下去。事情就是这样。

71. 满地木屑

因为另一个侏儒把矮个侏儒家里的所有家具的腿都锯了一截。矮个侏儒看不见，一摸家具发现都突然矮了许多，以为自己长高了，觉得失去了竞争优势，从此生计无处着落。他很绝望，于是就自杀了。

第二辑　观察力——世界任你透视

什么是观察的最高境界?就是你看到的什么不是什么。观察的本质是一眼看透被表象遮住的内核,虽然迷雾重重,虽然曲曲折折,但在这些阻力的背后是一条清晰的道路,路的尽头就是目的地。良好的观察力不是一天两天能练就的,需要多看,多思考,之后便是水到渠成的事了。

注意:解决问题最大的障碍往往是自以为是。

1. 两个乒乓球

游戏难度:★★☆☆☆ 最佳完成时间:2 分钟

小雪一直吵着要明明陪她一起打乒乓球。明明被吵得实在受不了了,于是想了一个妙计:"小雪,这袋子里放了两个乒乓球,一个黄色的,另一个是白色的。现在,要你伸手进去拿乒乓球。如果你拿到黄色的,我陪你玩。但如果拿到白色的,你就要放弃了,不能再吵着要我陪你玩!"

小雪的眼睛顿时亮了起来,但此时她却瞥见转过身的明明放了两个白色乒乓球进去。

那么,不论她拿到哪一个都会是白色的。

请问,小雪是不是玩不成乒乓球了?

2. 寻找出路

游戏难度:★★☆☆☆ 最佳完成时间:2 分钟

下午,A、B 两人误入一片森林的深处后迷路了,尽管喊了好一会儿"救命",还是没有人答应。他们身上没有任何能指明方向的工具,也没有通讯工具。这时,A 发现林子里有几个树桩,便断定有人曾经来过这里,并告诉 B,他能找到出去的方向。B 不相信,认为这里就算有人来过,也不会有人来救他们,因为那树桩一看便知是砍了很久的。你认为 A 真的能找到出去的方向吗?

3. 喝咖啡

游戏难度:★☆☆☆☆ 最佳完成时间:1 分钟

一个客人来到一家餐厅,要了一杯咖啡,当喝到一半时又兑满开水;又喝去一半时,再次兑满开水;又经过同样的两次重复过程,最终喝完了。

请计算这位客人一共喝了多少杯咖啡?

4. 取戒指

游戏难度:★☆☆☆☆ 最佳完成时间:1 分钟

有一个人不小心把自己的戒指掉进了咖啡杯里,咖啡杯里装满了咖啡。他急忙伸手从咖啡杯里取出戒指。但奇怪的是,他的手和戒指都没有湿。你觉得有这可能吗?

5. 半篮子鸡蛋

游戏难度:★☆☆☆☆ 最佳完成时间:1 分钟

往一个篮子里放鸡蛋,假设篮子里的鸡蛋数目每分钟增加 1 倍,按照这个规律,12 分钟后篮子就满了。那么,在什么时候是半篮子鸡蛋呢?

6. 桥梁断裂

游戏难度:★☆☆☆☆　最佳完成时间:1 分钟

某国有一座长 102 米的大桥。一天,一队士兵从这里经过,士兵们在指挥官的口令下踏着整齐的步伐,一步一步地过桥。突然,桥面断裂了,两百多名官兵因此而丧生!许多人都不明白,好端端的桥,怎么说断裂就断裂呢?请问,你知道其中的原因吗?

7. 隔着玻璃晒太阳

游戏难度:★☆☆☆☆　最佳完成时间:1 分钟

我们都知道在炎热的夏天,如果在户外时间太长,炽热的太阳就能把人类的皮肤晒黑。

那么,请问,隔着玻璃晒太阳的结果会如何呢?透过玻璃的阳光,能把皮肤晒黑吗?

8. 鸭子孵蛋

游戏难度:★☆☆☆☆　最佳完成时间:1 分钟

一天晚上,市政府大楼被盗,警局接到报案后,火速赶往现场。经过紧张的现场勘查、询问证人等一系列程序后,他们把怀疑的焦点集中在附近一个农户家里。

警察问农夫:“昨天晚上发生的事,你知道吗?”

“知道,就是政府大楼被盗。可我一直在家,没有出去,不能为你们提供更多的线索。”

“你在家干什么?”警察追问。

“我家养的十几只鸭子在孵蛋,我准备接小鸭子出生。”

你认为农夫的话可信吗?

9. 5 出现过多少次

游戏难度:★☆☆☆☆　最佳完成时间:1 分钟

从 1:00 至 2:00 之间,电子表上显示的时间数字中 5 出现过多少次?

10. 向前还是向后

游戏难度:★☆☆☆☆　最佳完成时间:1 分钟

在自行车下面位置的脚踏上,系一根绳子。将绳子往自行车后方一拉,自行车会向前移动还是向后移动?

11. 谁在撒谎

游戏难度:★☆☆☆☆　最佳完成时间:1 分钟

粗心的汤姆先生把 5000 元现金落在了客厅的桌上。等他想起来时,钱已经不见了。

家里只有他的两个孩子杰米和雷米。

杰米说："是的，我看见了。我把它放在了你房间书桌上，用一本黄皮书压着了。"

雷米说："是的，我也看见了。我把它夹在了黄皮书的第113页和114页之间。"

汤姆听完他们两个人的说辞立刻就明白谁撒了谎。你知道吗？

12. 外出的时间

游戏难度：★★☆☆☆　最佳完成时间：2分钟

小丽在6:00多一点出去了。这时分针和时针为110度角，在不到7:00时回来，此时分针和时针刚好又成110度角。

请问：小丽出去多长时间？

13. 放牛娃拴牛

游戏难度：★★☆☆☆　最佳完成时间：2分钟

放牛娃用一根7米长的绳子拴住了牛脖子，让它在一棵树下吃草，这棵树距离旁边的麦地有10米远。然后放牛娃就和小朋友们玩去了，等他回来时发现牛正在麦地的边上吃麦苗，他因此受到了母亲的责骂。但是，拴牛的绳子很结实，没有人解开它也没有断。牛是怎么吃到麦苗的呢？

14. 两个蛋

游戏难度：★☆☆☆☆　最佳完成时间：1分钟

俗话说："种瓜得瓜，种豆得豆。"董老大没有养过鸡，但是每天早上总是吃两个蛋：这不是花钱买的，也不是别人送的或者孩子们孝敬的。你知道这是怎么回事吗？

15. 王屠夫割肉

游戏难度：★★☆☆☆　最佳完成时间：2分钟

有个人去买肉，问了好几家都没买到，最后问到王屠夫。王屠夫笑嘻嘻地问他要买什么肉？他说要买："皮抖皮，皮打皮，精肉不挨骨，肥肉不挨皮，皮肉还有两层皮。"

王屠夫二话没话就割好了肉，一称斤两，共计3元5角。这个人高高兴兴地掏出5元钱，说："多余的算是奖赏，全给你啦！"

你知道王屠夫给的是什么肉吗？

16. 热带鱼的数目

游戏难度：★★☆☆☆　最佳完成时间：2分钟

小安家的鱼缸里养了很多热带鱼，其中有五彩神仙鱼、虎皮鱼。现在知道两种鱼的数目相乘的积数在镜子里一照，正好是两种鱼的总和。你能算出两种鱼各是多少条吗？

17. 机器猫

游戏难度：★☆☆☆☆　最佳完成时间：1 分钟

机器猫说："在一个星球上，当你扔出一块石头后，它只在空中飞了一小段距离后就停顿在半空中，再向你的方向飞回来，当然它绝不是碰到了什么东西被弹回来。"你知道机器猫说的是哪个星球吗？

18. 漏雨的房子

游戏难度：★☆☆☆☆　最佳完成时间：1 分钟

魏奶奶是一个孤寡老人，她的房子上面有几个地方破了。但是，这房子有的时候漏雨，有的时候不漏雨。你知道这是为什么吗？

19. 横渡黄河

游戏难度：★★☆☆☆　最佳完成时间：2 分钟

在黄河的渡口，既没有桥，也没有船。阮小二对时迁说："别看水面这么宽，我上午一口气儿横渡了五次呢！"时迁说："游完你就回家了？"阮小二说："那当然了！"时迁说："你吹牛！"阮小二是梁山有名的水中好汉，时迁不是不知道，可是他为什么不相信阮小二呢？

20. 吃包子

游戏难度：★☆☆☆☆　最佳完成时间：1 分钟

5 个小孩吃 5 个包子用了 5 分钟，用 10 分钟吃 10 个包子需要几个小孩？

21. 快马与慢马

游戏难度：★★☆☆☆　最佳完成时间：2 分钟

很久以前，在遥远而又神秘的东方国度，有一个叫做幸福岛的国家。在那里，人们都辛勤的劳动，那里的庄稼长得很茂盛，还有成群的牛在吃草，羊妈妈带着羊宝宝在悠闲地散着步。幸福岛的人们还喜欢养马，因为马儿通人性，好像能看得懂人的心思。就这样，大家相亲相爱地生活着。有一天，族长说想看看究竟是哪种马跑得最快。于是，人们争先恐后地发言，有人说白马最聪明当然最快，又有人说黑马最威风，所以肯定是最厉害的，最后有人说红马最耀眼，当然是马中的速度之王了。最后大家谁也不能说服谁，就把马带到空地上比赛。后来发现，白马 1 分钟能跑 2 圈，黑马 1 分钟能跑 3 圈，红马最快，1 分钟跑 4 圈。

现在问题又来了，这 3 匹马站在起跑线上，准备比赛。如果它们立即起跑，多长时间以后能又在起跑线处相遇？族长问了大家这个问题，说谁答对了谁就是幸福岛的智慧星。那么比比看，谁更聪明呢？

22. 数猫

游戏难度:★☆☆☆☆ 最佳完成时间:1 分钟

房间每个角有 1 只猫,每只猫对面有 3 只猫,每只猫后面跟着 1 只猫,你说房里一共有几只猫?

23. 往返旅行

游戏难度:★★☆☆☆ 最佳完成时间:2 分钟

某人进行一次 C 和 D 之间的往返旅行,希望中整个旅行中能够达到 60km/h 的平均速度,但是当他从 C 到达 D 的时候,发现平均速度只有 30km/h,问他应当怎么做才能够使这次往返旅行的平均速度达到 60km/h。

24. 夫妻打赌

游戏难度:★★★☆☆ 最佳完成时间:3 分钟

某日,一对夫妇遇到一位智者,双方讨论起次日的天气,并愿意为之打赌。

丈夫先对智者说:“如果明天不下雨,我给你 200 元;如果明天下雨,你给我 100 元。”

在丈夫心里,明天不下雨的可能性小,而明天下雨的可能性大;可是在妻子心里不然,她觉得明天不下雨的可能性大,而明天下雨的可能性小;于是,妻子又对智者说:“如果明天下雨,我给你 200 元;如果明天不下雨,你给我 100 元。”

如果你是智者,是否愿意与这对夫妇打赌?

25. 一分钟答题

游戏难度:★☆☆☆☆ 最佳完成时间:1 分钟

(1)你在什么地方总能找到幸福?

(2)一个人走进他的花园时,总是把什么先放在里边?

(3)什么东西越洗越脏?

(4)什么东西能载得动一百捆干草却托不起一粒沙子?

(5)什么东西越是打破了越是受人欢迎?

(6)在早餐时从来不吃的是什么?

(7)放大镜不能放大的东西是什么?

(8)什么东西倒立后会增加一半?

26. 调皮女孩的年龄

游戏难度:★★☆☆☆ 最佳完成时间:2 分钟

有一个古灵精怪的女孩在别人问她的年龄的时候,她说:“我后天就满 22 岁了,可是我在去年的元旦,还只有十几岁呢。”

你说,这是可能的吗?

27. 聚会的问题

游戏难度:★★★☆☆　最佳完成时间:3 分钟

有三个在一起工作的人,想商量一下什么时候出去聚会一次。但是,三个人的个性不同,所以观念也不一样。甲说,他晴天和阴天是可以聚会的,但雨天是绝对不出去的;乙说,他在阴天和雨天是可以聚会的,但晴天有事情要做,是不能聚会的;丙说,雨天聚会的话是可以参加的,但阴天绝对不去。

他们有机会聚到一起吗?

28. 结婚风俗

游戏难度:★☆☆☆☆　最佳完成时间:1 分钟

世界上很多国家的风俗是不一样的,这和当地的信仰有关。那么,在中国,一个男人可以娶他的遗孀的妹妹为妻子吗?在印度可以吗?在美国呢?

29. 哪个轮胎没有动

游戏难度:★☆☆☆☆　最佳完成时间:1 分钟

小王今天学开车,他第一次驾驶着汽车向前行进了 50 米。那么,哪个车轮前进的路程最长?在汽车前进中,哪个轮胎没有动?

30. 女孩的脚印

游戏难度:★☆☆☆☆　最佳完成时间:1 分钟

在一个没有月亮的傍晚,张先生在海边的沙滩上看到了一个绝色的美女,她一个人孤独地、忧伤地走着,他对那个女孩产生了好奇心,这时那个女孩回头看了一眼,他也跟着那个女孩的眼神看到那个女孩身后的沙滩上,居然没有脚印。

这是这么回事呢?

31. 向左走,向右走

游戏难度:★☆☆☆☆　最佳完成时间:1 分钟

两个人住在一个胡同里,只隔几步路。他们同在一个工厂上班,但每天出门上班,却总一个向左,一个向右,为什么?

32. 抓歹徒

游戏难度:★★☆☆☆　最佳完成时间:2 分钟

假如你是一名专门抓歹徒的警察,遇到情况必须要和一个大歹徒或三个小歹徒搏斗。现在,你知道你战胜一个大歹徒的概率是 1/7,战胜一个小歹徒的概率是 1/2。请问,你会选谁作为对手?

33. 分遗产

游戏难度:★★★★★ 最佳完成时间:5 分钟

有一对兄妹,要分这 6 件财物:金项链、玉碗、银耳环、玉观音、名画、宝剑,他们约定,由哥哥先挑选,但只能拿一样,然后妹妹再拿,也只能拿一样,如此循环。

由于兄妹俩都想把分来的财物送一些给心上人,因此他们对于这六样东西的偏好程度都有不同,排序如下:

哥哥:1. 金项链;2. 银耳环;3. 名画;4. 宝剑;5. 玉碗;6. 玉观音;

妹妹:1. 玉碗;2. 玉观音;3. 宝剑;4. 名画;5. 金项链;6. 银耳环;

分配结果显然是:

哥哥:1. 金项链;2. 银耳环;3. 名画;

妹妹:1. 玉碗;2. 玉观音;3. 宝剑;

这样两人都满意。

但若偏好顺序如下:

哥哥:1. 金项链;2. 玉碗;3. 名画;4. 宝剑;5. 银耳环;6. 玉观音;

妹妹:1. 玉碗;2. 玉观音;3. 宝剑;4. 名画;5. 金项链;6. 银耳环;

若俩人诚实地选择,结果会是什么?(所谓诚实地选择,即指每个人选择时都是从剩下的物品中选择自己认为价值最高的物品)

若俩人有可能不诚实地选择,如,哥哥先选了"玉碗",结局会如何?

34. 报亭的钟

游戏难度:★★★☆☆ 最佳完成时间:3 分钟

小伟在报亭买了份报纸。他离开时,发现报亭的钟指向 3:55。回到家,家里的钟已是 4:10,但小伟发现他把书包忘在报亭了,只好以同一速度原路返回去拿。到报亭时,发现报亭内的时钟指向 4:15。家里的钟是极准确的,那么报亭的时钟是快还是慢?

35. 儿子的错

游戏难度:★★☆☆☆ 最佳完成时间:2 分钟

父亲打电话给儿子,要他替自己买一些生活用品,同时告诉他,钱放在书桌上的一个信封里。

儿子找到信封,看见上面写着 98,以为信封内有 98 元,就把钱拿出来,数也没数放进书包里。

在商店里,他买了 90 元的东西,付款时才发现,他不仅没有剩下 8 元,反而差了 4 元。

回到家里,他把这事告诉了父亲,怀疑父亲把钱点错了。父亲笑着说,他并没有数错,错在儿子身上。

问:儿子错在什么地方?

36. 逃学的阳阳

游戏难度:★★☆☆☆ 最佳完成时间:2 分钟

一天,阳阳不想去上学,就让同学帮他带了一张请假条给班主任。为了表明自己真的病得很严重，阳阳用圆珠笔写了满满一张纸描述病情，并强调说自己是躺在病床上仰面写的。但班主任看了之后，就知道阳阳是想逃课。你知道班主任是怎么看出来的吗？

37. 烟袋的主人

游戏难度：★☆☆☆☆　最佳完成时间：1 分钟

古时候，有王、李 2 个人，因一管旱烟袋来到衙门请县令明断。李说烟袋是他重金所买，王说烟袋是他家祖上传下来的宝贝，已用二十多年了。两人争执不休。

县令说："这管木烟袋确实不错，我也喜欢，这样吧，我出 20 两银子买下了，你们每人再在堂上各抽 3 袋烟，然后各取一半银子回家去吧。"

抽烟时，姓李的那个人吹不出烟灰，就用一根小竹片将烟灰挑出；而姓王的却将烟袋用力地在地上磕打以磕出烟灰。县令见后，就把烟袋判给了姓李的那个人。

你说县令是怎么知道烟袋的主人是姓李的那个人呢？

38. 三国演义

游戏难度：★★★☆☆　最佳完成时间：3 分钟

有个秀才正翻看《三国演义》，厨师进来对他说："老爷，不瞒你说，《三国演义》是我天天必读之书。就拿今天来说吧，我炒菜缺了四样作料，全在这书里面，所以我来看看！"秀才听了半信半疑，他只知道《三国演义》里写的是曹操、刘备和孙权，还没听说过写有做菜用的作料呢。厨师说："有，老爷你听着——刘备求计问孔明，徐庶无事进曹营，赵云难勒白龙马，孙权上阵乱点兵。"

秀才想了想便猜了出来。那么，你能猜出厨师缺哪四样作料吗？

39. 神枪手

游戏难度：★☆☆☆☆　最佳完成时间：1 分钟

一位神枪手跟朋友一起去钓鱼，钓了半天也没钓上，他见鱼在清澈的湖水中游着，于是干脆就拿起枪。谁知他一连射了好几枪，却连一条鱼也没打中。你知道这是为什么吗？

40. 差距

游戏难度：★☆☆☆☆　最佳完成时间：1 分钟

在一个无风的天气，从甲地乘摩托车到乙地，车速每小时 30 公里，途中并无坡道，只有一处需要轮渡，过轮渡时并没有等待，车一到就上船过渡了，共用了 80 分钟。回来时仍是原来的路线，在轮渡处也正好赶上班次，车速也一样。可是到了目的地一看表，却走了一个小时20分钟,这是怎么一回事?

41. 挖洞

游戏难度:★☆☆☆☆ 最佳完成时间:1分钟

工人在山腰挖了一个大洞,洞深10米,宽3米,高2米。请问:洞里有多少立方米的土?

42. 天气预报

游戏难度:★☆☆☆☆ 最佳完成时间:1分钟

天气预报说今天半夜12:00会下雨,那么再过72小时后会出太阳吗?

43. 环球旅行家的话

游戏难度:★☆☆☆☆ 最佳完成时间:1分钟

环球旅行家比尔夏天的时候刚好到达广州,那里正晴空万里。比尔说:"早知道这里和那里一样热,我就不用花6个月的时间跑到这里来了。"

你认为旅行家的话正确吗?

44. 喝酒

游戏难度:★☆☆☆☆ 最佳完成时间:1分钟

在单位聚会上,一个人在喝啤酒,从上午11:00喝到下午2:00,每30分钟喝完一瓶。问这段时间内,这个人共喝了多少瓶子?

45. 外国人与中国人

游戏难度:★☆☆☆☆ 最佳完成时间:1分钟

有一个人到外国去了,可是他周围的人都是中国人,这是什么原因?

46. 最大的遗憾

游戏难度:★☆☆☆☆ 最佳完成时间:1分钟

亚当与夏娃结婚后最大的遗憾是什么?

47. 弹不脏的钢琴

游戏难度:★☆☆☆☆ 最佳完成时间:1分钟

小明从外面回到家,手弄得很脏。可弹钢琴的时间到了,他没有去洗手,就坐下来开始练习曲目。虽然他的手把钢琴弄脏了,却看不出来。这是为什么呢?

48. 叔父的遗产

游戏难度:★★☆☆☆　最佳完成时间:2 分钟

有一位在国际上享有盛名的画家,将不久于人世。他在这个世界上只有一个亲人,就是他一直视如己出的侄子。他希望在自己死后给侄子留下一笔遗产,于是找来一位律师朋友,委托他在自己死后将一个信封交给侄子。

过了一个月,画家去世了。律师遵照画家的嘱托将信封交给画家的侄子,说里面是叔父留给他的遗产。

侄子打开信封一看,发现里面除了一张以花草为背景的信纸外什么也没有,信纸上面写着:“你手上的东西就是我留给你的价值连城的财产。”最后是叔父的签名和落款日期。侄子望着律师,不明白叔父的意思。

聪明的读者,你知道画家给侄子留下的价值连城的遗产是什么吗?

49. 猴子锯木条

游戏难度:★☆☆☆☆　最佳完成时间:1 分钟

猴妈妈拿来一根很长的木条,要把它锯成 4 段。

猴妈妈考问小猴子:如果锯开一处需要 2 分钟,锯完这根木条一共用多少时间?

小猴子不假思索地回答:需要 8 分钟。

这个答案对吗? 为什么?

50. 小熊的疑惑

游戏难度:★★☆☆☆　最佳完成时间:2 分钟

小熊从没坐过汽车,这天进城它坐上了公共汽车。

路上,公共汽车为了躲避一只横穿马路的小猫,来了个急刹车。小熊往前一栽,把额头碰破了。它问这是怎么回事,有乘客告诉说这是惯性。

从城里返回时,小熊在公共汽车上又碰痛了后脑勺,他问又是怎么回事时,得到的回答仍然是惯性。

小熊顿时迷惑了,心想,惯性不是会碰破额头吗? 怎么这一次是碰了后脑勺?

这两次坐车,我都是脸朝车开的方向坐的,为什么挨碰的地方会一前一后呢?

你能为小熊解释一下吗?

51. 正确排序

游戏难度:★★☆☆☆　最佳完成时间:2 分钟

请按照一定的顺序将下面几个情节进行正确排序:

(1)“红绿灯”电视节目作了报道

(2)现场拾到一只破碎的灯罩
(3)对同一型号车辆逐一排查
(4)确定为某品牌汽车零件
(5)受伤者被送到医院

52. 月球飞鸟

游戏难度:★☆☆☆☆　最佳完成时间:1 分钟

月球上的重力只有地球上的 1/6。有一种鸟在地球上飞翔 30 公里需要 1 个小时,那么这种飞鸟在月球上飞翔 30 公里需要飞多长时间?

53. 友朋小吃

游戏难度:★☆☆☆☆　最佳完成时间:1 分钟

有一家叫做“友朋小吃”的面包店,每当小朋友经过时都急急忙忙地跑开去,为什么?

54. 蜘蛛和蚊子

游戏难度:★☆☆☆☆　最佳完成时间:1 分钟

小明把蜘蛛和蚊子放在一个瓶子里,然后查了一下,总共有 48 条腿。那么,你能判断出蜘蛛和蚊子各有多少只吗?

55. 公共汽车

游戏难度:★★★☆☆　最佳完成时间:3 分钟

一辆动物公共汽车从始发站开出时车上有一头大象、两条蛇和一头河马。

第一站:下一头大象,上一头老虎。

第二站:下一头河马,上一匹马。

第三站:下两条蛇和一头老虎,上两只老鼠。

第四站:下一匹马,上一只兔子。

第五站:下一只老鼠,上一只鸡。

第六站:下一只老鼠,上一条狗。

那么请问:

(1)开车时车上有几种什么动物?
(2)大象在哪一站下的车?
(3)汽车上一共出现过几种动物?
(4)汽车一共经过了几站?
(5)两只老鼠都下车了吗?

56. CD 的纹路

游戏难度:★☆☆☆☆　最佳完成时间:1 分钟

一张 CD 唱片转速是 100 转/分钟,这张 CD 唱片能运转 45 分钟。请问:这张 CD 唱片总共有多少条纹路?

57. 照片上的人

游戏难度:★★☆☆☆　最佳完成时间:2 分钟

有一个人在上班时间看照片。当有人问这个人在看谁的照片时,这个人回答说:"照片上的人的丈夫的母亲,是我丈夫的父亲的妻子的女儿,而我丈夫的母亲只生了他一个孩子。"

请问:这个人在看谁的照片?

58. 最简单的题

游戏难度:★★★☆☆　最佳完成时间:3 分钟

张永暑假期间在表哥的相机店里帮助表哥卖相机,其中一种照相机卖 310 元。为了方便顾客,表哥让他把机身和机套分开卖,并且告诉他,机身比机套贵 300 元。

这天表哥出门,正好有一位顾客单买一个机套。张永想起了表哥的话,就跟这位顾客要价 10 元,可顾客说他卖贵了。张永想了想说不贵呀,表哥走的时候就是这么交代的。可那位顾客一口咬定,他前几天就是在这家店用 5 元买过一个一模一样的机套。他们正争执不下,表哥回来了,他告诉张永确实是他卖贵了。张永听了表哥的话感到很不服气,心里想:明明就是你让我这么卖的嘛!

你知道张永错在哪里了吗?

59. 血缘关系

游戏难度:★★☆☆☆　最佳完成时间:2 分钟

一天,汤姆叔叔和他妹妹尼萨一起在街上散步,突然汤姆叔叔想起来:"对了,小外甥在前面那家店打工,我去看看他,顺便买点东西。"

"噢,我可没有外甥。"说完,尼萨就先回家了。

请问:尼萨和那位神秘的外甥是什么关系呢?

60. 冷酷的丈夫

游戏难度:★☆☆☆☆　最佳完成时间:1 分钟

一天,德鲁伊捧着鲜花来到医院接他的未婚妻。医院的护士告诉他说:"对不起,你的未婚妻正在做手术。""什么手术? 德鲁伊问道。"是心脏手术。"但是德鲁伊却没有因为未婚妻在做手术而感到不安,反而在外边哼起了小曲。旁边的人都说他太冷酷无情了,那么,德鲁伊是不是真的很冷酷呢?

61. 不可能离婚

游戏难度:★☆☆☆☆　最佳完成时间:1 分钟

一位妇人向她的朋友抱怨说:"我们夫妇每件事都意见不合,所以一年到头吵个不停。

我想离婚，你认为如何？”朋友考虑了一会儿说：“这不太可能。”请问朋友为什么说不太可能呢？

62. 圣彼得堡的飞艇

游戏难度：★★☆☆☆　最佳完成时间：2 分钟

一架飞艇从圣彼得堡起飞，径直向北飞行。在向北飞了 500 公里以后，飞艇转弯向东飞。在这个方向上飞了 500 公里。然后飞艇转向南，飞行 500 公里后，又转向西飞行 500 公里，就降落到地面上了。请问飞艇是否降落到原出发点？

你一定会说：“向前走 500 步，向后走 500 步，再向右走 500 步，再向左走 500 步，我们一定能回到出发的地方。”

你认为上面这个问题的答案是这样的吗？

63. “我”是谁

游戏难度：★☆☆☆☆　最佳完成时间：1 分钟

彼得的儿子是“我”儿子的父亲，那么，“我”与彼得的关系是　（　　）

A. “我”是彼得的祖父

B. “我”是彼得的父亲

C. “我”是彼得的儿子

D. “我”是彼得的孙子

E. “我”就是彼得

64. 找同义词

游戏难度：★★☆☆☆　最佳完成时间：2 分钟

请将下列四段文字中的两段组成一句话，要求能说明这样一个事实：参加考试的女生全部及格了。　（　　）

A. 有些女生和男生一样通过了考试

B. 参加考试的女生多于男生

C. 半数以上的学生都及格了

D. 考试不及格的是男生还是女生呢？是占少数的一种（性别的）学生

第二辑　观察力——世界任你透视参考答案

1. 两个乒乓球

当然不是。小雪从袋子里拿出一个乒乓球之后，立刻藏在身后。明明肯定要求小雪把它亮出来，而此时小雪就说:"我亮不亮出来没有关系，只要看看袋子里面留下的是什么颜色的乒乓球，就知道我拿的是什么颜色的乒乓球了。"明明当然会无话可说。

2. 寻找出路

能。树桩上有年轮，年轮不仅记录树的年龄，还可以指示方向。年轮密集的一方代表北方，稀疏的一方代表南方。因为北方得不到阳光的直接照射，生长较慢，所以年轮密集。

3. 喝咖啡

一杯。

4. 取戒指

有可能。如果杯子中的咖啡是固体粉末的话。

5. 半篮子鸡蛋

11 分钟的时候。

6. 桥梁断裂

共振使桥断裂。士兵迈正步的频率正好与桥的固有频率一致，使桥加强了振动，当它的振幅达到最大以至超过桥梁的抗压力时，桥就断裂了。

7. 隔着玻璃晒太阳

晒不黑。因为把人的皮肤晒黑的是阳光中的紫外线，紫外线穿不透玻璃，所以就晒不黑我们的皮肤。

8. 鸭子孵蛋

不可信。因为野鸭会孵蛋，而家养的鸭子经过长期的人工选育已经退化，是不会孵蛋的，农夫在撒谎。

9. 5 出现过多少次

16 次。

1:05～1:49 共 5 次，1:50～1:59 有 11 次，所以有 16 次。提醒你一下，1:55 有 2 个 5!

10. 向前还是向后

向后移动。物体在受到外力时，如无阻碍，一定是沿外力作用的方向运动。

11. 谁在撒谎

雷米撒了谎。因为第 113 页和第 114 页是一页。

12. 外出的时间

(22/3)÷(1－1/12)＝8(大格)，8×5＝40(分钟)。即小丽出去了 40 分钟。

13. 放牛娃拴牛

他并没有把绳子拴到树上，题目中只是说牛的脖子被拴住了，所以牛仍然可以拖着绳子去吃麦苗。

14. 两个蛋

她吃的是鸭蛋。

15. 王屠夫割肉

猪尾巴、猪耳朵、猪腰子、猪板油，猪肚子。

16. 热带鱼的数目

在数字中，除了 0 外，只有 1 和 8 照出来依旧是本数，于是知道两种鱼条数的积是 81。因为 81 在镜子里是 18，正好是 9＋9。由此可知。五彩神仙鱼、虎皮鱼的数目各是 9 条。

17. 机器猫

地球。

18. 漏雨的房子

下雨天漏雨，晴天和阴天不漏雨。

19. 横渡黄河

因为在横渡五次黄河之后，人应该在河的对岸，不可能立即回家。

20. 吃包子

5 个。"5 个小孩吃 5 个包子用了 5 分钟，"也就是 1 个小孩吃 1 个包子用 5 分钟。很显然，1 个小孩吃 2 个包子就要 10 分钟。这是一道有意思的活跃思维的题目，有人可能会认为"5 个小孩吃 5 个包子用了5分钟”,用10分钟吃10个包子一定是10个小孩了。其实这里面存在着3个变量,这3个变量之间存在着一定的比例关系,其中两个变量按照相同的比例发生了变化,另一个变量可变也可不变,这要根据它们的比例关系确定。

21. 快马与慢马

1分钟。

22. 数猫

4只猫。

23. 往返旅行

他从C到D的平均速度为30km/h,而要想让全程的平均速度达到60km/h,也就是2倍的30km/h,那么也就是说,他从D返回C的时候不能用时间,这是不可能的。所以,怎么做也做不到使全程的平均速度为60km/h。

24. 夫妻打赌

假设明天下雨,智者失100给夫,智者得200从妻那里,最终得100元。假设明天不下雨,智者得200从夫那里,智者失100给妻,最终得100。总是能得到100元,那么智者愿意。

25. 一分钟答题

(1)字典里。

(2)脚。

(3)水。

(4)水。

(5)纪录。

(6)午餐或晚餐。

(7)角度。

(8)数字6。

26. 调皮女孩的年龄

是有可能的。如果这个女孩的生日是1月2日。回答这个问题的日子是12月31日,那么,她去年的元旦为19岁,今年为20岁,过了明天就是21岁,后天是她的生日,那时她就是22岁了。

27. 聚会的问题

可以在雨天聚到甲的家中,因为甲没有说雨天不可以聚会,他只说雨天是不出去的。

28. 结婚风俗

都不可以,因为说他的妻子是“遗孀”,说明他已经死了,所以更谈不上娶妻了。

29. 哪个轮胎没有动

一样长,都是50米。在汽车前进中,备用轮胎没有动。

30. 女孩的脚印

那个女孩是倒着走路的。

31. 向左走,向右走

他们住对门。

32. 抓歹徒

大歹徒。因为打胜三个小歹徒的概率是1/8。

33. 分遗产

如果诚实地选择:

哥哥:金项链,名画,宝剑;

妹妹:玉碗,玉观音,银耳环。

如果不诚实,每个人都会选择自己期望值较高,却在对方中期望值更高物品。

所以会出现以下结果:

哥哥:玉碗,宝剑,银耳环;

妹妹:名画,金项链,玉观音。

34. 报亭的钟

慢了5分钟。

35. 儿子的错

儿子把信封上的字看倒了。应该是86,看成了98。

36. 逃学的阳阳

圆珠笔如果倒着朝上写字,很快就会写不出字的。

37. 烟袋的主人

因为姓李的人很爱惜烟袋,而姓王的人虽然嘴上说是自己家里传家宝,但他用力地磕烟袋的烟灰,一点都不爱惜烟袋,所以可以推断他是说谎的。

38. 三国演义

缺算(蒜)、少言(盐)、无缰(姜)、短将(酱)。

39. 神枪手

因为光线通过空气进入水中时,在水面会发生折射,使物体偏离方向,所以射不中。

40. 差距

80 分钟和一小时 20 分钟一样长。

41. 挖洞

既然是一个洞,怎么会有土?

42. 天气预报

如果事情不是发生在极圈的话,那么就不会出现太阳。因为再过 72 小时后,就是 3 个昼夜,又是半夜 12 点,而夜里是不会出太阳的。

43. 环球旅行家的话

正确。由于地球是自转的,6 个月前,旅行家在西半球过夏天,那时候广州是冬天。

44. 喝酒

瓶子是不能喝的。

45. 外国人与中国人

因为这个外国人到中国来了。

46. 最大的遗憾

没人来喝喜酒。

47. 弹不脏的钢琴

因为他演奏的这首曲子只弹黑键。

48. 叔父的遗产

遗产就是那张以花草为背景的信纸,因为画家在国际上颇负盛名,而这张以花草为背景的信纸是他的最后一幅画,不久的将来会非常值钱。

49. 猴子锯木条

把一根木条锯成四段,只要锯三处,锯一处用 2 分钟,锯三处共用 6 分钟。

50. 小熊的疑惑

当静止的车猛然启动时,静止的乘客不能马上从静止状态变为前进状态,就会向后倾倒;而当车高速行驶里,车上的乘客也以同样的速度前进,这时如果突然刹车,乘客不能随着车一起立刻停下来,就会向前倾倒。

51. 正确排序

(5)——(1)——(2)——(4)——(3)

本题主要围绕一起交通事故展开,按照常规处理,肯定应该先去救治伤员,第一项应为(5)。(2)现场拾到一只破碎的灯罩,(4)确定为某品牌汽车零件,(3)对同一型号车辆逐一排查,这明显是一个连续行为,所以(2)(4)(3)应排在一起。(1)电视节目进行报道肯定是案件一发生就会派记者到现场,所以应排在(5)后面。

52. 月球飞鸟

飞不了多久,也许飞鸟刚扑腾几下翅膀就会很快死掉。

因为月球上没有氧气,飞鸟不能呼吸,自然也就飞不了多远。如果你没有想到月球上没有氧气而飞鸟没有氧气便难以存活这一知识,只是按照月球上的重力是地球的 1/6 推理,那么飞鸟飞翔的时间就是 10 分钟,你就会落入俗套而难以自拔,自然就想不到正确答案了。

53. 友朋小吃

因为小朋友将“友朋小吃”看成“吃小朋友”!

54. 蜘蛛和蚊子

只有蜘蛛,蚊子全部被蜘蛛吃光了。

55. 公共汽车

(1)3 种。分别是大象、蛇和河马。(2)第一站。(3)9 种。(4)6 站。(5)都下了。

56. CD 的纹路

一张 CD 唱片只有一条纹路。

57. 照片上的人

这个人在看她丈夫的继母的外孙媳妇的照片。

58. 最简单的题

他把机身卖 300 元,机套卖 10 元就错了,300 - 10 = 290,而实际上机身要贵出 300 元。正确答案是机套卖 5 元,机身卖 305 元。

59. 血缘关系

尼萨是在前面那家店打工的男孩的妈妈。不过,看起来尼萨和她儿子的感情不是太好。

60. 冷酷的丈夫

德鲁伊的未婚妻是医生,正在给别人做手术。

61. 不可能离婚

根据妇人说的“我们夫妇每件事都意见不合”,如果她提出离婚,丈夫肯定反对;如果她的丈夫提出离婚,她肯定反对。所以她和丈夫不可能离婚。

62. 圣彼得堡的飞艇

飞艇降落在圣彼得堡的东边。因为地球是球形,越向北经线越接近。飞艇从圣彼得堡向北飞500公里,向东飞500公里,向南飞500公里,再向西飞500公里。最后降落在圣彼得堡的东边,离列宁格勒约77公里的地方。飞艇飞行与步行的性质不同,因为步行的距离短,不受经度线的影响。

63. "我"是谁

选C。

64. 找同义句

BD。

第三辑　创造力——世界缘你驾驭

没有创造力的民族是落后的,同样,没有创造力的人是可悲的。相信每一个人都是不甘平庸的,都有创造的欲望。创造力的获得需要大量的前期积累,繁琐的思维酝酿,高超的理解能力,最后,还要有厚积薄发的灵感。创造是一个痛苦的过程,但更是一个无比快乐的过程。

注意:创造过程中如果一直痛苦,找不到乐趣,放弃吧。

1. 射箭

游戏难度:★★☆☆☆ 最佳完成时间:2 分钟

7 个大小不一的草人正立在场地上,一位射手准备射穿 3 个草人的头部和 4 个草人的底部。请问,你认为他至少需要射几箭?

2. 国王选女婿

游戏难度:★★☆☆☆ 最佳完成时间:2 分钟

从前,有一位国王想为自己的宝贝女儿挑选一个聪明机智的丈夫。于是他贴出了招聘女婿的告示,并在告示里提了一个古怪的条件:

"凡前来应考的英俊青年,不能送我任何礼物,也不可空着手不带东西来。"

结果,很多英俊的青年都知难而退了,但有一位才貌双全的小伙子却做到了,并最终成为了国王的女婿。

聪明的你,能猜出他是怎样做的吗?

3. 分饮料

游戏难度:★★☆☆☆ 最佳完成时间:2 分钟

有 7 杯满杯的果汁、7 杯半杯的果汁和 7 个空的杯子,要把它们平均分给 3 个人,你知道该怎么分吗?

4. 装水游戏

游戏难度:★★★☆☆ 最佳完成时间:3 分钟

有两个容积都是 10 升的桶,里面各装了 9 升水。现在给你一个盛满了水的水瓢,瓢里的水是 1 升。在不移动水桶的情况下,你能使两桶水都上升到桶口处吗?

5. 海里逃生

游戏难度:★★☆☆☆ 最佳完成时间:2 分钟

一艘船触礁后船身被撞了个窟窿,海水灌了进来,眼看船就要沉没了,船上的人立即找来大袋子,拼命地往袋子里装东西。这些东西不是钱财,也不是宝物,为什么这些人在生死关头全然不顾下沉的船,而一味地往袋子里装这些东西呢?

6. 地毯的长度

游戏难度:★★☆☆☆ 最佳完成时间:2 分钟

王经理家刚买了别墅,正在考虑他的楼梯需要多长的地毯。因为现在楼梯尚未安装,所以他现在还不知道阶梯的数量、高度和宽度。请问,在这样的情况下,怎么才能把所需地毯的长度计算出来呢?

7. 倒硫酸

游戏难度:★★☆☆☆　最佳完成时间:2 分钟

一个不规则的透明玻璃瓶,上面只刻着 5 升、10 升两个刻度,而里面装了 8 升硫酸,现在需要从中倒出 5 升,别的瓶子上都没有刻度,硫酸的腐蚀性又大,请你帮忙想想,用什么办法一次就能准确地倒出需要的量?

8. 你能想得到吗

游戏难度:★★☆☆☆　最佳完成时间:2 分钟

一天,琪琪问了皮皮一个奇怪的问题:在什么情况下,5 大于 0、0 大于 2、2 大于 5?

皮皮绞尽脑汁,也没想出来,结果被琪琪狠狠地嘲笑了一番。他很郁闷,你能帮帮他吗?

换一种思路考虑问题,答案也许会令你笑疼肚皮。

9. 信的秘密

游戏难度:★★★☆☆　最佳完成时间:3 分钟

相传,三国时期,为便于相互传递军情,无误战事,克服目不识丁的弱点,蜀将张飞曾费尽心机想出了一个点子,他把信让可靠心腹按自己的意思写好,之后再念给他听,并令另一心腹核准后,他在信的右下角用笔点个大黑点。

有一次,张飞给关羽的信落入曹操密探之手,密探拆开一看,原来是一个重要的军事情报,于是立即根据张飞原信的意思写了一封内容相反的信,细心的写信人还照样点了个黑点。不料关羽收到信后,立即就识破了信是伪造的。

请问,关羽为何能及时辨明信的真假呢?

10. 挑瓜过河

游戏难度:★★☆☆☆　最佳完成时间:2 分钟

有一个人挑一担西瓜要过桥去,桥宽 1 米,河水离桥面半米,桥能承受 200 斤的重量。可是,挑瓜人体重 120 斤,两筐西瓜,每筐重 50 斤,怎么才能一次把两筐西瓜挑过桥?

11. 谁的本领最高

游戏难度:★★☆☆☆　最佳完成时间:2 分钟

一张只有 3 条腿的桌子上有 4 个瓶子,3 位神枪手聚在一起,欲比一比谁的本事大。他们打算用最少的子弹射倒 4 个瓶子,甲用了 3 枪就射倒 4 个瓶子。轮到乙了,他只用了 2 枪。神奇的是丙,他只用了一枪就将 4 个瓶子射倒了。当然,丙的本事最高,但你知道他是怎么射的吗?

12. 汽车和火车

游戏难度:★☆☆☆☆ 最佳完成时间:1 分钟

竞赛小汽车在什么时候能够和火车同一方向、同一速度前进?

13. 火车在哪里

游戏难度:★☆☆☆☆ 最佳完成时间:1 分钟

一列火车从北京到济南需要四个半小时,行驶两个小时后,火车应该在什么地方?

14. 士兵的妙计

游戏难度:★★☆☆☆ 最佳完成时间:2 分钟

一个寒冷的冬天,一支部队来到了松花江边上。可即使是冬天,松花江面还只是结了一层薄薄的只有五六厘米厚的冰,冰上面覆盖着一层雪。很明显,这样踩在冰面上是很危险的,只有等到冰层达到七八厘米才会安全。大家正着急的时候,一位新来的士兵想出一条妙计。部队只等了一会儿,冰层的厚度就达到了 8 厘米以上。你知道他想出了一条什么妙计吗?

15. 雷同的答卷

游戏难度:★☆☆☆☆ 最佳完成时间:1 分钟

考生在绝对不能作弊的考场中进行测验,居然出现了两张完全一模一样的答卷。如果说这不是一种偶然现象,那么你认为在什么情况下会出现这种现象?

16. 无法模仿的动作

游戏难度:★★☆☆☆ 最佳完成时间:2 分钟

动物园里,有一只猴子专爱模仿人的动作。人们逗它,它的姿势、手势简直像一面镜子,模仿得无半点差错。

一个人走到猴子跟前,右手抚摸自己的下巴,猴子就用右手抚摸下巴;人闭上左眼,猴子闭上左眼;人再睁开左眼,猴子也立刻照办。可是,有人却说:"猴子再有本事,有一件很简单的动作它却永远不会模仿。"请问,到底什么动作那么难呢?

17. 共进晚餐

游戏难度:★☆☆☆☆ 最佳完成时间:1 分钟

有 1 只野羊,狮子用 2 小时吃完它,熊 1 小时吃完它,狼 6 小时吃完它。如果 3 只野兽用它来共进晚餐,用多长时间才能吃完它?

18. 三个怪问题

游戏难度:★☆☆☆☆　最佳完成时间:1 分钟

你能回答下面的问题吗?

(1)有没有一个人,她的身体里有三个心脏,但是她活得很正常,并且没有人为这件事感到奇怪?

(2)如果亚洲有一个村庄里,每个人都只有一只右眼,你认为可能吗?

(3)一年中有些月份有 31 天,有些月份有 30 天。那么有多少月份有 28 天呢?

19. 谁的钱

游戏难度:★★★☆☆　最佳完成时间:3 分钟

一个瞎子走进了一家肉店想买肉,他连叫了几声却无人回答。他知道无人,便伸手在放肉板上乱摸,哪知一下摸到了四个一元的硬币,他赶忙把硬币放进口袋里,然后就要走出肉店。碰巧卖肉的人从屋内走出来见到了,便追出来抓住瞎子,要他把钱拿出来。瞎子大喊道:“天啊,欺负我是瞎子,想抢我的钱啊!”假如你这时正好来这里买肉,瞎子和店主请你评理,你怎样才能证明瞎子袋里的四个硬币是偷来的?

20. 半桶水

游戏难度:★★☆☆☆　最佳完成时间:2 分钟

苛刻的地主想要扣除木匠的工钱,于是他想出了一个主意,给工人们一个圆柱形的水桶,要求工人们将其注满半桶水,不多也不少,并且不用任何的工具测量,如果做不到,就扣除他们的一半工钱。工人们陷入了冥思苦想中,地主得意洋洋。这时,有一个工人,巧妙地完成了地主的任务,结果他们都拿到了应有的工钱,请问这个工人是怎样完成地主的任务的?

21. 如何通过

游戏难度:★★☆☆☆　最佳完成时间:2 分钟

(1)一艘船顺水而下,在要通过一个桥洞时,发现货物比桥洞高出约 1 厘米,需要卸掉一些货物才能通过。无奈货物是整装的,一时无法卸下。有什么办法能够不卸货物,使船通过呢?

(2)有辆卡车,堆装着很高的货物,当要通过一处铁路桥时,发现货物高出桥洞 1 厘米,卡车无法通过。卸货卸下重装很费事,你给想想办法,应该怎样才能顺利通过呢?

22. 服务员的尴尬

游戏难度:★★★☆☆ 最佳完成时间:2 分钟

服务员在规定的时间进房间打扫卫生,他推门进去的时候,突然看见里面的女顾客正在卧室更衣,当时她正好没有穿衣服,惊叫了一声,这名聪明的男服务员说了一句话,然后就退出房间。

你知道他怎么说可以使女顾客摆脱尴尬的心态?

23. 聪明的登山者

游戏难度:★★★☆☆ 最佳完成时间:2 分钟

一名登山者独自去登山,在山下,他穿上新买的昂贵的登山鞋,发现鞋子有些紧,不利于登山。于是,他换上带来的另一双旧登山鞋。但是,他不想带着他的新登山鞋上下山,但他又担心,如果不带着新的登山鞋,鞋子可能会被其他登山者拿走,他该怎么办呢?

24. 巧作座右铭

游戏难度:★★★☆☆ 最佳完成时间:3 分钟

民国年间,有位著名的大书法家叫于右任,他不轻易给人写条幅,曾有宦商向他求过多次,但都遭到了他的拒绝。

一日,某富商求字未得,离去时,突见于右任院中角落处,有一字幅,上写“不可随处小便”,正是于右任的字迹。富商一见,如获至宝,偷偷揭下带回家。

他把字幅裁成六块,调整顺序后,找人精心裱糊成条幅,挂在室内奉为座右铭。

当有朋友来拜访时,他就让朋友观看此条幅,一时,很多人都知道此富商有于右任亲笔写的条幅。

此事让于右任知道了,觉得很奇怪,就亲自登门拜访,等他看到字幅时,才恍然大悟,并连声叫绝。

聪明的读者,你知道这条字幅的内容是什么吗?

25. 小偷与恶狗

游戏难度:★★☆☆☆ 最佳完成时间:2 分钟

有一个小偷探得一个别墅中午时分没有人在家,就准备入室行窃。那一家的围墙只有 150 厘米高,但只能经过一条小径进入。

不幸的是,有只凶猛的狗被一根链子拴在一颗大树上,而别墅的门窗都在恶狗的势力范围。但这个小偷还是绕过了恶狗进入了室内,他是怎么做到的呢?

26. 巧搬石头

游戏难度:★★☆☆☆ 最佳完成时间:2 分钟

清朝年间,一日天降大雨,大路边有一家

豪宅的墙壁倒塌,塌下来的一块大石头正好滚到路的中央。这天慈禧太后按例要去庙里进香,正好要经过这条道路。当务之急是要把这块大石头搬走,但因为道路泥泞,一时找不到合适的工具,石头怎么也搬不动,这把大臣们都急坏了。这时,有个人出了一个办法,解决了问题,你知道这是什么办法吗?

27. 幼童解谜题

游戏难度:★★☆☆☆　最佳完成时间:2 分钟

农闲时节,一个书生和一个农夫在村头互出谜题考验对方。两个人都靠机智和智慧对拼,十分有趣。

最后,农夫拿出了一根普通的绳子和一把剪刀,对书生说:“你能不能只用剪刀,把这根绳子从中间剪断,最后还是得到一根绳子呢?”

这个问题难住了书生,他怎么想也想不出来。在书生决定向对方认输的时候,他的孩子跑了过来,说:“爹,这个题我帮你来做吧。”只见小孩将绳子摆弄了一下,然后当着众人的面,在绳子中间剪了一刀,结果,还是一根绳子。

聪明的读者,你知道小孩是怎么剪的吗?

28. 灯泡防盗

游戏难度:★★☆☆☆　最佳完成时间:2 分钟

在英国一个城市,地铁上的灯泡被偷屡见不鲜。因为车上的灯座设在触手可及的地方,而且无法改装和移动。有一个专家用了一个小小的办法,解决了灯泡被偷的问题,你知道他是怎么做的吗?

29. 巧取宝石

游戏难度:★★☆☆☆　最佳完成时间:2 分钟

有一次,国王在十五米见方的豪华地毯正中放了一顶金光闪闪的宝石,然后对孩子们说:“谁能不走上地毯拿到这颗宝石?但只能用手,不能用其他任何工具。有谁能拿到它,我就把它作为礼物送给谁。”

话音刚落,孩子立即围在地毯周围,争先恐后地伸出了手,但谁也够不到那宝石。

这时,有一个小公主,她笑着说:“我可以拿到它!”

说完,她真的拿到了那宝石。

试问,她用什么办法拿到宝石的呢?

30. 巧撤军

游戏难度:★★★☆☆　最佳完成时间:3 分钟

公元1206 年,南宋将领毕再遇率兵和金兵打仗,最终因寡不敌众,决定撤退。

平时作战,毕再遇习惯了命士兵在军营里击鼓,一来鼓声可以威吓敌人,二来也给自己部队壮胆。但是现在若因撤退而不击鼓,敌军听不到鼓声就会发现并阻挠其撤退计划,可能会乘胜追击致使其全军覆没。怎么办呢?究竟要怎样才能确保在撤退时和撤退后鼓声仍继续响起?毕再遇苦苦思索着。忽然,他听到了几声羊叫,于是灵机一动,想了个巧妙的办法安全撤军,并确保鼓声继续。你知道他是如何利用羊的吗?

31. 将军解"结"

游戏难度:★★☆☆☆ 最佳完成时间:2 分钟

很久以前的一个冬天,马其顿的将军亚历山大率领军队进入亚洲的一座城市。亚历山大听说,城中有一个复杂的结,谁能打开它,谁就会成为亚细亚王。

亚历山大对这个传言非常感兴趣,就请人带他去看那个难解的结,并试图解开它。那个结像许多条蛇缠绕在一起,里里外外杂乱地交错在一起,越理越乱。亚历山大解了很久,仍无法找到结的两头。

最后,他想到了一个办法,终于把这个结打开了。你知道他用的是什么办法吗?

32. 纸举书

游戏难度:★★☆☆☆ 最佳完成时间:2 分钟

如果给你一张卡纸和胶带,你能在不用手扶的情况下,想办法让纸举起一本书吗?

33. 挖地道

游戏难度:★★★☆☆ 最佳完成时间:3 分钟

甲国和乙国相邻,甲国对乙国进行了野蛮的掠夺和屠杀,并且抓了乙国的一个爱国将领,将其关在边界附近。这个将领试图偷越边境逃回乙国,但是由于甲国戒备森严,未能成功。但将领并没有灰心,通过种种假设,他终于找到了一个能够帮助他逃回乙国的途径,也是唯一有望成功的途径,那就是挖地道。但他又想:挖出的浮土会不断增加,一增加就会被甲国侦察机发现。所以,在挖地道之前要盖一所小房子,把浮土藏在里面。不过,小房子不能盖得太大,否则也会被发现。但浮土会不断增加,小房子会装不下,而且,在挖地道时,一定要保持适当的空隙来供人呼吸,才能确保人不会被堵死。究竟要怎么办呢?这位将士想了很久,终于想到了一个不会露出破绽的办法,顺利地逃回了乙国。你知道他想的是什么办法吗?

34. 推迟鸡叫

游戏难度:★★★☆☆ 最佳完成时间:3 分钟

诸葛亮小时候拜水镜先生为师,由于学习刻苦用功,又有礼貌,深受先生的喜欢。

当时没有时钟,为了掌握时间,水镜先生训练了一只大公鸡,每天按时鸡叫。只要鸡一叫,水镜先生就准时上课、下课。

诸葛亮很喜欢听老师讲课。可是每次上课正听得入迷,鸡就叫“下课了”。为了学到更多的东西,诸葛亮想出一个“鬼点子”推迟了鸡叫的时间。诸葛亮是用什么办法让公鸡晚叫一会儿的呢?

35. 师徒斗智

游戏难度:★★★☆☆ 最佳完成时间:3 分钟

老木匠的学徒已拜师三年,理应离开师傅,自立门户了。但自私而固执的老木匠想留下这个勤快的学徒,使自己多一个廉价的劳动力。老木匠不好强留学徒,于是想出一道难题,待学徒答不上来时就不让他出师。老木匠拿着一个长方形木窗框,对学徒说:“这个窗框太大,我想让它小一半。但绝不允许裁减窗框,也不许把窗子遮半边。”学徒用心一想,解决了这个难题,老木匠只好让他出师。

你知道学徒是怎么解决这个难题的吗?

36. 遗嘱纠纷

游戏难度:★★☆☆☆ 最佳完成时间:2 分钟

有个人临终时立下遗嘱,死后家产平分给两个儿子。其人死后,舅舅按遗嘱平分家产。但兄弟二人都疑心舅舅偏心,给对方的家产分多了,因而吵嚷至官府。县官听了二人的申诉后,沉思了一会便圆满地解决了这场纠纷,同时还使兄弟二人心悦诚服。

这位县官是如何解决这场纠纷的?

37. 拉不开的门

游戏难度:★☆☆☆☆ 最佳完成时间:1 分钟

一个人被关在密闭的房间里,只有一扇门,但无法拉开。他该如何出来?

38. 究竟出了什么问题

游戏难度:★☆☆☆☆ 最佳完成时间:1 分钟

有一天,路路感冒了去找内科大夫,精神科医生却从里边拿着药出来了。这究竟是出什么问题了呢?

39. 河上架桥

游戏难度:★★☆☆☆ 最佳完成时间:2 分钟

A、B 两地在一条宽 10 米的河两岸,两地的水平距离为 200 米。如何在河上架一座桥,使从 A 地到 B 地的距离最短,并且桥不能是从 A 到 B 的斜桥呢?希望你能发挥最大的想象力,你想得到的都有可能。

40. 中奖的兔子

游戏难度:★☆☆☆☆ 最佳完成时间:1 分钟

兔子梦见自己中了 500 万,醒来后发现是真的。那接下来兔子该怎么办?

41. 破案秘诀

游戏难度:★★☆☆☆ 最佳完成时间:2 分钟

某国两名男子因涉嫌盗窃罪被逮捕,之后在不同的房间接受审讯。两个人都知道这个国家的法律——只要犯罪嫌疑人招供就能减轻刑罚,但是无论刑警如何审问,两人都一直保持沉默。

不过,在刑警分别对两人耳语了一件事情之后,两人立刻转变态度,招出了事情的真相。

你知道刑警到底说了什么吗?

42. 翻墙的蜗牛

游戏难度:★★☆☆☆ 最佳完成时间:2 分钟

一只蜗牛和壁虎打赌,说自己肯定能翻过一堵 20 米高的墙。蜗牛每天白天能向上爬 3 米,但是在晚上睡觉时会向下滑 2 米。

如果蜗牛从一边的墙脚出发,要几天才能翻过这堵墙,到达另一边的墙脚?

43. 兄弟过河

游戏难度:★★★☆☆ 最佳完成时间:3 分钟

兄弟两人结伴到北极探险,被一条冰河挡住了去路。他们停在岸边,商量对策。游过去吧,冰河太宽,水又凉,很可能会被冻死。绕过去呢,根本找不到绕过去的路。

两个人冥思苦想。过了一会儿,哥哥说:“要是有树就好了,这样我们就可以用斧子、铁棍等工具造一只木船。”这个意见也很快被否定了。因为北极到处都覆盖着冰雪,根本找不到树。

后来,还是弟弟想出了一个可行的办法渡过了河,而且他们的身体没有被河水弄湿。你知道弟弟想出了什么办法吗?

44. 吝啬鬼加灯油

游戏难度:★★☆☆☆ 最佳完成时间:2 分钟

《儒林外史》里的严监生是个妇孺皆知的

吝啬鬼。有一次，他家里油灯里的油快用完了，灯芯也短了，眼看就要灭了，妻子要加些油，但他就是不准加。

你能帮这个吝啬鬼想个办法，让油灯再亮一会儿吗？

45. 绝妙对策

游戏难度：★★★☆☆　最佳完成时间：3 分钟

有一家公司，生产的牙膏很受消费者欢迎，营业额连续 10 年递增，且每年的增长率都维持在 10% 至 20%。可是到了第 11 个年头，公司的销售业绩开始停滞不前，第 12 年、第 13 年，不管销售人员怎么努力，仍然没有什么起色。

公司举行高管会议，研究市场前景和销售策略，要求负责各个区域的经理献计献策。会上，总裁为了激发员工的积极性，郑重承诺：如果有人能使公司的销售业绩增长，公司将一次性奖励 10 万元。

总裁的话音刚落，一位刚上任的年轻经理就站起来递给总裁一张纸条。

总裁看完纸条，马上签了一张 10 万元的支票奖给这位经理。

从第 14 年开始，公司开始按照这个年轻经理的办法改革，这一年的营业额竟然增长了 32%。

你知道这个年轻经理想出了什么好点子吗？

46. 赏花

游戏难度：★★★☆☆　最佳完成时间：3 分钟

公主到御花园里赏花，发现花圃里只有红花和蓝花。公主不满意地对下人说："我们这么大的一个国家，御花园里竟然只有红、蓝两种颜色的花。难道就不能有其他颜色的花吗？"

一个机灵的小宫女连忙回答："交给奴婢好了，明天就会有其他颜色的花，但要请公主从宫殿楼上的窗口向下俯瞰。"公主听她这么说，怒气才消了。

宫女打算怎么做呢？她不可能在花朵上面涂颜色，那怎样在短时间内就让公主看到其他颜色的花呢？

47. 踏花归来马蹄香

游戏难度：★★☆☆☆　最佳完成时间：2 分钟

宋徽宗赵佶酷爱绘画，工于花鸟。在位时广为搜集历代名人书画，并亲自掌管宣和画院，经常考察宫廷画师的绘画水平。

一日，赵佶踏春而归，雅兴正浓，便以"踏花归来马蹄香"为题，在御花园举行了一次别开生面的画考。由于花之"香"气难用形象表现于画面，许多画师虽有丹青妙手之誉却面面相觑，无从下笔。独有一青年画师奇思勃发，欣然提笔。

宋徽宗俯身细看，连连称妙，评道论此画之妙，妙在立意妙而意境深，把无形的花香，有形地跃然于纸上，令人感到香气扑鼻！

众画师看后莫不惊服，皆自愧不如。

你能猜想出那位年轻的画师在画面上展现的是什么？

48. 飞花迎春到

游戏难度：★★★★★ 最佳完成时间：5 分钟

除夕晚会上，小敏扮演的春姑娘上场了。她手拿花折扇，两手轮流向观众交代，没有藏什么东西。这时，象征新春的钟声响了，她右手打开写有“春节快乐”的折扇，左手飞出许多五颜六色的纸屑来，别有一番“飞花迎春”的气氛。

这个游戏很有趣，你想知道其中的秘密吗？

49. 会跳的硬币

游戏难度：★★★☆☆ 最佳完成时间：3 分钟

在元旦晚会上，同学们八仙过海，各显神通。轮到小明上场了，只见他拿出一个瓶子向四周示意，瓶子是空的。他在瓶口上涂了一点油，再从衣袋里取出一枚五分硬币盖在瓶口上面，将瓶子放到酒精灯上烘热，放回桌上。他两手用力搓了一会儿，再放到火上烘了一下，突然两手把瓶子捧住，那瓶口上的硬币好像被什么东西弹了一下似的，竟从瓶口上跳了起来，“当”的一声掉在桌子上。

这个游戏很好玩，你知道其中的原理吗？

50. 红艳艳的果子

游戏难度：★★★☆☆ 最佳完成时间：3 分钟

印尼有很多大大小小的岛屿，号称“千岛之国”。

一次，有人发现一个湖中央的一个小岛上，有一棵果树，上面结满了红艳艳的果子，看起来非常诱人。这个人想去摘一些果子，但是他发现湖水很深，而且湖的直径大约有 40 米，在湖岸上还有一棵树。他不会游泳，他身边可利用的工具只有一根长 150 米的绳子。

请你想想看，他要怎样做才能到达小岛？

51. 会跳高的牌

游戏难度：★★★★★ 最佳完成时间：5 分钟

表演者把一副扑克牌展开，请助手随意从中抽出一张，例如，抽的是红心 K，表演者收回来把它高举起来，让观众看清楚。然后插入全副牌中，理成一叠，紧握在手中。他对着牌吹口气，那张红心 K 竟自己从全副牌中跳了出来。

你能解释一下吗?难道这张牌真的还会跳高不成?

52. 美丽的火星

游戏难度:★★★★★　最佳完成时间:5 分钟

表演者拿了一只瓦钵,内外都给观众看过,里面是空的,把它放在一张小木台上。又拿起一杯清水,他含了一口,远远地向瓦钵内喷去。那瓦钵一遇到水立刻冒出许多火星来,色彩斑斓,十分好看。小魔术师每喷一口水就冒一阵火星,直到那杯清水喷完为止。

这个小游戏利用了一些化学原理,你能试着解释一下吗?

53. 最后的测试

游戏难度:★★★★☆　最佳完成时间:4 分钟

有一个公司要招聘一名工作人员,前来应聘的人员很多,经过几番考核,该公司选定 3 名应聘者进行最后的测试。

第一个应聘者进来后,主管对他说:“假如你能猜出我口袋里有多少钱,我们便会考虑录用你。当然,你可以先问我 3 个问题,以便得到一些信息。而且我可以给你 3 次机会,让你猜我口袋里到底有多少钱。”

主管和他的助手做了一番示范后,第一个应聘者开始提问:“你口袋里的钱有几种面值?面值最小的是多少?最大的是多少?”主管一一做了回答。

之后,第一个应聘者开始猜,但没有猜对。

第二个应聘者问主管:“你口袋里的钱全是人民币吗?在 500 元以下还是以上?整币还是零钱?”主管做了回答。但是,第二个应聘者仍然没有猜对。

轮到第三个应聘者时,他只是问了主管一个问题,就被主管录用了。

你知道他问的是什么问题吗?

54. 最神秘的消失

游戏难度:★★★★★　最佳完成时间:5 分钟

1983 年 4 月 8 日,美国著名的魔术大师大卫柯波菲尔当众表演了一个举世震惊的魔术:使纽约高 93 米的自由女神像当众消失。这个节目通过电视进行了现场直播,数百万观众看后无不目瞪口呆。

表演时,观众坐在女神像前,先在观众和女神像之间挡一层幕布。12 组探照灯照着女神像,女神像上空还有一架直升机在拍照。这时,大卫讲了一段女神的历史之后,拉开幕布,女神像果真不见了。探照灯下空无一物。

你知道他是怎么做到的吗?

55. 你挥金如土吗

游戏难度:★★☆☆☆　最佳完成时间:2 分钟

你的经济来源供应者是谁呢? 是爸妈、长辈、自己还是恋人呢? 花钱要有方法,赚钱要有头脑,存钱也要有耐心。想知道自己会不会是挥金如土吗? 赶快来做以下的测验吧!

坐在医院候诊室里的你,顺手拿起了报架上的杂志阅览。似乎还有 5 分钟才轮到你,时间正好够你看完一篇报道。那么,在下列的几则报道里,你会选哪一篇来看呢?

A. 心灵写真大公开

B. 急速蹿红的超人气女星,惊曝不伦之恋

C. 婆媳过招秘诀大公开

D. 我的 SEX 失败谈

56. 测测你的危机意识

游戏难度:★★☆☆☆　最佳完成时间:2 分钟

“生于忧患,死于安乐”,这句话是用来劝谏缺乏危机意识的人。下面这道题就来测测你是不是具有危机意识。

一头乳牛正从牛舍里出来吃草,请你直觉判断,它将走至哪一处觅食?

A. 小山下

B. 树林中

C. 河流旁

D. 农场内

57. 你是哪种人才

游戏难度:★★☆☆☆　最佳完成时间:2 分钟

深夜里,由车站步行 20 分钟回家,家人已沉睡,门和窗都上了锁,敲门敲窗均无回应,要爬窗进去也不太可能,偏偏手机又没电了,要想打电话,就必须原路返回公交车站去打公用电话。犹豫之间,站在楼下观望了一阵,见二楼的窗口似乎有一丝亮光。如果是你遇到了这样的事,你会怎么做?

A. 想办法弄坏门或窗的锁,或用铁丝之类的想办法把门打开

B. 脱下鞋子扔向二楼

C. 返回车站打电话

D. 干脆到酒吧去喝一杯,看那里可不可以打电话,不行就喝到天亮

E. 拼命地敲门和窗

58. 测测你的财商

游戏难度:★★☆☆☆　最佳完成时间:2 分钟

如果你是大胖子,正在努力减肥时,你的朋友却想请你吃大餐,你感觉他的心态是什么?

A. 只是顺便叫你吃饭没有什么别的意思

D. 根本就是故意取笑你看扁你

C. 逗你开心希望你轻松面对减肥

D. 心疼你挨饿减肥太辛苦

E. 考验你减肥的意志力够不够坚强

59. 卖羊

游戏难度:★★★☆☆　最佳完成时间:3 分钟

从前有个聪明的小孩子,他在一个特别坏的财主家放羊。有一天,财主对他说:“今天,你带 200 只羊到市场上去卖,到晚上,把卖的钱和 200 只羊全部带回来,否则,小心我揍你。”小孩赶着羊群上路了,边走边想,最后

他终于想出了办法。你知道他想到了什么好办法吗?

60. 不鞠躬

游戏难度:★★☆☆☆　最佳完成时间:2 分钟

杰斯是突尼斯有名的机智人物。有一次,他到西班牙去,到了那里以后,他经常去拜访哈里发国王,但每次走进王宫的时候,他从来不向国王鞠躬。为了让杰斯能低头鞠躬,哈里发叫人在宫门一米高的地方钉上一根横木板,国王想:这一下子,你非低头向我鞠躬不可,因为只有低头弯腰才能进王官。可是,虽有横木板挡着王宫大门,聪明的杰斯还是没有向国王鞠躬就进了王宫。

请问,他是怎么进去的呢?

61. 集体合影

游戏难度:★★☆☆☆　最佳完成时间:2 分钟

集体拍照时,为了防止出现某人闭眼睛这样的事情,很多摄影师在拍集体照时,总是先数"1、2、3"。可是尽管人们睁大了眼睛,可总有一些人会在数到"3"的时候坚持不住。

有个人出了个主意,大家有些将信将疑,甚至还觉得想法有点怪异,不过,照做之后,冲出胶卷一看,果然一个闭眼睛的都没有。

你猜:这是个什么主意?

62. 大象的点子

游戏难度:★★☆☆☆　最佳完成时间:2 分钟

两只小兔子在森林里拾了一堆蘑菇。为平均分配这堆蘑菇他们争吵了起来,最后只好把这个问题交给大象公公来处理。结果大象公公给他们出了一个绝妙的点子,两只小兔子高高兴兴地均分了这堆蘑菇。请问:大象公公出一个什么点子呢?

63. 纸上画"高"人

游戏难度:★★☆☆☆　最佳完成时间:2 分钟

上美术课,老师给同学们出了一道题:"现在,我手里有一张 50 厘米的白纸,要求你们画一幅身高有 1 米的人物图像,10 分钟后交卷。"同学们一听傻眼了,心里想 50 厘米的白纸怎么能画出 1 米高的人呢?但最后还是有一位同学按时交了卷。你知道他是怎样画的吗?

64. 成熟度

游戏难度:★★☆☆☆　最佳完成时间:2 分钟

公共汽车上有一对陌生男女并肩而坐。车行驶不久后,这位女士打起瞌睡来,渐渐靠向正在看报纸的男士身上。猜猜看,这位男士的反应会如何?

A. 当作没看见,继续看报纸

B. 发出声音,引起她的注意并急忙站起来

C. 不怀好意地打量

D. 假装一脸无奈,其实心中乐滋滋的

65. 打发时间

游戏难度:★☆☆☆☆ 最佳完成时间:1 分钟

在你百无聊赖之际,你又找不到朋友一起玩乐,那么你会选择到哪里打发时间呢?

A. 到郊区去散心

B. 到电影院看电影

C. 和朋友去逛街

D. 回家看电视或睡觉

66. 嫉妒心

游戏难度:★☆☆☆☆ 最佳完成时间:1 分钟

当你赶着去参加女朋友的生日派对时,碰巧狂风大作,下起雨来。

雨声中夹杂着雷声,附近林中甚至有一棵树被雷击中,你认为被击中的树是下面哪一个?

A. 森林中的树

B. 矗立在山丘上的老枯木

C. 池塘边独立的一棵树

67. 反应迅速的演员

游戏难度:★★☆☆☆ 最佳完成时间:2 分钟

在一次文娱演出中,有两个人饰演剧中的一对邻居。由于这两个演员之间最近刚刚闹了一点儿矛盾,所以第一个人就想趁着演出的时候让第二个人出丑。于是当他应该按照剧情将一份写有台词的纸交给第二个人来念的时候,就偷偷地将这张纸换成了一张白纸,并在演出时假模假样地交给了第二个人。这样一来,当第二个人发现了这件事情的时候就已经来不及了,因为台下不了解情况的观众还在等着他来念这张纸呢。这可怎么办呢?

68. 葬礼的故事

游戏难度:★★☆☆☆ 最佳完成时间:2 分钟

有母女三人,母亲死了,姐妹俩去参加葬礼。妹妹在葬礼上遇见了一个很英俊的男子,并对他一见倾心。但是葬礼后那个男子就不见了,妹妹怎么找也找不到他。后来过了一个月,妹妹把姐姐杀了,为什么?

第三辑　创造力——世界缘你驾驭参考答案

1. 射箭

至少需要射1箭。因为草人大小不一,高高低低地排成一条直线,箭就可以同时穿过低草人的头部和高草人的底部。

2. 国王选女婿

那小伙子手里抓着一只白鸽,走到国王面前松开五指,那鸽子又飞走了。

3. 分饮料

把4杯半杯的果汁倒成2杯满杯的果汁,这样就有9杯满杯的果汁,3杯半杯的果汁,空杯子则变成了9个。那么,3个人来平分这些东西就好分了。

4. 装水游戏

把瓢里的水全倒进其中一个桶里,这样,这个桶的水就正好是10升了,即刚好到达桶口处。然后,让瓢的口向上,底向下,垂直地把瓢慢慢按进另一桶水里,直到桶里的水升到桶口处。这样,两桶水就都上升到桶口处了。

5. 海里逃生

他们装的是空气。将空气装入类似于救生衣之类的袋子里,可以助人逃生。

6. 地毯的长度

只需要找到可以与楼梯构成直角等腰三角形的地面上的长度和墙壁上的高度就行了。这两段距离加在一起,就是地毯的长度:因为每一个阶梯的高度和宽度加在一起就等于这个数字。

7. 倒硫酸

往瓶里放大小不同的玻璃球,使液面升到10升刻度处,然后往外倒至5升刻度处。这是利用玻璃球不被硫酸腐蚀的特点。

8. 你能想得到吗

在玩石头、剪子、布的时候。

9. 信的秘密

张飞心细,他与刘备、关羽二位兄长约定:在信的右下方先用细针扎一个洞,然后再点一黑点。针洞是真正的暗记,而黑点则是掩盖针眼不易被发现,只有知情人才能辨识出来。这一秘密甚至连诸葛亮都不知,所以曹操的密探伪造的信件一下子就被识破。

10. 挑瓜过桥

把挑着的西瓜浸在河水里,就可以安全地过桥。

11. 谁的本领最高

丙把桌子的一条腿射断了,桌子倒下,桌子上的瓶当然全部不能自保了。

12. 汽车和火车

当装在火车上的时候。

13. 火车在哪里

毫无疑问,火车应该在铁轨上。

14. 士兵的妙计

有两种办法:一是清除河面的积雪,使寒冷传至冰层以下;二是在冰面上浇水。

15. 雷同的答卷

都交了白卷。

16. 无法模仿的动作

闭眼再睁眼,人紧闭两眼,猴子也两眼紧闭。可是,人什么时候睁开眼睛,猴子是永远不知道的。

17. 共进晚餐

狮子1小时吃1/2只羊,熊1小时吃1/3只,狼1小时1/6只,$1/2+1/3+1/6=1$,所以正好1小时吃完这只羊。不过你想想,这可能吗?让狮子、熊和狼一起吃晚餐,它们还不先打起来,至于多少时间能吃完,要看运气了。

18. 三个怪问题

(1)怀有双胞胎的妇女身体里有三个心脏;(2)每个人都只有一只右眼;(3)一年中每个月份都有28天。

19. 谁的钱

叫店主端一盆水来,让瞎子把四个硬币放进水里。硬币进水后如果水面浮起油脂,那就证明钱是店主的。

20. 半桶水

把水桶倾斜45度。我们都知道矩形的对角线等分两个三角形。这个工人只需要将桶倾斜,桶沿的水到达桶的一侧边沿时,桶底的水刚好盖住桶底圆的另一侧,这些水就是半桶水。

21. 如何通过

(1)只要在船上加些石块,使船下沉几厘米,就可以从桥下安全通过了。

(2)将汽车轮胎放掉一点气即可。

22. 服务员的尴尬

他说:对不起,先生。

23. 聪明的登山者

他将一只登山鞋藏在一个地方,另一只藏在距离这一只很远的另一个地方。

他的想法是,一只鞋子很可能会被人发现,但不太可能同一只鞋子都被一个人找到,既然一只鞋子没有什么用途,被拿走的可能性就比较小。

24. 巧作座右铭

字幅的内容是:“小处不可随便”。

25. 小偷与恶狗

小偷先围绕着墙外走几圈,恶狗就会跟着他转,狗的链子就会缠绕在树干上,当狗的链子的有效活动范围减少后,无法靠近门或者窗的时候,小偷就可以进门了。

26. 巧搬石头

在石头前挖一个大坑,把石头埋进去就可以了。

27. 幼童解谜题

他先把绳子的两端拴在一起,这样绳子就形成了一个圆圈,然后再在接头处剪一刀。

28. 灯泡防盗

将灯座改造了一番,让灯泡安装时是向左面旋入的,这和正常的向右旋入不同。小偷去偷灯泡时,反而将灯泡拧得更紧了。

29. 巧取宝石

小公主把地毯的一角卷起来,逐渐接近宝石,最后她一伸手就拿到了宝石。

30. 巧撤军

毕再遇命士兵捉来许多羊,把羊倒悬起来,让羊的前蹄抵在鼓面上,羊被吊得难受,使劲挣扎,就把战鼓“敲”响了。

31. 将军解“结”

“快刀斩乱麻”。他拔出宝剑,一剑就把那个结砍成两半。

32. 纸举书

能。只需要把纸卷成圆筒,再用胶带将边缘处粘好。然后让圆筒立起来,并在上面平稳地放一本书。

33. 挖地道

先盖一所很小的房子,再挖地道。将挖出的一小部分浮土放在小房子里,再接着挖。一面挖,一面用挖出的土填埋身后的地道,这样就不会被发现,而且地道里始终保留着一个赖以呼吸的空隙,即那个小房子装走的浮土原来所占据的那个小空间。

34. 推迟鸡叫

原来,他上学的时候,用口袋装了一些米,他估计鸡快叫的时候,就偷偷把米撒给公鸡吃,公鸡只顾吃米而忘了鸣叫。等公鸡吃完一口袋米再叫时,先生已经多讲了一阵子。

35. 师徒斗智

将长方形改成一个高为原来宽度一半的平行四边形即可。这样面积只有一半,四边长度却未变。

36. 遗嘱纠纷

让兄弟二个互换一下所分的家产。

37. 拉不开的门

把门推开。

38. 究竟出了什么问题

医生也可能生病,精神科医生也可能去找内科医生看病啊!

39. 河上架桥

架一座宽200米的桥,自然可以斜着走直线从A地到B地了,距离当然也是最短的了。

40. 中奖的兔子

再睡一觉。

41. 破案秘诀

刑警说:“那家伙开始招认了。”两人的确是共同犯罪,如果两人都拒不承认,犯罪事实就有可能被掩盖,但如果其中一人为了减轻自己的罪行,声称自己只是共犯而认罪,另一人的罪就会比共犯重。刑警正是利用犯罪嫌疑人的这种心理,成功引诱两人招供。

42. 翻墙的蜗牛

18天。实际上,蜗牛每天可以向上爬1米,17天能上升17米。到第18天它再爬3米就到达20米高的墙头,不会再次滑下。然后它可以“纵身一跃”,立刻到达另一边的墙脚。

43. 兄弟过河

弟弟建议用冰造船,兄弟俩乘冰船过了河。因为冰比水轻,所以冰船是可以浮在水面上的。

44. 吝啬鬼加灯油

往灯盏里面加水,油浮于水面可能够着灯芯,灯会继续亮一段时间。

45. 绝妙对策

纸条上写着:将牙膏管开口直径增加1毫米。因为消费者每天早晨习惯挤出同样长度的牙膏,当牙膏管口直径增加1毫米,每人消费牙膏的量就会加倍。

46. 赏花

她将红、蓝两色的花朵混杂种在同一个花圃里,若从楼上的窗口眺望,看起来就是紫色的花朵。

47. 踏花归来马蹄香

在春意盎然的郊野,骏马徐行,几只彩蝶追逐于马蹄四周,翩翩起舞。

48. 飞花迎春到

先用各色薄纸剪成碎屑,然后用一张和扇子同颜色的纸包起来。注意纸包大小不能超过扇柄,包口用同颜色的细线扎住。细线另一头绑在扇柄上。表演时用手捏住纸包,不让观众发现。先用右手握扇,伸出左手交代。接着把扇子交到左手,暗中把纸包也交到左手,这样又可以交代右手。然后,右手接过扇子,左手把纸包紧紧捏住,两手一分就把线扯断。这时,左手用力搓破纸包,待右手把扇子打开往左手扇,就把纸屑扇了出来。

49. 会跳的硬币

实际上是利用了热胀冷缩的现象。瓶子里的空气受热会膨胀。表演时,瓶子烘热了,手也暖了,捧住瓶子时手上的热量能够使瓶中空气的温度升高,体积膨胀,就向瓶口排挤出来,把硬币冲得跳起来了。

50. 红艳艳的果子

这个人可以先将绳子的一端拴在湖岸的树上,然后拿着绳子的另一端绕着湖走,走了一圈之后,绳子正好就可以将小岛上的树缠住。这时,他再将绳子拴在湖岸的树上,然后就能抓着绳子到达小岛了。

51. 会跳高的牌

这副牌中有两张是关键的牌,这两张牌每一张的正中,穿了一个小孔,用一根20毫米长的橡皮筋贯穿两张牌的小孔之间,在橡皮筋的每一头都打一个死结。

这样,橡皮筋就不会从小孔中脱出来了。表演时,把这两张关键的牌夹在整副牌的中间。等观众看过抽出的牌后,收回来仔细地插入两张牌的中间,并用力把橡皮筋压下去,再将全副牌捏紧,暂时不让它弹出来。吹口气后,将手指放松,抽出过的牌就被橡皮筋弹了出来,大家看来就好像是自动跳出来的一样。

52. 美丽的火星

秘密就在瓦钵内壁上。事先在钵内壁上钻一些绿豆般大小的洞穴,但注意不要将钵壁钻穿。再向化学实验室借一小块金属钠,钠原子的化学性质特别活泼,极易燃烧,要保存在火油中。表演者把浸在火油中的钠用刀切成小粒状,然后一粒粒地取出塞进瓦钵内壁上的小洞穴中。表演时,在距离瓦钵约60厘米处,把清水向瓦钵内喷去,钠与水起化学变化,即燃烧成火星,向钵外冒出。

53. 最后的测试

请问,您口袋里有多少钱?

54. 最神秘的消失

大卫为了表演这一魔术,花费了许多时间和金钱,来欺骗观众。他制造了一个大型旋转台,让观众坐在上面观看,由于台子很大,又转得很稳、很慢,所以觉察不到在转。

他又在台子上装了许多炫目的灯，对准观众，使观众产生暂时的盲目现象。女神像前的探照灯和直升机共有两组，一组位于女神像前方和上方，开始给观众造成真印象。另一组是位于另外一个空物前方和上方，准备给观众造成假印象。当大卫在幕布前讲女神历史时，旋转台已经转到另外一个空物前面，此时观众看到的是另一组探照灯和另一架直升机，而前面的女神已经不见了。

55. 你挥金如土吗

选 A 的人：

大多数人对你的最大印象可能就是“小气”。因为你平时几乎一毛不拔，也不太重视自己的外表，总是给别人一副相当节俭的感觉。但是你对于对自己的成长有帮助的事情会不吝惜投资，为的是日后的投资回报。因此，你也具备最有可能成为有钱人的潜力。但是你却很有可能被人欺骗，需要保持警觉性。

选 B 的人：

对流行资讯相当敏感和关心，比谁都还要早知道最新情报，并把它牢牢地记在脑子里，特别是有关流行服饰以及美容保健的消息。因此这类人一般不会对自己太小气，只要喜欢，不管花多少钱都不手软；在男女关系方面，你会很自然地找一些“金主”，而且希望“他/她的钱就是我的钱，我的钱还是我的钱”。

选 C 的人：

你是一个很迷糊的人。虽然你并不非常浪费，不过钱却经常在不知不觉中花掉，连你自己也不知道是怎么花掉的。实际上你属于常常会乱买东西的人，对于朋友的借贷也来者不拒。冰冻三尺非一日之寒，你有必要检讨自己的生活态度。不过如果你要是有明确的目标，就会摇身一变成为一个精打细算的人。

选 D 的人：

这类人认为“金钱就是为了使用而存在”，总觉得“今朝有酒今朝醉”，“把握当下”是你的最高生活准则，完全不会想到存钱这档事。你总是拼命填补现实的物质欲望，所以有钱你就花，因此钱包时常空空如也。不过你不会安于现状，越是在贫困的状态你就越会想办法让自己快乐！

56. 测测你的危机意识

选 A 的人：

你的危机意识很强，甚至有点杞人忧天！可能有一些很平常的事，也会被你天天惦念着。所以要放开心胸，相信天塌下来也有“高个子”替你顶着！

选 B 的人：

你是属于一天到晚无忧无虑的人，天生的乐观派。你一直都认为“船到桥头自然直”没什么好怕的！如此乐天知命，天底下像你这么乐观的人恐怕已经不多了。

选 C 的人：

你是属于有点迷迷糊糊的人，记性也不好，总是需要别人提醒你，你才会意识到危机的存在。但是事情一过，你又完全不记得危机意识是什么了！所以，你的危机意识有待加强。

选 D 的人：

你的确很有危机意识，甚至跟你在一起的人也要被你强迫一起患有“危机意识”，久而久之，会让人受不了的。但是有时你所担心的事情的确有担心的价值！换句话说，你没事总是“瞎紧张”，有时反而会未雨绸缪！

57. 你是哪种人才

选 A 的人：

属于具有一技之长类型，你有专业知识，可提升素质，在工作中容易出人头地，争取早日变成出类拔萃的技术专家吧。

选 B 的人：

属于勇于挑战型，你具有创造性的精神，可以考虑去自己创业，老给别人打工你真的受得了吗?

选 C 的人：

属于企业人才型，你重视人际关系和团队工作，认为应该与企业共存共荣，你也许就是一个优秀的管理人员吧。

选 D 的人：

属于运动型人才，你重视新点子，偶尔会去冒险。可以考虑去做做摄影记者、户外运动等刺激性的工作哦。

选 E 的人：

你缺乏领导才干，总是以一种方法重复做几件事情。不过，简单的事情也要有人做才行，在企业里，你也会成为一个优秀的员工的。

58. 测测你的财商

选 A 的人：

你会努力充实专业，所以三年后的你会衣食无忧。这种类型的人性格比较老实、单纯，因此会默默地努力把自己分内的事情做好。因此，在专业上也会努力充实，虽然不会大富大贵，但是还是会因为拥有专业而赚了很多的钱。

选 B 的人：

三年后的你可能会沦落到跟亲友借钱度日的境地，因为你太爱享受自己的个性。这种类型的人孩子气十足，认为自己很开心很好，而且心肠很好，耳根子很软。

选 C 的人：

你努力打拼、猛赚钱的个性会让你三年后迈入亿万富翁的行列。这种类型的人傻人有傻福，觉得努力打拼就好了，而且很容易在执著于一样事情的时候会非常用心，能够吃苦耐劳。

选 D 的人：

你缺乏打拼的动力，三年后的你，还是只有这么多的钱。这种类型的人比较安于现状，对工作上的挑选以要合乎自己的尊严或喜好为主。

选 E 的人：

你是个潜力无穷的理财高手，三年后的你虽不会大富，却也是个绩优股。这种类型的人学习能力很强，开始可以判断分析，因此很有机会成为绩优股。

59. 卖羊

小孩将羊群赶到市场，把羊身上的羊毛剪下来卖掉，再把羊一只不少地赶回来。

60. 不鞠躬

杰斯看到横木板，思索了一下，就转过身去，低下头来，弯下腰，后退着进了王宫。由于他的屁股对着国王，使国王更为难堪。

61. 集体合影

这个人说：“我们来换一种方法，大家都闭上眼睛，等我从 3 数到 1 时，再一齐睁开眼睛……”办法虽然怪，但是很有效。

62. 大象的点子

大象公公先让兔子 A 将蘑菇平均切成两份，然后由兔子 B 先在两份中挑选一份，剩下的那份就留给兔子 A。因为蘑菇是由兔子 A 切的，这两份在他的眼中当然都是一模一样的。两份蘑菇在兔子 B 眼中肯定是大小不一样，所以他挑走了那份他认为比较大的。

63. 纸上画“高”人

这位同学画的人正蹲在地上，要是他直起腰来，就有 1 米高了。

64. 成熟度

A. 对于别人认为麻烦的事情，总能够轻松化解。你是一个成熟而且比较理性的人，即使遇到无法忍受的事情时，也不至于做出令自己后悔的事。

B. 常常因为现实和自己的理想目标的差距而心浮气躁，而且这种人的焦躁已经达到爆裂边缘。但是，自己却往往不知道为什么要这么做。

C. 庸人自扰型的人。这种人喜欢在平淡生活中添加一些刺激的元素。

D. 一般程度的焦虑，对于多数人来说，都是正常的，不用太过担心。

65. 打发时间

A. 你比较主观，对于自己很有自信的事情，任谁也说服不了你，就算是强权压迫也奈何不了你，可是如果碰到你不熟悉或不怎么在意的事情时，你就会变得很好说话，被说服的几率也相对增加。

B. 你对陌生人的防卫心比较强，所以能说服你的通常是和你很亲近的朋友或家人，不过他们可能也是开玩笑，所以在这些问题上不要过于紧张。

C. 你的意志不是很坚定，最常被说服的人就是你，只要人家稍微多说一些什么话，你就很容易受到影响而动摇自己的心志。

D. 要说服你恐怕要费很大工夫，不但要油嘴滑舌，还要动之以情，甚至以利相诱，才有可能成功地把你催眠。所以你根本不用担心自己会被骗。

66. 嫉妒心

A. 选择这个答案的人可能一旦嫉妒心起，就会得上妄想症，说不定会打电话给对方，却又不出声，其实内心时刻处于不安的状态。这种类型的人很可能一不小心就被自己的嫉妒心控制了。

B. 选择这个答案的人虽然不会将自己的嫉妒心范围无端扩大，但是容易将嫉妒转为憎恨，而且对对方产生敌意。在不知不觉中憎恨越来越大，最后只想如何向对方报复。

C. 选择这个答案的人嫉妒心不易膨胀。你感到嫉妒时，会承认自己的失败是自身能力的不足。经过一段时间后，便能将嫉妒化为提升自己的动力。

67. 反应迅速的演员

他对第一个人说："对不起，我不识字，请你为我读一下吧。"说完，又把那张白纸塞回了第一个人手里。

68. 葬礼的故事

因为家里如果再死一个人，又可以举行一次葬礼，那个英俊男子又会来参加葬礼，妹妹就又可以见到他了。

第四辑　判断力——世界随你辨别

判断其实是一个抉择的过程,这个过程风险很高,因为一不小心就会把正确的给毙掉,需要有较强的综合素质。更让人惊羡的是精准的快速判断能力,因为在这个判断的一瞬间包含着很多优秀的基因:渊博的知识、清晰的思维、严密的逻辑、出色的大局观。是不是想跃跃欲试呢?

注意:一定要出结果,不要一直停留在判断阶段(是这个?这个?还是这个?)。

1. 水可以喝吗

游戏难度:★★☆☆☆ 最佳完成时间:2 分钟

有一个村庄,这里的村民一部分说假话,一部分说真话。一个晴朗的午后,村里来了一位陌生人。陌生人十分口渴,恰好他发现前面有一桶水。他正想喝,却又怕这水不能喝。就在这时,一位当地的村民从这里路过,陌生人便向他打招呼:“今天天气不错啊!”

“是的。”村民没有多话。

“请问这水可以喝吗?”陌生人直入正题。

“可以。”村民冷淡地说。

聪明的你,能判断出这个村民说的是真话还是假话吗?

2. 乌龟赛跑

游戏难度:★★★★☆ 最佳完成时间:4 分钟

有甲、乙、丙、丁 4 只乌龟,它们在本周进行了赛跑。上一次比赛没有出现两只乌龟“并列第一”的情况,这次也一样。而且,上回的第一名不是丙乌龟。

4 只乌龟所言如下,在上次比赛中名次下降的乌龟撒谎了,名次没有下降的乌龟说了实话。

不巧的是它们的对话被兔子听到了。根据兔子的叙述,请推测一下 4 只乌龟在上次和这次比赛中分别是第几名。

甲:“乙上次是第二名。”

乙:“丙这次是第二名。”

丙:“丁这次比上次位置上升了。”

丁:“甲这次名次上升了。”

3. 野炊分工

游戏难度:★★☆☆☆ 最佳完成时间:2 分钟

兄弟四人去野炊,他们一个在烧水,一个在洗菜,一个在淘米,一个在担水。现在知道:老大不担水也不淘米;老二不洗菜也不担水;如果老大不洗菜,那么老四就不担水;老三既不担水也不淘米。

你知道他们各自在做什么吗?

4. 你怎么买花

游戏难度:★★★☆☆ 最佳完成时间:3 分钟

情人节的黄昏,你站在一条陌生的街道上,想要找一家花店为你的她买一大束鲜艳的玫瑰。在你的对面是五家连在一起的店面,都没有招牌也没有玻璃橱窗,你看不到里面的任何东西。

你知道这五家店分别是茶店、书店、酒店、旅店和你要找的花店,并且知道:

茶店不在花店和旅店的旁边;

书店不在酒店和旅店的旁边;

酒店不在花店和旅店的旁边;

茶店的房子是涂了颜色的。

你的另一半还在等着你,你没有足够的

时间一家一家地进去看,你能在最短的时间里找出花店,为正在等着你的女士买到娇艳的玫瑰吗?

5. 谁是司机

游戏难度:★★★☆☆　最佳完成时间:3 分钟

A、B、C 三人在车上担任乘务员、售票员和司机(不一定按此顺序排列)。有一天,车上只有三位乘客,他们分别来自三个不同的城市。很凑巧,这三位乘客的姓也是 A、B、C,暂且称他们为 A 先生、B 先生和 C 先生。

另外还知道:

(1)C 先生住在底特律市。

(2)乘务员住在芝加哥和底特律之间。

(3)住在芝加哥的乘客和乘务员同姓。

(4)乘务员的一位邻居也是一位乘客,他挣的工资正好是乘务员工资的三倍。

(5)B 先生一年只挣 2000 元,他的生活要靠朋友救济。

(6)A 的台球打得比售票员好。

根据以上信息,请回答:谁是司机?

6. 拿包

游戏难度:★★☆☆☆　最佳完成时间:2 分钟

6 位女士在商场寄存处寄放了她们的提包,但服务员把这些包的顺序搞混了。

请问,是不是至少有一个人拿到她自己提包的概率大于 0.5?

7. 牛奶咖啡

游戏难度:★☆☆☆☆　最佳完成时间:1 分钟

有一杯咖啡和一杯牛奶。用一把勺子先从牛奶杯中舀一勺牛奶,倒入咖啡中,搅拌均匀;然后再舀一勺混合的咖啡牛奶倒入牛奶中,再搅拌均匀。

请问:是牛奶杯中的咖啡多,还是咖啡杯中的牛奶多?

8. 谁吃了蛋糕

游戏难度:★★★☆☆　最佳完成时间:3 分钟

主人在餐桌上放了一块蛋糕准备享用,突然电话铃声响起,他只好先去接电话。主人接完电话回来,发现蛋糕不见了,于是就叫来甲、乙、丙三个仆人询问。甲、乙、丙的回答如下:

甲:“您认为是我吃的?啊,是的,我吃了。尊敬的主人,您的蛋糕真好吃!”

乙:“我看见甲在吃,我也想吃。”

丙:“我和乙都没有吃过。”

现在,如果这三个仆人中只有一个人在说谎,你会猜出说谎的人是谁吗?吃蛋糕的人又是谁呢?吃蛋糕的人和说谎话的那个人会是同一个人吗?

9. 断定各自的身份

游戏难度:★★★☆☆　最佳完成时间:3 分钟

一个村子里有一半人是诚实人,一半人是说谎者,诚实人只讲真话,说谎者只讲假话。后来,这个部落里来了一批外地人,这些外地人有时讲真话,有时讲假话,也就是说,他们讲的每一句话要么是真的,要么是假的。

如果有一天你来到这里,看到甲、乙、丙三个人,其中一个是诚实人,一个是说谎者,一个是外地人,他们三个人各说一句话:

甲说:"我是外地人。"

乙说:"甲说的没错。"

丙说:"我不是外地人。"

你能从这三句话里判断出他们各自的身份吗?

10. 生日礼物

游戏难度:★★☆☆☆　最佳完成时间:2 分钟

小新快过生日了,妈妈给她准备了一个生日礼物——一条漂亮的裙子。为了考验一下小新,妈妈将礼物放在 A、B 两个盒子当中的一个里,两个盒子上面分别系有一张纸条。A 盒上写:B 盒没说谎,礼物在 A 盒。B 盒上写:A 盒在说谎,礼物在 A 盒。小新一看,就知道礼物在哪个盒子里,你知道吗?

11. 兄弟姐妹

游戏难度:★★★☆☆　最佳完成时间:3 分钟

有这样一个家庭,其成员有甲、乙、丙、丁、戊、己、庚兄弟姐妹 7 人。在这 7 人中,只知道:①甲有 3 个妹妹;②乙有 1 个哥哥;③丙是女的,她有 2 个妹妹;④丁有 2 个弟弟;⑤戊有 2 个姐姐;⑥己是女的,她和庚都没有妹妹。你能根据以上这些条件判断出这个家庭中有几男几女?谁是男、谁是女吗?

12. 几个球

游戏难度:★★☆☆☆　最佳完成时间:2 分钟

某人手中有若干个球。除了两个球不是红的,其余都是红的;除了两个球不是绿的,其余都是绿的;除了两个球不是黄的,其余都是黄的。从上面的条件中可以得知:他手中有几个球?

13. 今天星期几

游戏难度:★★★★★ 最佳完成时间:5 分钟

A、B、C、D、E、F 和 G 在争论:今天是星期几?

A:"后天是星期三。"

B:"不对,今天是星期三。"

C:"你们都错了,明天是星期三。"

D:"胡说!今天既不是星期一,也不是星期二,也不是星期三。"

E:"我确信昨天是星期四。"

F:"不对,你弄颠倒了,明天是星期四。"

G:"不管怎么说,反正昨天不是星期六。"

实际上,这 7 个人当中只有一个人讲对了。

请问:讲对的是谁?今天究竟是星期几?

14. 天上落西红柿汁

游戏难度:★☆☆☆☆ 最佳完成时间:1 分钟

在澳大利亚的一个农场里,有一位马虎先生,他家里自制了很多西红柿汁。有一天他的小儿子约翰站在窗下,可是淘气的哥哥汤姆却把西红柿汁朝弟弟的头上倒下去了,西红柿汁正好成一条线。马虎先生急忙赶到窗户边一看,真奇怪!约翰的头上一滴西红柿汁也没有,地上也没有痕迹。

请问,这是为什么?

15. 偷吃蛋糕的人

游戏难度:★★★☆☆ 最佳完成时间:3 分钟

小佳生日的时候,妈妈送了她一个大蛋糕。小佳把蛋糕拿到了学校,可是她上完体育课回来后却发现蛋糕被别人偷吃了。于是她问了留在教室的 4 个人,却得到了下面的答案。

明明说:"红红吃了蛋糕。"

红红说:"画画吃了蛋糕。"

小游说:"我没有吃。"

画画说:"红红说谎。"

他们当中,只有一个人说了真话,其余的人都在说谎,可是偷吃蛋糕的只有一个人,到底是谁偷吃了蛋糕呢?

16. 一家人

游戏难度:★★★☆☆ 最佳完成时间:3 分钟

有五个家庭,他们都是好朋友。一天,他们决定进行一场家庭智力比赛。他们参加了四项比赛,每项比赛各家出一名成员参赛。

第一项参赛的是:吴、孙、赵、李、王;

第二项参赛的是:郑、孙、吴、李、陈;

第三项参赛的是:赵、张、吴、谢、郑;

第四项参赛的是:陈、吴、孙、张、王。

另外,刘某因故四项均未参加。

你知道,谁和谁属于同一个家庭吗?

17. 期末考试的成绩

游戏难度:★★★☆☆　最佳完成时间:3 分钟

在一次期末考试中,婷婷、亮亮、佳佳、小美分别获得了前四名。成绩公布前,她们做了一次自我估计。

婷婷说:“我不可能得到第四名。”

亮亮说:“我能得到第二名。”

佳佳说:“我比婷婷高一个名次。”

小美说:“我比佳佳高两个名次。”

成绩公布之后,她们之中只有一个人估计错了。

请问:她们分别得了第几名?

18. 教授的课程

游戏难度:★★★☆☆　最佳完成时间:3 分钟

张教授、赵教授、彭教授三人每人分别担任生物、物理、英语、体育、历史和数学 6 科中两门课程的教学工作。现在,我们知道以下信息:

(1)物理教师和体育教师是邻居;(2)张教授在三人中年龄最小;(3)彭教授、生物教师和体育教师三个人经常一起从学校回家;(4)生物教师比数学教师年龄要大些;(5)假日里,英语教师,数学教师与张教授喜欢打排球。

你知道三位教授各担任哪两门课程的教学工作吗?

19. 洋洋的压岁钱

游戏难度:★★☆☆☆　最佳完成时间:2 分钟

洋洋是一个节俭的孩子。刚过完新年,他就把大人们给他的压岁钱都存进了银行。他的 4 个兄弟姐妹都很想知道洋洋到底有多少压岁钱。

哥哥说:“洋洋有 500 元压岁钱。”姐姐说:“洋洋至少有 1000 元压岁钱。”弟弟说:“我猜哥哥的压岁钱不到 2000 元。”妹妹说:“哥哥的存折上最少有 100 元。”这 4 个人中,只有一个人猜对了。你能推断出洋洋到底有多少压岁钱吗?

20. 人口数量和头发

游戏难度:★★☆☆☆　最佳完成时间:2 分钟

假设有这样一个特大城市,它的人口数量比城中任何一个人的头发的数量都要多,并且该城中没有一个人是秃子。那么,下面两个结论,哪一个是正确的?

(1)城中头发数量正好一样多的居民不存在。

(2)城中至少有两个头发一样多的人。

21. 谁是谁的新娘

游戏难度:★★☆☆☆　最佳完成时间:2 分钟

大林、二林和小林三兄弟家的隔壁住了

春红、夏红、秋红三姐妹。他们彼此都有喜欢的对象,三对恋人决定一起结婚。但他们非常害羞,在说自己的新娘、新郎的时候都故意讲错。

(1)大林:“我要跟春红结婚。”

(2)春红:“我要跟小林结婚。”

(3)小林:“我要跟秋红结婚。”

请猜猜谁是谁的新娘?

22. 不诚实的一家

游戏难度:★★☆☆☆ 最佳完成时间:2 分钟

老实先生一家人一点都不老实。这天中午吃饭,爷爷先在圆形的餐桌前坐了下来,问其他 4 个人要怎么坐。没想到他们连这个也要说谎。

妈妈:“我坐女儿旁边。”

爸爸:“我坐儿子旁边。”

女儿:“妈妈是在弟弟的左边。”

儿子:“那我右边是妈妈或姐姐。”

请问:他们一家人到底是怎么坐的?

23. 少了的财产

游戏难度:★☆☆☆☆ 最佳完成时间:1 分钟

史密斯夫妇没有兄弟、姐妹,史密斯的父母也早死了。他们只有一个儿子,也没有养子、养女。按本国规定财产只能由直系亲属继承,可他们死后,他们的儿子打开遗书看,发现自己只能得 1/3 的财产。

这是怎么回事?

24. 甲组乙组

游戏难度:★★★☆☆ 最佳完成时间:3 分钟

由下列七位员工:弗雷德里克、乔治娅、海伦、艾琳、乔治、卡林和拉蒙特组成两个工作小组甲和乙。此外,我们还知道:

(1)每个人必须在小组甲或小组乙;

(2)没有人能够既服务于小组甲又服务于小组乙;

(3)弗雷德里克不能与乔治娅或乔治在同一个小组工作;

(4)海伦不能与艾琳在同一个小组工作。

如果小组甲只有两个人,下列人员当中谁有可能是其中之一 ( )

A. 乔治娅; B. 海伦; C. 乔治;
D. 艾林; E. 拉蒙特。

25. 系领带的先生们

游戏难度:★★☆☆☆ 最佳完成时间:2 分钟

黄先生、蓝先生和白先生一起吃午饭。一位系的是黄领带,一位是蓝领带,一位是白领带。

“你们注意到没有,”系蓝领带的先生说,“虽然我们领带的颜色正好是我们三个人的姓,但我们当中没有一个人的领带颜色与他自己的姓相同。”

“啊!说得对极了!”黄先生惊呼道。请

问这三位先生的领带各是什么颜色？

26. 拔河比赛

游戏难度：★★★★☆　最佳完成时间：4 分钟

明明一家八口人举行拔河比赛。其中三场比赛的结果如下：

第一场：父亲为一方，五个孩子（两男三女）为另一方进行比赛，父亲输了；

第二场：母亲为一方，五个孩子（一男四女）为另一方进行比赛，母亲赢了；

第三场：父亲加一个儿子为一方，母亲加三个孩子（三女）为另一方进行比赛，父亲的一方赢了。

问：母亲加两个男孩与父亲加三个女孩进行拔河比赛，结果将会怎样？

27. 动物过河

游戏难度：★★★★☆　最佳完成时间：4 分钟

大老虎、小老虎、大狮子、小狮子、人狗熊、小狗熊要过一条河，其中任何一种小动物少了自己同类大动物的保护，都会被别的大动物吃掉。6 个动物之中，只有大老虎、小老虎、大狮子、大狗熊会划船，可现在只有一条船，一次准坐 2 个，怎么样才能保证 6 个动物顺利到达彼岸而不被吃掉？

28. 最少有几个人

游戏难度：★★☆☆☆　最佳完成时间：2 分钟

教授有 10 名学生，他们中有 6 位是北京人，7 位年龄超过了 20 岁，8 位是北大毕业的，9 位是男性。据估计，这 10 个人中，出身北京、年龄 20 岁以上、北大毕业的男性最多有 6 名，那么最少有多少名？

29. 六个兄弟

游戏难度：★★☆☆☆　最佳完成时间：2 分钟

一家中有六个兄弟，他们的排行从上到下分别是老大、老二、老三、老四、老五和老六，每个人都和与他年龄最近的人关系不好。例如，老三与老二、老四关系不好。他们围着一个圆形的桌子吃饭，他们一定不会与和自己关系不好的人相邻而坐。现在又出了点事情，老三和老五因为一点小事吵了起来，这回排座位就更难了。你能帮助他们排一下座位吗？

30. 真真假假

游戏难度：★★☆☆☆　最佳完成时间：2 分钟

问题一：下面三个论断中，只有一个是对的，请问是哪个？

（1）这里错误的论断有 1 个；

(2)这里错误的论断有2个;

(3)这里错误的论断有3个。

问题二:下面的三个论断中,哪个是正确的?

(1)这里正确的论断有1个;

(2)这里正确的论断有2个;

(3)这里正确的论断有3个。

31. 老朋友聚会

游戏难度:★★★☆☆　最佳完成时间:3分钟

甲、乙、丙、丁四个人上大学的时候在一个宿舍住,毕业10年后他们又约好回母校相聚。老朋友相见分外热情和热闹。四个人聊起来,知道了这么一些情况:只有三个人有自己的车,只有两个人有自己喜欢的工作,只有一个人有了自己的别墅,每个人至少具备一样条件;甲和乙对自己的工作条件感觉一样;乙和丙的车是同一牌子的,丙和丁中只有一个人有车。如果有一个人三种条件都具备,那么,你知道他是谁吗?

32. 谁在说谎

游戏难度:★★☆☆☆　最佳完成时间:2分钟

老师找5名学生谈话,他们分别说了下面这些话,你来判断他们中有几个人撒了谎。

小江说:"我上课从来不打瞌睡。"

小华说:"小江撒谎了。"

小婧说:"我考试时从来不舞弊。"

小洁说:"小婧在撒谎。"

小雷说:"小婧和小洁都在撒谎。"

33. 三对夫妻

游戏难度:★★☆☆☆　最佳完成时间:2分钟

有三个男青年A、B、C,即将与甲、乙、丙三位姑娘结婚。有好事者想知道他们谁和谁是一对,于是前去打听。

他先问A,A说他要娶的是甲姑娘,他又去问甲,甲说她将嫁给C,再去问C,C说他要娶的是丙。这可把这个人弄晕了,原来三个人都没有说真话。

你能推出谁和谁结成了夫妻吗?

34. 餐馆谋杀案

游戏难度:★★★☆☆　最佳完成时间:3分钟

某餐馆发生一起谋杀案,经调查断定:

第一,谋杀用的或许是叉,或许是刀子,二者必为其一。

第二,谋杀时间或许在午夜12点,或许在凌晨4点。

第三,谋杀者或许是甲,或许是乙,二者必为其一。

如果以上断定是真的,那么以下哪项也一定是正确的　(　　)

(1)死者不是甲用叉在午夜12点谋杀的,因此,死者是乙用刀子在凌晨4点谋杀的。

(2)死者是甲用叉在凌晨4点谋杀的,因此,死者不是乙用叉在凌晨4点谋杀的。

(3)谋杀的时间是午夜12点,但不是甲用叉子谋杀的,因此,一定是乙用刀子谋杀的。

A. 仅(1)
B. 仅(2)
C. 仅(3)
D. (1)(2)(3)
E. (2)(3)

35. 防护墙

游戏难度:★★☆☆☆　最佳完成时间:2分钟

为保护海边建筑物免遭海洋风暴的袭击,海洋度假地在海滩和建筑物之间建起了巨大的防护墙。这些防护墙不仅遮住了一些建筑物的海景,而且使海岸本身也变窄了。这是因为在风暴从水的一边对沙子进行侵蚀的时候,沙子不再向内陆扩展。上述信息最支持的一项论断是　(　)

A. 为后代保留下海滩应该是海岸管理的首要目标。

B. 防护墙最终不会被风暴破坏,也不需要昂贵的维修和更新。

C. 由于海洋风暴的猛烈程度不断加深,必须在海滩和海边建筑物之间建立更多的高大的防护墙。

D. 通过建筑防护墙来保护海边建筑的努力,从长远来看作用是适得其反的。

36. 并非腰缠万贯

游戏难度:★★★☆☆　最佳完成时间:3分钟

安妮特、伯尼斯和克劳迪娅是三位杰出的女性,她们各有一些令人注目的特点。

(1)恰有两位非常聪明,恰有两位十分漂亮,恰有两位多才多艺,恰有两位腰缠万贯;

(2)每位女性至多只有3个令人注目的特点;

(3)对于安妮特来说,下面的说法是正确的:如果她非常聪明,那么她也腰缠万贯;

(4)对于伯尼斯和克劳迪娅来说,下面的说法是正确的:如果她们十分漂亮,那么她们也都多才多艺;

(5)对于安妮特和克劳迪娅来说,下面的说法是正确的:如果她们腰缠万贯,那么她们也都多才多艺。

哪一位女性并非腰缠万贯?

37. 火腿与猪排

游戏难度:★★★☆☆　最佳完成时间:3分钟

阿德里安、布福德和卡特三人去餐馆吃饭,他们每人要的不是火腿就是猪排。

(1)如果阿德里安要的是火腿,那么布福德要的就是猪排。

(2)阿德里安或卡特要的是火腿,但是不会两人都要火腿。

(3)布福德和卡特不会两人都要猪排。

谁昨天要的是火腿,今天要的是猪排?

38. 高明的骗子

游戏难度:★☆☆☆☆ 最佳完成时间:1 分钟

美国前总统林肯说:“最高明的骗子,可能在某个时刻欺骗所有的人,也可能在所有的时刻欺骗某些人,但不可能在所有时刻欺骗所有的人。”如果林肯的上述断定是真的,那么下述哪项断定是假的? ( )

A. 林肯可能在任何时刻都不受骗

B. 不存在某一时刻有人可能不受骗

C. 林肯可能在某个时刻受骗

D. 不存在某一时刻所有的人都必然不受骗

39. 判断性别

游戏难度:★★★☆☆ 最佳完成时间:3 分钟

瓦尔、林恩和克里斯是亲缘关系,但他们之间没有违反伦理道德的问题。

(1)他们三人当中,有瓦尔的父亲、林恩唯一的女儿和克里斯的同胞手足。

(2)克里斯的同胞手足既不是瓦尔的父亲,也不是林恩的女儿。

他们中哪一位与其他两人性别不同?

40. 吃辣椒

游戏难度:★☆☆☆☆ 最佳完成时间:1 分钟

有些南京人不爱吃辣椒。有些爱吃甜食的人不爱吃辣椒。以下哪项能保证上述推理成立 ( )

A. 所有南京人都不爱吃辣椒

B. 有些南京人爱吃甜食

C. 所有爱吃甜食的人都爱吃辣椒

D. 所有南京人都爱吃甜食

41. 宠坏的孩子

游戏难度:★☆☆☆☆ 最佳完成时间:1 分钟

如果你的孩子被宠坏了,打他屁股会使他发怒;如果他没有被宠坏,打他屁股会使你懊悔。但是要么是被宠坏了,要么是没有宠坏。所以可得出 ( )

A. 打他屁股要么会使你懊悔,要么使他发怒

B. 打他屁股也许对他没有什么好处

C. 以上皆是

D. 以上皆非

42. 猴子的谎言

游戏难度:★★★☆☆ 最佳完成时间:3 分钟

有 4 只猴子,它们是兄弟姐妹,从 1 岁到 4 岁各不相同。现在它们遇到了 1 只松鼠,松鼠想知道它们各大自的年龄,于是它们告诉松鼠,它们说话有个规矩:如果 1 只猴子说的是比他大的猴子的话时说的就是假话,如果说的是比它小的话时说的就是真话。这样,猴子甲说:“猴子乙 3 岁。”猴子丙说:“猴子甲不是 1 岁。”

那么,请问,根据这些条件,松鼠能算出这 4 只猴子分别是几岁吗?

43. 选日期

游戏难度:★★★☆☆　最佳完成时间:3 分钟

苏三和比尔打算结婚,他们把结婚的日期放在了下面 10 组日期中,让好朋友安娜和杰克猜,看谁能猜对他们结婚的日期是哪一组。这 10 组日期是:

3 月 4 日,3 月 5 日,3 月 8 日,6 月 4 日,6 月 7 日,9 月 1 日,9 月 5 日,12 月 1 日,12 月 2 日,12 月 8 日。

安娜猜了一会儿,说:"如果我选不正确,杰克也就选不正确。"不料杰克却说:"本来我也没有把握选对,但是现在我已经猜出正确的日子了。"安娜一听,恍然大悟,说:"哦,我也知道正确的日子是哪一组了。"

聪明的你,能不能选出正确的一组日期呢?

44. 击鼓传花

游戏难度:★★☆☆☆　最佳完成时间:2 分钟

一群人围成一个圆圈玩击鼓传花,从 A 开始,按照顺时针方向传,当传到 B 时,鼓声正好停止,这时人们发现,若从 A 开始按照顺时针方向数,B 刚好是第六个,并且,他的下一个正好与 A 面对面。你能根据这些条件,迅速判断出这个圆圈一共围了多少人吗?

45. 诡辩

游戏难度:★★☆☆☆　最佳完成时间:2 分钟

有个人见死不救,当人们责备他时,他却振振有词地说:"我的生命价值比他高,为救人而死不符合我的利益。"当有人说他"这种处世哲学还怎么有脸见人呢?"时,这个人又振振有词地说:"你以为人死了反倒可以见人了吗?"

这个人是利用了什么进行诡辩的?

46. 优异成绩

游戏难度:★★☆☆☆　最佳完成时间:2 分钟

"恭喜你们,"老师对进入办公室的三位学生说:"你们在这次语文、英语、物理考试中,取得了很好的成绩,并且你们三个各有一门成绩获得最高分,你们能猜测出来吗?"

甲想了想说:"我语文考了最高分。"乙说:"丙考最高分的应该是物理。"丙说:"我考最高分的不是英语。"老师说:"其实有一门考试,你们三个人中,有两个人考的分数是一样的,并且都是最高分,而且你们刚才的猜测中只有一个人是正确的,你们能判断出各自的最高成绩是哪一门吗?"

47. 分辨矿石

游戏难度:★★☆☆☆ 最佳完成时间:2 分钟

老师让同学辨认一块矿石。甲同学说:“这不是铁,也不是铜。”乙同学说:“这不是铁而是锡。”丙同学说:“这不是锡而是铁。”老师最后说:“你们之中,有一个人的两个判断都对,另一个人的两个判断都错,还有一个人的判断一对一错。”看看你的判断,这块矿石到底是什么?

48. 数学家与编程专家

游戏难度:★★☆☆☆ 最佳完成时间:2 分钟

彭平是一位计算机编程专家,姚欣是一位数学家。其实,所有的计算机编程专家都是数学家。我们知道,今天国内大多数综合性大学都在培养计算机编程专家。根据陈述,请判断,以下哪个正确?

(1)彭平是由综合性大学所培养的;

(2)大多数计算机编程专家是由综合性大学所培养的;

(3)姚欣并不是毕业于综合性大学;

(4)有些数学家是计算机编程专家。

49. 事实

游戏难度:★☆☆☆☆ 最佳完成时间:1 分钟

如果“鱼和熊掌不可兼得”是不可改变的事实,那么以下哪项也一定是事实? ( )

A. 鱼可得但熊掌不可得

B. 熊掌可得但鱼不可得

C. 如果鱼不可得,那么熊掌可得

D. 如果鱼可得,那么熊掌不可得

50. 牛郎织女

游戏难度:★☆☆☆☆ 最佳完成时间:1 分钟

没有人爱每一个人;牛郎爱织女;织女爱每一个爱牛郎的人。如果上述为真,则下列哪项不可能为真?(即一定为假) ( )

(1)每一个人都爱牛郎。(2)每一个人都爱一些人。(3)织女不爱牛郎。

A. 仅(1) B. 仅(2)

C. 仅(3) D. 仅(1)和(2)

51. 互联网狂躁症

游戏难度:★★☆☆☆ 最佳完成时间:2 分钟

英国研究各类精神紧张症的专家发现,越来越多的人在使用互联网之后都会出现不同程度的不适反应。根据一项对 1 万个经常上网的人的抽样调查,承认上网后感到烦躁和恼火的人数达到了 1/3,而 20 岁以下的网迷则有 44% 承认上网后感到紧张和烦躁。有关专家认为,确实存在着某种“互联网狂躁症”。

根据上述材料,以下哪项最不可能成为导致“互联网狂躁症”的病因?

A. 由于上网者的人数剧增,通道拥挤,如果要访问比较繁忙的网址,有时需要等待很长时间。

B. 上网者经常是在不知道网址的情况下

搜寻所需的资料和信息，成功的概率很小，有时花费了工夫也得不到预想的结果。

C. 虽然在有些国家使用互联网是免费的，但在我国实行上网交费制，这对网络用户的上网时间起到了制约作用。

D. 在互联网上能够接触到各种各样的信息，但很多时候信息过量会使人们无所适从，失去自信，个人注意力丧失。

52. 赛马

游戏难度：★★★☆☆　最佳完成时间：3 分钟

甲、乙、丙、丁 4 匹马赛跑，它们共进行了 4 次比赛。结果甲快乙 3 次，乙又快丙 3 次，丙又快丁 3 次。很多人会以为，丁跑得最慢，但事实上，丁却快甲 3 次，这看似矛盾的结果可能发生吗？

53. 哪一句话正确

游戏难度：★☆☆☆☆　最佳完成时间：1 分钟

凯特说："所有的人都是有逻辑的。"

如果她说的这句话是不正确的，那么正确的应该是下面的哪一句话？

A. 全部的人都没有逻辑

B. 有的人没有逻辑

C. 有逻辑的便是人

D. 有的人有逻辑

54. 哪句话意思最相符

游戏难度：★☆☆☆☆　最佳完成时间：1 分钟

只是会说外文，不代表就是外国人。

下面所有选项中的句子哪句话和上面这句话的意思相符？

①因为会说外文就可以称得上是外国人了。

②不会说外文就不算是外国人。

③一个外国人只会说外文是不够的。

④一个外国人一定要会说外文。

55. 杰克是哪里人

游戏难度：★★☆☆☆　最佳完成时间：2 分钟

在一次国际范围的户外活动中，聚集了好几个国家的人。现在知道，所有的英国人穿西装；所有的美国人都穿休闲服；没有既穿西装又穿休闲服的人；杰克穿休闲服。

根据以上条件，下面哪个说法一定是正确的？

杰克是英国人；

杰克不是英国人；

杰克是美国人；

杰克不是美国人。

56. 谁在左边

游戏难度：★★☆☆☆　最佳完成时间：2 分钟

很多人到了一个陌生的地方，经常分不清东南西北，但对左右的问题却绝对不在话

下。不过,什么事情都不是绝对的哟!不信就来试试下面这道题:

明明的左边是巧巧,巧巧的左边是花花,花花的左边是沙沙。请问:沙沙永远都在明明的左边吗?

57. 尴尬的公告

游戏难度:★★☆☆☆　最佳完成时间:2 分钟

两个相邻的国家,在边境处有一座大桥相连。一国为了防止本国的罪犯偷越国境,就在海关发布了一个公告:所有过桥的人必须说明自己的去向,讲实话的人可以顺利过桥,说谎话的人要送到监狱服刑。

有个人来到桥边,守桥的士兵照例问他:“你到哪儿去?”

那人说:“我是到桥边来准备去监狱服刑的。”

士兵听了这个人的话,不知该怎么执行,就报告给海关总长。

如果你是那位海关总长,该怎么办呢?

58. 究竟谁在撒谎

游戏难度:★★★☆☆　最佳完成时间:3 分钟

有这样一则奇特的撒谎者的故事:

甲说:“乙撒了谎或丙撒了谎。”

乙说:“甲撒了谎。”

丙说:“甲、乙都撒了谎。”

你能根据题意,推理出究竟谁撒了谎,谁说了真话吗?

59. 名师出高徒

游戏难度:★★★☆☆　最佳完成时间:3 分钟

欧洲有一个叫欧提勒士的人,慕名向著名的学者普罗塔哥拉斯学习法律。开学之前,师徒二人订下合同:欧提勒士先付一半学费,另一半学费待毕业以后再付。

前提条件是,欧提勒士第一次出庭必须打赢官司。

几年后,欧氏毕业,但却无人请他打官司。老师收费心切,于是向法院提出诉讼。普氏不愧是精通“辩术”的雄辩家,在法庭上只说了一句话,就把所有在场的人都给镇住了。他对欧提勒士说:“如果这场官司你输了,那么,根据法官的判决,你得付给我那另一半学费;如果这场官司你赢了,那么根据协议,你也得付给我那一半学费。总之,不管你是输是赢,都得付给我那一半学费”。

很多在场的人都倒吸了一口气,觉得欧提勒士这下肯定输了。

所谓名师出高徒,普罗塔哥拉斯没料到他亲自传授的诡辩术,竟被他的学生第一次出庭就用来反驳自己。欧氏针对老师的二难推理,提出一个完全相反的二难推理:“如果这场官司我赢了,按照法庭判决,我不用付老师另一半学费;如果这场官司我输了,那么依照合同,我也不用付老师的另一半学费。所以，这场官司无论胜败，我都不用付剩余的另一半学费。”

法官当场就被这场官司难倒了，无法做出判决。为什么？

60. 北美人的祖先

游戏难度：★★☆☆☆　最佳完成时间：2 分钟

一个已经公认的结论是，北美洲人的祖先来自亚洲，至于亚洲人是如何到达北美洲的，科学家们一直假设，亚洲人是跨越在14000 年以前还连接着北美洲和亚洲，后来沉入海底的陆地进入北美洲的，在艰难的迁徙途中，他们靠捕猎沿途陆地上的动物为食。最近的新发现导致了一个新的假设，亚洲人是驾船沿着上述陆地的南部海岸，沿途以鱼和海洋生物为食而进入北美洲的。

以下哪项如果为真，最能使人有理由在两个假设中更相信后者？

A. 当北美洲和亚洲还连在一起的时候，亚洲人主要以捕猎陆地上的动物为生

B. 上述连接北美洲和亚洲的陆地气候极为寒冷，植物品种和数量都极为稀少，无法维持动物的生存

C. 在欧洲，靠海洋生物为食物的海洋文化，最早发端于 10000 年以前

D. 存在于 8000 年以前的亚洲和北美洲文化，显示出极大的类似性

61. 明星的年龄

游戏难度：★★★☆☆　最佳完成时间：3 分钟

四个人又在议论一位女明星的年龄。

甲说：“她不会超过 25 岁。”

乙说：“她不会超过 30 岁。”

丙说：“她绝对在 35 岁以上。”

丁说：“她的岁数在 40 岁以下。”

实际上 4 个人中只有一个人说对了。你知道哪个人说对了吗？

62. 上古神话

游戏难度：★☆☆☆☆　最佳完成时间：1 分钟

上古神话是指上古时代的人们，对其所接触的自然现象、社会现象所幻想出来的具有艺术意味的解释和描述的集体口头创作。以下符合该定义的是：

A. 考古学家所发现的创作于夏代的关于妹喜乃龙涎所化的作品

B. 法律学者发现了黄帝时期皋陶断案的一个详细记载

C. 古文字专家所研究的仓颉仰观日月星辰、俯视虫鱼鸟兽而创造出文字的故事

D. 学者们发现了黄帝作战前对敌方的夸张性、神话性描述

63. 不公平竞争

游戏难度：★★☆☆☆　最佳完成时间：2 分钟

不公平竞争，是指一个企业采取不正当

的手段或者不公平的手段,提高其产品的市场份额,给生产同类产品的竞争对手造成了不公平的市场环境,严重损害其竞争对手的利益。根据以上定义,下列行为中不是不公平竞争的是:

A. 微软公司在其操作系统中捆绑 IE 浏览器,用户购买操作系统的同时也购买了 IE 浏览器,导致大量用户不再另外购买竞争对手 Netscape 的浏览器。

B. 20 世纪 80 年代,IBM 公司投入大量资金研制超大型计算机关键技术,成功之后申请专利,造成 20 世纪 90 年代在超大型计算机领域 IBM 一手遮天的局面。

C. A 公司和 B 公司都生产减肥药品。为了扩大自己的市场占有份额,A 公司在电视台和一些报纸上大做宣传,指出 B 公司药品的种种缺点和副作用,导致消费者拒绝购买 B 公司的产品。

D. A 公司为了和 B 公司争夺市场份额,制作电视广告,内容为一架标记为“A”的战斗机向即将倾覆的标记为“B”的军舰投下重磅炸弹。

64. 作家的作品

游戏难度:★☆☆☆☆　最佳完成时间:1 分钟

某位作家在其晚期的作品中没有像其早期那样严格遵守小说结构的成规。由于最近新发现的一部他的小说的结构像他早期的作品一样严格地遵守了那些成规。因此,该作品一定创作于他的早期,上面论述所依据的假设是:

A. 作家在其创作晚期比早期更不愿意打破某种成规

B. 随着创作的发展,作家日益意识不到其小说结构的成规

C. 在其职业生涯晚期,该作家是当时唯一一位有意打破小说结构成规的作家

D. 作家在其创作生涯的晚期没有写过任何模仿其早期作品风格的小说

65. 上街的人次

游戏难度:★★☆☆☆　最佳完成时间:2 分钟

老唐有五个儿子和三个女儿,他每次上街的时候总是要带上一个儿子和一个女儿,那么,他一共有多少种选择的方法?

66. 小猫的性别

游戏难度:★★★☆☆　最佳完成时间:3 分钟

小红家的老猫生了四只小猫。小红和妈妈在讨论小猫的性别情况。小红说:“四只小猫每一只都可能是公的,也可能是母的。所以出现的情况可能是:四只全都是公的,或者四只全都是母的。”妈妈说:“它们两公两母的概率是 50%,因为每一只是公是母的概率都是 50%。”妈妈的说法对吗?如果你认为它是错误的,你能找出反驳的方法吗?

67. 将军与侍从

游戏难度:★★★★★　最佳完成时间:5 分钟

国王有 20 个将军,每位将军身边都有一

个坏侍从。虽然每一个将军都知道其他将军的侍从是坏人，但由于他们之间关系不融洽，因此他们都不知道自己的侍从是否是坏人。

国王知道此事后，把20个将军召集在一起，告诉他们，跟随他们的侍从中至少有一个人是坏人，并要求他们如果知道了自己的侍从是坏人就必须立刻杀了他。如果知道了又不杀的话，那自己的脑袋就保不住了。期限为20天。

为此，国王办了一份早报，如果哪位侍从被杀了就会刊登在早报上，可19天都平静地过去了，在第二十天早晨，仍然没有哪一位将军杀自己侍从的消息。请问，接下去的情况将会怎么样呢？

68. 镜子"抓"贼

游戏难度：★★★☆☆　最佳完成时间：3分钟

某地的一位员外在自己60大寿的寿筵上，把祖传的宝砚拿出来让客人观看，在送人走的时候，忘了将宝砚放好。没想到，他返回家中之后发现宝砚不翼而飞了。

自从他送客人出门以后，再没有人出过大门，所以宝砚很可能是仆人偷了去。这时，管家让人拿来一面镜子，对仆人们说："你们每个人上前拿镜子照一下，不要看镜子的背面，然后，我就能知道是谁偷了主人的宝砚。"后来管家还真的找到了小偷。

请问：镜子真能够看出谁是窃贼吗？

69. 狂人日记

游戏难度：★☆☆☆☆　最佳完成时间：1分钟

鲁迅的多数著作篇幅都很长，不是一天能读完的，《狂人日记》是鲁迅的众多著作中的其中一本著作集，所以《狂人日记》不是一天可以读完的。

请分析这句话并判断这句话：

(1)正确；　　(2)错误

70. 商品差价

游戏难度：★☆☆☆☆　最佳完成时间：1分钟

商品差价是指同一商品由于流通环节、购销地区、购销季节以及质量不同而形成的价格差额。据此请判断下列不属于商品差价的是：

A. 同一本书，刚出版时与两年后价格不同

B. 早市萝卜上午一元一斤，下午则五角一斤

C. 富康轿车与大众轿车价值不同

D. 甲地的盐比乙地的盐便宜，因为甲地产盐

71. 雌雄松鼠

游戏难度：★★★☆☆　最佳完成时间：3分钟

一棵大松树上住着松鼠一家十口，有雄有雌。雄鼠说假话，雌鼠说真话。一天，1只麻雀与它们攀谈起来："你们家有几只雄鼠？"

第一只松鼠说："有1只雄鼠。"

第二只松鼠说:“有 2 只雄鼠。”

第十只松鼠说:“有 10 只雄鼠。”

究竟有多少只雄鼠呢?

72. 物质和灵魂

游戏难度:★☆☆☆☆　最佳完成时间:1 分钟

所有的物质实体都可以再分,而任何可以再分的东西都是不完美的。因而,灵魂并非物质实体。

以下哪项是使上文结论成立的假设?

A. 所有可以再分的东西都是物质实体

B. 没有任何不完美的东西是不可再分的(所有完美的东西是不可再分的)

C. 灵魂是可分的

D. 灵魂是完美的

73. 相互牵制的僵局

游戏难度:★★★☆☆　最佳完成时间:3 分钟

朋友也分两种,即诚实的朋友和说谎的朋友。问同是好朋友的波波和哈瑞及杰森,他们当中谁在说谎?

问波波:“哈瑞在说谎吗?”波波回答说:“不,哈瑞没有说谎。”

问哈瑞:“杰森在说谎吗?”哈瑞回答说:“是的,杰森在说谎。”

那么,问杰森:“波波在说谎吗?”杰森会回答什么呢?

第四辑　判断力——世界随你辨别参考答案

1. 水可以喝吗

这个村民说的是真话。因为陌生人先说:“今天天气不错啊!”这个村民回答“是的”,由此可判断出他是一位说真话的村民。

2. 乌龟赛跑

Ⅰ. 假设丙的话是真话,那么丁的话也是真话了,从而,甲的话也是真话,所以乙上次是第二名。因此,上次的第一名既不是乙也不是丙,所以应该是丁或者甲。但是,无论哪个是上次的第一名,本应该都说真话的丙和丁的话至少有一个会变成假话。所以,丙的话只能是假话(名次下降,而且丁的名次没有上升)。由于丙不是上次的第一名,这次的名次下降,所以这次是在第三名以下;所以,乙的;话是假话,乙的名次也下降了。

Ⅱ. 假设丁的话是假话,甲的名次没有上升,而同时甲以外的三只乌龟的名次也全部下降,这是不合理的。所以,根据Ⅰ可知丁的名次没有变化,根据它的话(真话)可知,甲这次名次上升了。

从甲的话(真话)来看,乙上回是第二名。丙上次既不是第一名也不是第二名而是第三名,这次是第四名,同样名次下降的乙这次是第三名。甲这次是从上次的第四名上升了,丁上次和这次都是第一名。所以,甲这次是第二名。

由此可见:

丁第一名;

甲第二名;

乙第三名;

丙第四名。

3. 野炊分工

老大洗菜,老二淘米,老三烧水,老四担水。

4. 你怎么买花

花店就是从右边数的第二家。

根据前三个条件,旅店不在茶店、书店和酒店的旁边;所以旅店应该是两头的两家店里的一家。而它的旁边就是茶店、书店和酒店以外的花店了。花店的旁边不是茶店或酒店,那就是书店了。

根据第二个条件,酒店不在书店的旁边,所以下一家应该是茶店。那么,剩下的酒店就是在两头的两家店中的一家。但是,茶店的墙是上了颜色的,所以茶店应该是左数过来的第二家。

依此类推,就可以推出答案的顺序了。

5. 谁是司机

A 是司机。

6. 拿包

是。至少一个人拿到她自己的包概率是 0.632。

7. 牛奶咖啡

如此搅拌,各杯的总容积不会变,加进的咖啡必然排去同样容积的牛奶,因此,咖啡杯中的牛奶容量恰好等于牛奶杯中的咖啡容量。

8. 谁吃了蛋糕

丙在说谎,甲和丙各吃了一部分蛋糕。推理如下:

假设甲说谎,那么乙也说谎,与条件所给的只有一人说谎不符。假设乙说谎,那么甲也说谎,与条件也不符。所以一定是丙在说谎。既然丙在说谎,只有甲和丙都吃了的情况下,才能成立。

9. 断定各自的身份

能。具体分析如下:

甲不可能是诚实人,因为诚实人不会承认自己是外地人。如果甲是外地人,则乙说的是真话,因而是诚实人。这样,丙就是说谎者。但丙说的是真话,不可能是说谎者。因此,甲不是外地人,而是说谎者。因为甲是说谎者,所以乙说的是假话,因而,要么是说谎者,要么是外地人。由于甲是说谎者,所以乙是外地人,丙就是诚实人。

10. 生日礼物

礼物在B盒里。

11. 兄弟姐妹

从⑥得知，已是女的，庚是男的。从①、③、⑤、⑥联合考虑可知，这7个人中，只有3个是女的。从③、⑤可以肯定丁是女的。从而可知，其余4人，即甲、乙、戊、庚一定都是男的。

最后结果是7人中有4男3女。甲、乙、戊、庚为男，丙、丁、已为女。

12. 几个球

3个球。

分析：从“除了2个球不是红的，其余都是红的；除了2个球不是绿的，其余都是绿的；除了2个球不是黄的，其余都是黄的”命题中，可知，黄与绿的个数和为2，红与黄的个数和为2，红与绿的个数和为2，因此，红、绿、黄球分别各为1个球，共3个球。

13. 今天星期几

7个人说的话，可以分别用另一种方式来表示：

A：今天是星期一。

B：今天是星期三。

C：今天是星期二。

D：今天是星期四或星期五，或星期六，或星期日。

E：今天是星期五。

F：今天是星期三。

G：今天是星期一，或星期二，或星期三，或星期四，或星期五，或星期六。

只被提到一次的日子是星期日。如果这一天是别的日子，那么讲对的就不止一个人了。因此，那天一定是星期日。D所说的是正确的。

14. 天上落西红柿汁

西红柿汁不会不翼而飞，总得有去处，可能的去处只有一个地方，即：当西红柿汁流下来时，约翰朝上张开大嘴，把流下的西红柿汁全部喝了。

15. 偷吃蛋糕的人

蛋糕是小游偷吃的。假设明明偷吃了蛋糕，那么小游和画画说的话不是谎话，假设红红偷吃了蛋糕，那么其余的3个人都说了真话：假设小游偷吃了蛋糕的话，只有画画说的是真话，假设画画偷吃了蛋糕的话，那么红红和小游说的话就是真的。所以，蛋糕是小游偷吃的，画画说了真话。

16. 一家人

吴参赛4次，那就表示吴和刘是一家人，如此类推，孙和谢是一家人，赵和陈是一家人，李和张是一家人，王和郑是一家人。

17. 期末考试的成绩

婷婷估错了。小美得了第一名，亮亮得了第二名，佳佳得了第三名，婷婷得了第四名。

18. 教授的课程

张教授教历史和体育，赵教授教英语和生物，彭教授教数学和物理。

19. 洋洋的压岁钱

如果哥哥猜对的话，那么弟弟和姐姐都对；如果姐姐猜对的话，那么弟弟也对；如果弟弟猜对的话，那么哥哥和妹妹也对。因此，只有妹妹猜对了，即洋洋的压岁钱为100元。

20. 人口数量和头发

把所有的居民按其头发的数量由少至多做一排列，由于城中无一人是秃子，第一个人头发的数量不会少于1根，第二个人头发的数量不会少于2根，第三个人头发的数量不会少于3根，依此类推，最后一个人是全城头发数量最多的人，而他的头发数量一定不少于这个城市的人口数量。这和题目条件矛盾。因此，城中至少有两个头发一样多的人。

21. 谁是谁的新娘

秋红是大林的新娘，春红是二林的新娘，夏红是小林的新娘。

22. 不诚实的一家人

从爷爷的左边开始，依次是儿子、女儿、爸爸、妈妈。

23. 少了的财产

史密斯夫妇不止有儿子，还有女儿。

24. 甲组乙组

B。不是海伦在小组甲，就是艾琳在小组甲（已知条件4)。除此之外,还有一位是弗雷德里克(已知条件3)。而在选择中,这三个人的名字只有海伦一人出现,因此只能选她了。

25. 系领带的先生们

黄先生系的是白领带。白先生系的是蓝领带。蓝先生系的是黄领带。黄先生不可能系黄领带,因为这样他的领带颜色就与他的姓相同了。他也不可能系蓝领带,因为这种颜色的领带已由向他提出问题的那位先生系着。所以黄先生系的必定是白领带。这样,余下的蓝领带和黄领带,便分别由白先生和蓝先生所系了。

26. 拔河比赛

设父亲为A,母亲为B,儿子为C,女儿为D。由题意可知:

$A<2C+3D$ ①

$B>C+4D$ ②

$A+C>B+3D$ ③

求 $A+3D$ 与 $B+2C$ 的大小关系。

由②③可知,$A>7D$

代人①可得 $C>2D$

所以

$B+2C>3C+4D>A+C+D>A+3D$

所以母亲方胜利。

27. 动物过河

动物都用字母表示,分别为A、a、B、b、C、c。其中A、a、B、C会划船。

ab→,a←，=b;

aC→,a←,=bc;

Bc→,Bb←,=Cc;

Aa→,Cc←，=Aa;

BC→,a←,=ABC;

ab→,a←,=ABbC;

ac→,=AaBbCc。

28. 最少有几个人

最少有0位,没有人同时符合这四个要求。

29. 六个兄弟

以老三为例,他旁边不能坐老二、老四和老五,所以只好坐老大和老六了。也就是说已经有三个人的位置固定了。还剩下老二、老四和老五,老四和老五是不能相邻的,所以一定要由老二隔开。挨着老六那边坐老四,挨着老大那边坐老五。这样就可以了。

30. 真真假假

第一个题目中正确的是(2);第二个题目中正确的是(1)。

31. 老朋友聚会

“乙和丙的车是同一牌子的,丙和丁中只有一个人有车”,说明甲、乙、丙三个人有车,丁没有车。

因为“有一个人三种条件都具备”,而“只有一个人有了自己的别墅”,所以有别墅只能是有车的甲、乙、丙三人中的一个。

这样丁就没有车也没有别墅了,因为“每个人至少具备一样条件”,所以丁也有喜欢的工作。

因为“甲和乙对自己的工作条件感觉一样”,而“只有两个人有自己喜欢的工作”,所以丙和丁一样,有喜欢的工作。

既有车又有喜欢的工作的只有丙,那么他就是三个条件都具备的人了。

32. 谁在说谎

假如小江的话是真的,那么小华的话就是假的,相反,如果小江的话是假的,那么小华的话就是真话,据此推测,小江和小华之间必定有1人在撒谎。

依此类推,5人中应该有3人在撒谎。

33. 三对夫妻

因为三个人都没有说真话,所以A不能娶甲,甲不嫁C,所以甲只能嫁给B了。而C不娶丙,那么C只能娶乙了。剩下的A只能娶丙了。

34. 餐馆谋杀案

选B。

35. 防护墙

正确答案为D。问最支持的选项,最好应该排除法。题干说因为风暴从水的一边对沙子进行侵蚀的时候,沙子不会向内陆扩展,而在海滩与建筑物之间建立起防护墙,不仅遮住了建筑物的海景还使海岸变窄了,所以用防护墙的方法保护建筑物的做法并不能

起到很好的作用,所以D是题干的意思,是最支持的论断;其他A、B、C三项均不是题干最支持的论断,故应排除掉。

36. 并非腰缠万贯

根据(3)和(5),如果安妮特非常聪明,那她也多才多艺。根据(5),如果安妮特富有,那她也多才多艺。根据(1)和(2),如果安妮特既不富有也不聪明,那她也是多才多艺。因此,无论哪一种情况,安妮特总是多才多艺。

根据4,如果克劳迪娅非常漂亮,那她也多才多艺。根据(5),如果克劳迪娅富有,那她也多才多艺。根据(1)和(2),如果克劳迪娅既不富有也不漂亮,那她也是多才多艺。因此,无论哪一种情况,克劳迪娅总是多才多艺。

于是,根据(1),伯尼斯并非多才多艺。再根据(4),伯尼斯并不漂亮。从而根据(1)和(2),伯尼斯既聪明又富有。

再根据(1),安妮特和克劳迪娅都非常漂亮。于是根据(2)和(3),安妮特并不聪明。从而根据(1),克劳迪娅很聪明。最后,根据(1)和(2),安妮特应该很富有,而克劳迪娅并非腰缠万贯。

37. 火腿与猪排

根据(1)和(2),如果阿德里安要的是火腿,那么布福德要的就是猪排,卡特要的也是猪排。这种情况与(3)矛盾。因此,阿德里安要的只能是猪排。于是,根据(2),卡特要的只能是火腿。

因此,只有布福德才能昨天要火腿,今天要猪排。

38. 高明的骗子

选B。根据林肯所说的,骗子不可能在所有时刻欺骗所有的人,那就有可能在某个时刻有人不受骗,也就是说,存在某一个时刻,在这个时刻有人可能没有受骗。

39. 判断性别

根据(1),三人中有一位父亲、一位女儿和一位同胞手足。如果瓦尔的父亲是克里斯,那么克里斯的同胞手足必定是林恩。于是,林恩的女儿必定是瓦尔。

从而瓦尔是林恩和克里斯二人的女儿,而林恩和克里斯是同胞手足,这是乱伦关系,是不允许的。因此,瓦尔的父亲是林恩。于是,根据(2),克里斯的同胞手足是瓦尔。从而,林恩的女儿是克里斯。再根据1,瓦尔是林恩的儿子。因此,克里斯是唯一的女性。

40. 吃辣椒

选D。

41. 宠坏的孩子

选A。

42. 猴子的谎言

猴子甲:2岁。

猴子乙:4岁。

猴子丙:3岁。

猴子丁:1岁。

43. 选日期

9月1日。由安娜的话可以判断3月和9月是结婚月份,因为这两月中的“日”数与其他月份的“日”数有重复。这样就能肯定若她选不中,杰克也选不正确。同时可以确定“日”数为1、4、5、8;再由杰克的话可以判断出“日”数不可能是5,若是5,他将无法选出正确答案;又根据安娜的话可以判断出“日”数为1,若不是1,她是不会判断出的。

44. 击鼓传花

12人。B的下一个也就是第六个,刚好与A面对面,即两人左右间隔的人数都是五人。

45. 诡辩

当旁人说“怎么有脸见人”时,这个“见人”的概念指的是伦理的意义(无颜见人),而当这个人说“你以为人死了反而可以见人吗”时,这个“见人”的概念指的是生理的意义(看见人)。因此,尽管这个“见人”的词语在字面上相同,但其所表达的实质含义却不同。诡辩者正是利用了这种字面上的相同,将“见人”的生理意义的概念混淆了“见人”的伦理意义的概念。

从论辩伦理原则上讲:“把显然愚蠢的思想硬加到论敌身上,然后加以驳斥。这是不大聪明的人使用的方法”。对于这种故意混淆概念,歪曲对方的思想的“言意相离”诡辩,古人评价为:言辞是表达思想的,“言意相离”是凶险的。

46. 优异成绩

甲和乙考了物理的最高分,丙考了语文的最高分。

47. 分辨矿石

这块矿石是铁。

48. 数学家与编程专家

(4)。

选项(1)得出的结论不能在题干中得到论证,因为原题中只是告诉了我们“大多数综合性大学都在培养计算机编程专家”,而非“所有综合大学”,因此,可以得出:“部分编程专家不是由综合性大学培养的”,所以(1)是错误的,同理(2)也是错误的。以同样的思维方式也可以得出选项(3)也是错误的。

49. 事实

选 D。

50. 牛郎织女

选 A。

51. 互联网狂躁症

题干论证:过多使用互联网是互联网狂躁症的原因。

选项 C 从时间上弱化了论据。无因无果,所以最不可能成为导致“互联网狂躁症”的病因。

52. 赛马

这样的结果是可以发生的:

第一次:甲、乙、丙、丁

第二次:乙、丙、丁、甲

第二次:丙、丁、甲、乙

第四次:丁、甲、乙、丙

53. 哪一句话正确

正确的答案应该是 B:有的人没有逻辑。

这是个有关“否定”的基本问题。

“有”跟“没有”互换,同时“且”跟“或”、“全部”跟“有的”也互换,“全部的人都有逻辑”这句话,它的否定就是:“有的人没有逻辑”。如果“全部的人都有逻辑”这句话是假的,一定有人会想:不是也有“全部的人都没有逻辑”的可能性吗?

但是,“有的人没有逻辑”也包含了“全部的人都没有逻辑”在内。

54. 哪句话意思最相符

正确答案应该是③:一个外国人只会说外文是不够的。

你回答对了吗?不要把问题想得太复杂了,想得太复杂是不太容易找出答案的哦。

55. 杰克是哪里人

杰克不是英国人。

56. 谁在左边

不一定。如果他们面对面围成一圈,沙沙就会在明明的右边。

57. 尴尬的公告

按照公告,如果送那个人去服刑,就表明他说的是实话,应该让他过桥。而如果让他过桥的话,那么就表示他说的就是谎话,应该送去服刑。这样就陷入逻辑的悖论,所以守桥的士兵不知该怎么执行公告。但是,这个推理也不是完美无缺的。通过对条件的合理限制,就可以破解悖论,做出没有矛盾的选择。因为这个公告只适用于所有过桥的人,但这个人不是来过桥的,更像是来捣乱的,因此对他可以不适用这条关于过桥人的公告。这样,悖论也就不存在了。既然他是自愿来服刑的,那么就可以成全他。

58. 究竟谁撒了谎

看起来这似乎是一个无头公案,因为三个人都无一例外地指责别人在撒谎。然而仔细一看,各人指责的内容和形式都不相同。乙指责“甲撒了谎”是一句关键的话。因为假如乙说的是真话,那么甲便是撒谎者;假如乙是撒谎者,那么甲所说的便是真话。可见甲与乙不可能同时撒谎。然而丙却指责甲乙两人都撒了谎,这只能说明丙本身是撒谎者。丙是撒谎者,说明甲说的没有错,从而乙的指责是莫须有的,因此乙也是撒谎者。在整个故事中,只有甲是唯一说真话的人。

59. 名师出高徒

在这场官司中,师生二人都运用了一个二难推理,使对方陷于进退两难的地步,法官也被弄得无所适从。要判决就要依据协议;要依据协议,就要涉及本案的判决,必然使法官陷入一种互为根据的恶性循环。但是逻辑上能解决这个问题,逻辑上要求一个正确推理,前提必须真实,既然是打官司,就必须以判决为依据,如果再根据协议,那么根据协议的前提就是假的。如果师生按协议解决,再根据判决,那么根据判决的前提就是假前提。

60. 北美人的祖先

要否定前者,肯定后者就必须找出能够同时削弱前者并加强后者论据论证能力的条件,B 项符合这个要求。因为连接处陆地气候寒冷,所以食物资源匮乏,从陆地上进入北美的可能就比较小,而相比之下海洋则有丰富的食物,可以维持亚洲人在迁徙过程中的能量需求。故选 B。

61. 明星的年龄

丁说得对。

根据题干可以得知四个人对女明星年龄的看法。甲认为女明星的年龄≤25 岁,乙认为女明星的年龄≤30 岁,丙认为女明星的年龄 >35 岁,丁则认为女明星的年龄 <40 岁。四个人中只有一个人说的是正确的。现假设甲说的是真的,则乙、丁也为真,与前提矛盾;假设乙为真,则丁所说也为真,与前提矛盾;假设丁为真,则当这位女明星的年龄是 31 - 35 岁之间时,符合题目要求。如果丙为真,则甲、乙必为假,但丁可能为真,也可能为假,丁为假的可能仅有这位明星在 40 岁之上时,但题干无此选项,所以丁说得对。

62. 上古神话

选 C。

A 项中夏代不属于上古时代。

B 项所述既不是幻想,又不是集体口头。

D 项不符合集体口头创作。

故选 C。

63. 不公平竞争

选 B。

选项 A 属于不正当或不公平手段,与题意不符。

选项 C 属于不正当手段,与题意不符。

选项 D 属于不正当手段,与题意不符;故选 B。

64. 作家的作品

选 D。

题干推理过程是:作者早期小说遵守成规——新发现的作品遵守了成规——作品是早期作品。显然,该推理缺乏大前提,即作者晚期小说中没有早期作品这样风格的,这就是题意的假设。

65. 上街的人次

共有 15 种选择的方法。

66. 小猫的性别

她的说法是错误的。我们假设四只小猫分别为 A、B、C、D。那么,它们是公是母就有 16 种组合。你可以写出这 16 种组合,然后你会发现,四只小猫全是同一性别的出现两次,概率就是 1/8。有一个和其他三个不同的出现了 8 次,所以概率是 1/2。有两个是同一性别出现了 6 次,所以概率是 3/8。而这三个数加起来正好是 1。所以两公两母的几率不是 50%。

67. 将军与侍从

这 20 位将军都立刻杀了自己的侍从。假设将军只有 A、B 两个人,A 将军肯定会想:“B 肯定知道我的侍从是好是坏,如果我的侍从是好人,他肯定会杀了他的侍从,结果就会刊登在第二天的报纸上。如果早上的报纸没有刊登这条消息,那么我就在第二天杀了我的侍从。”依此类推。到第 20 天,报纸没有刊登消息,那么所有的将军就都杀了自己的侍从。

68. 镜子“抓”贼

实际上,管家让人在镜子后面涂了点黑颜料,摸过镜子的人,手上都有黑色。手上没有黑色的人,一定是心中有鬼,那么肯定是他偷了宝砚。

69. 狂人日记

(2)。这句话是歧义错误,如果《狂人日记》指的是鲁迅著作中的一篇,那么一天可以读完,如果是指整本集子,则不可能在短期内读完。

70. 商品差价

选 C。

71. 雌雄松鼠

一共有 9 只雄鼠,1 只雌鼠,第 9 只是雌鼠。因为假设第 1 只松鼠是雄鼠,则它回答的那句“有 1 只雄鼠"为假,那就肯定不止1只雄鼠;如果第1只松鼠是雄鼠,则回答为真,那么有9只雌鼠,这样其余的9只雌鼠回答者0为真,这样每1只的回答显然产生冲突。因此,第1只松鼠应是雄鼠。依此理推论下去,可得答案。

72. 物质和灵魂

选D。

73. 相互牵制的僵局

若波波是诚实的,于是,波波的回答应该是正确的。因此,哈瑞也是诚实的。因为哈瑞回答:"杰森在说谎。"所以,是杰森在说谎。经常说谎的杰森肯定说谎话:"波波在说谎。"

相反,如果是波波在说谎,于是,波波所说的话是诺言。哈瑞也在说谎。因哈瑞回答说:"杰森在说话。"所以,杰森是诚实的。正直的杰森应该正直地回答:"波波在说谎。"

也就是说,无论在哪种情况下,杰森都会回答:"波波在说话。"

第五辑　推理力——世界因你揭秘

推理是研究人们思维形式及其规律和一些简单的逻辑方法的科学。其作用是从已知的知识中得到未知的知识,特别是可以得到不可能通过感觉经验掌握的未知知识。推理需要一个很强的逻辑架构,要不然这个摩天大楼会因为一个小小的蚁穴而轰然倒地,之后重新来过。

注意:不要推出一些你已经知道的东西。

1. 机票的问题

游戏难度:★★☆☆☆ 最佳完成时间:2 分钟

赤道上有 A、B 两个城市,它们正好位于地球上相对的位置。分别住在这两个城市的甲、乙两位科学家每年都要去南极考察一次,但飞机票实在是太贵了。围绕地球一周需要 1000 美元,绕半周需要 800 美元,绕 1/4 周需要 500 美元,按照常理,他们每年都要分别买一张绕地球 1/4 周的往返机票,一共要 1000 美元,但是他们俩却想出一条妙计,两人都没花那么多的钱。你猜他们是怎么做的?

2. 寻找机关

游戏难度:★★☆☆☆ 最佳完成时间:2 分钟

要开一道密室的门,不聪明的人无法打开。门设有一排机关,共 6 个,但是只有一个机关能成功打开门。这 6 个机关,只能按 1 次,每次只能按 1 个。也就是说,尝试者只有 1 次机会。门上这样写着:"1 在 2 的左边,2 在 3 右边的第三个,3 在 4 的右边,4 紧靠着 5,5 和 1 中间隔了一个机关,请摁上面没有提到的那个机关。"

如果是你来开门,你能准确地找对能开门的那个机关吗?

3. 三人买马

游戏难度:★★☆☆☆ 最佳完成时间:2 分钟

古时候有甲、乙、丙三个商人都要买一匹好马,这匹马的价钱是 17 两金子。可是这三个商人手头的金子谁都不够。于是甲对乙和丙说,把你们的钱每人借我 1/2,我就能买这匹马了。乙对丙和甲说,把你们的钱借给我 1/3,我就可以付买马的钱了。最后丙对乙和甲说,把你们的钱借我 1/4,我也能买这匹马。请问这三个商人各自带了多少两金子?

4. 避暑山庄

游戏难度:★★★★★ 最佳完成时间:5 分钟

甲、乙、丙和丁 4 人分别在上个月不同时间入住到避暑山庄,又在不同的时间分别退了房。现在只知道:

(1) 滞留时间(比如从 7 日入住,8 日离开,滞留时间为 2 天。)最短的是甲,最长的是丁。乙和丙滞留的时间相同。

(2) 丁不是 8 日离开的。

(3) 丁入住的那天,丙已经住在那里了。

入住时间是:1 日、2 日、3 日、4 日。

离开时间是:5 日、6 日、7 日、8 日。

根据以上条件,你知道他们 4 人分别的入住时间和离开时间吗?

5. 奇怪的城镇

游戏难度:★★★☆☆　最佳完成时间:3 分钟

某国有一个城镇里的人特别爱好休闲。这个城镇只有一家便利店、一家打折商场和一家邮局。每星期中只有一天三家全部开门营业。

(1)每星期这三家单位各开门营业4天。

(2)三家单位没有一家连续3天开门营业。

(3)星期天这三家单位都停止营业。

(4)在连续的6天中:

第一天,打折商场停止营业;

第二天,便利店停止营业;

第三天,邮局停止营业;

第四天,便利店停止营业;

第五天,打折商场停止营业;

第六天,邮局停止营业。

有一个人初次来到这个城镇,他想在一天之内去便利店里买东西,又要去打折商场买衣服,还要去邮局寄信。请问:他该选择星期几出门?

6. 传递消息

游戏难度:★★☆☆☆　最佳完成时间:2 分钟

气象部门根据观察测定,半个月后将有飓风袭击北部城市。现在气象台成员只有一个办法——步行爬越一座高山将情报传递过去。而每个人爬越高山的时间都是12天,每个人最多只能带8天的粮食。假设每个人的饭量相同,所带的食物也一样,请问:最少需要几个人才能完成任务?

7. 失误的程序员

游戏难度:★★★☆☆　最佳完成时间:3 分钟

高先生是一个高级程序员,但是他最近设计的三款机器人却出了一点儿问题:有一个永远都说实话,有一个永远说谎话,另一个则有时说实话,有时说谎话。高先生不知道怎么分辨它们,就请方博士为他帮忙。

方博士随口问了3个问题就知道怎么分辨了。他的问题是:

问左边的机器人:"谁坐在你旁边?"机器人回答:"诚实的家伙。"

问中间的机器人:"你是谁?"机器人回答:"总是犹豫不决的那位。"

问右边的机器人:"坐在你旁边的是谁?"机器人回答:"说谎话的家伙。"

根据上面3个问题及其回答,你能推测它们的身份吗?

8. 哪一个记错了

游戏难度:★★★★☆　最佳完成时间:4 分钟

一块空地里插有木桩,一个农夫打算买些铁丝来绑在木桩上,围成一个三角形的羊圈。已知:A. 沿羊圈各边的木桩间距相等;B. 等宽的铁丝网绑在等高的木桩上;C. 农夫作了购买铁丝网的价格记录:三角形羊圈中,第一边的铁丝网价钱为 10 元,第二边的铁丝网价钱为 20 元,第三边的铁丝网价钱为 30 元;D. 农夫在买铁丝网时用的全是面值为 10 元的钞票,且不用找零;E. 农夫为羊圈各边的铁丝网所付的 10 元钞票的数目各不相同;F. 农夫所记录的铁丝网价格中,有一个记错了。

根据以上条件,你能推出是哪一个记错了吗?

9. 谁拾到了手机

游戏难度:★★☆☆☆　最佳完成时间:2 分钟

A、B、C、D 四个同学上学时拾到一部手机,交给了老师。可谁都不说是自己拾的。老师先问 A,A 说:"是 C 拾的。"C 说:"A 说的与事实不符,又问 B,B 说:"不是我拾的。"再问 D,D 说:"是 A 拾的。"

现在已知他们中间有一人说的是真话。你能判断出谁才是那个拾手机的人吗?

10. 钥匙在哪里

游戏难度:★★★★★　最佳完成时间:5 分钟

空空是个马大哈,钥匙经常找不着。这天姐姐想故意刁难他一下,就把钥匙放在书桌的抽屉里,并在 3 个抽屉上各贴了一张纸条。

(1)左面抽屉的纸条上写:钥匙在这里。

(2)中间抽屉的纸条上写:钥匙不在这里。

(3)右面抽屉的纸条上写:钥匙不在左右抽屉里。

姐姐说:"3 张纸条只有一句是真话,两句是假话。你能只打开一只抽屉就取出钥匙吗?"

空空想了想,根据判断打开一只抽屉,钥匙果真就在那里。

请你想想看,钥匙到底在哪一个抽屉里?

11. 奇怪的姐妹

游戏难度:★★★☆☆　最佳完成时间:3 分钟

有姐妹二人一个胖、一个瘦,姐姐上午很老实,一到下午就说假话;妹妹则相反,上午说假话,下午却很老实。有一天,一个人去看她俩,问:"哪位小姐是姐姐?"胖小姐回答说:"我是。"而瘦小姐回答说:"是我呀。"再问一句:"现在几点钟了?"胖小姐说:"快到中午了。"瘦小姐却说:"中午已经过去了。"请问,当时是上午还是下午?哪一个是姐姐呢?

12. 超市失窃案

游戏难度:★★☆☆☆　最佳完成时间:2 分钟

某超级市场失窃,大量的商品在夜间被

罪犯用汽车运走。3个嫌疑犯被警察局传讯。警察局已经掌握了以下事实:

(1)罪犯不在ABC 3个人之外;(2)C作案时总得有A作从犯;(3)B不会开车。

A是否卷入了此案?

13. 小江开的什么店

游戏难度:★★★☆☆　最佳完成时间:3分钟

在一条即将营业的商业街上,装修地点最好的是A~F店。小江开的是A店,朋友问她开了一家什么店,但是调皮的小江给了以下几个条件让他们猜:

(1)A店的右边是书店;

(2)书店的前面是花店;

(3)花店的隔壁是面包店;

(4)D店的前面是F店;

(5)E店的邻居是酒馆;

(6)E店跟文具店处在道路的同一侧。

那么,你知道小江开的是什么店吗?

14. 罗莎公主的白马王子

游戏难度:★★★☆☆　最佳完成时间:3分钟

罗莎公主心目中的白马王子是高鼻子、白皮肤、长相帅气的男士。她认识亚历山大、汤姆、杰克、皮特4位男士,其中只有一位符合她要求的全部条件。

(1)4位男士中,只有3个人是高鼻子,只有2个人是白皮肤,只有1个人长相帅气;

(2)每位男士都至少符合一个条件;

(3)亚历山大和汤姆都不是白皮肤;

(4)汤姆和杰克鼻子都很高;

(5)杰克和皮特并非都是高鼻子;

请问:谁符合罗莎公主要求的全部条件?

15. 到底谁看了足球赛

游戏难度:★★★☆☆　最佳完成时间:3分钟

5个朋友中只有一个人上周看了足球赛。他们每个人说的三句话中,有两句是对的,一句是错的。

根据他们的对话,思考谁看了足球赛。5个人的对话如下:

A说:我没有看足球赛。我上周没看过任何足球赛。D看了足球赛。

B说:我没看足球赛。我从足球场前走过。我读过一篇足球报道。

C说:我没看足球赛。我读过一篇足球评论。D看了足球赛。

D说:我没看足球赛,E看了足球赛。A说我看了足球赛,那不是真实的。

E说:我没看足球赛。B看了足球赛。我读过一篇足球评论。

16. 校长的选择

游戏难度:★★★☆☆ 最佳完成时间:3 分钟

学校来了 A、B、C、D、E 5 位应聘舞蹈老师的女士。她们当中有两位年龄超过 30 岁,另外 3 位小于 30 岁。而且有两位女士曾经是老师,其他的 3 位是秘书。现在只知道 A 和 C 属于相同的年龄档,而 D 和 E 属于不同的年龄档,B 和 E 的职业相同,C 和 D 的职业不同。但是校长只想挑选一位年龄大于 30 岁的老师任舞蹈老师。你猜谁是幸运者?

17. 衣柜里有几只手套

游戏难度:★★☆☆☆ 最佳完成时间:2 分钟

衣柜里放着一些红手套和黑手套,两种颜色的手套的数目一样多。

为了保证取出一双同样颜色的手套,你闭着眼睛至少要从衣柜里摸出多少只手套?

为了保证取出两只不同颜色的手套,你闭着眼睛至少要从衣柜里摸出多少只手套?

让人感到惊奇的是,这两个数目是一样的。假设这个计算是完全正确的,想想看,衣柜里有多少只手套?

18. 谁是杀人犯

游戏难度:★★★☆☆ 最佳完成时间:3 分钟

有一位银行行长被谋杀了。警方经过一番努力搜查,将大麻子、小矮子和二流子三个嫌犯带回问讯,他们的供词如下。

大麻子:“小矮子没有杀人。”

小矮子:“他说的是真的!”

二流子:“大麻子在说谎!”

结果是,3 人中有人说谎。不过真正的犯人说的倒是实话。

请问:哪一个是杀人犯?

19. 各自的职业

游戏难度:★★☆☆☆ 最佳完成时间:2 分钟

老张、老王和老周,他们分别是教师、律师和医生。老王比教师矮一些,老张比医生高些,老周比医生矮一些。他们谁是律师,谁是教师,谁是医生?

20. 座位安排

游戏难度:★★☆☆☆ 最佳完成时间:2 分钟

某外国语学院举行的圣诞节联欢晚会上,在一个圆桌周围坐着 5 个人。A 是中国人,会英语,B 是法国人,会日语,C 是英国人,会法语,D 是日本人,会汉语,E 是新西兰人,只会说英语。你能巧妙地为他们安排座位,让他们彼此间都能交谈吗?

21. 绕行太阳

游戏难度:★☆☆☆☆　最佳完成时间:1 分钟

一个宇航员骄傲地对他的父亲说,他已经绕行地球二十圈了。他父亲说:“这有什么稀奇,我还绕行太阳五十圈了呢!”你说,他的父亲是在吹牛吗?

22. 住房号码

游戏难度:★★★☆☆　最佳完成时间:3 分钟

康德住在幸福大街,这条大街上的房子的编号是从 13 号到 1300 号。罗斯想知道康德所住的房子的号码。

罗斯问道:“它小于 500 吗?”康德作了答复,但他讲了谎话。

罗斯问道:“它是个平方数吗?”康德作了答复,但没有说真话。

罗斯问道:“它是个立方数吗?”康德回答了并讲了真话。

罗斯说道:“如果我知道第二位数是否是 1,我就能告诉你那所房子的号码。”

康德告诉了他第二位数是否是 1,罗斯也讲了他所认为的号码。但是,罗斯说错了。

康德住的房子是几号?

23. 公寓住客

游戏难度:★★★☆☆　最佳完成时间:3 分钟

刚刚落成的公寓大楼共有三层,每层仅一套公寓。

最先搬进来的沃伦夫妇住进了顶层的一套房子。莫顿夫妇和刘易斯夫妇则根据抽签的结果,分别住进了下面两层。

莫顿夫妇感到非常满意,他们没有什么怨言。事实上,整幢楼里唯一有意见的是珀西,他希望住在他楼上的那对夫妇不要过早地洗澡,因为这影响他睡眠。

除此之外,这三家房客之间的关系一直很融洽。罗杰每天早上下楼路过吉姆的门前时,总要进去一会儿,然后两个人一起去上班。到了 11:00 时,凯瑟琳总要上楼去和刘易斯夫人一起喝茶。

丢三落四的诺玛觉得住这种公寓非常方便,因为每当她忘了从商店买回什么东西时,她总可以下楼向多丽丝家去借。

这三对夫妇分别叫什么名字?姓什么?住哪一层?

24. 向导

游戏难度:★★★★★　最佳完成时间:5 分钟

在大西洋的“说谎岛”上,住着 x、y 两个部落。x 部落总是说真话,y 部落总是说假话。有一天,一个旅游者来到这里迷路了。这时,恰巧遇见一个土著人 A。旅游者问:“你是哪个部落的人?”A 回答说:“我是 x 部落的人。”旅游者相信了 A 的回答,就请他做向导。

他们在路途中,看到远处的另一位土著人 B,旅游者请 A 去问 B 是属于哪一个部落的。A 回来说:"他说他是 x 部落的人。"旅游者糊涂了。

他问同行的逻辑学博士:"A 是 x 部落的人,还是 y 部落的人呢?"逻辑博士说:"A 是 x 部落的人。"为什么?

25. 王先生的妻子

游戏难度:★★★☆☆　最佳完成时间:3 分钟

王先生认识赵、钱、孙、李、周 5 位女士,其中一位是他的妻子。

(1)5 位女士分为两个年龄档:3 位女士小于 30 岁,2 位女士大于 30 岁;

(2)2 位女士是教师,其他 3 位女士是秘书;

(3)赵和孙属于相同年龄档;

(4)李和周不属于相同年龄档;

(5)钱和周的职业相同;

(6)孙和李的职业不同;

(7)王先生和一位年龄大于 30 岁的教师在三年前结了婚。

请问王先生的妻子姓什么?

26. 拿纸牌

游戏难度:★★★☆☆　最佳完成时间:3 分钟

有 9 张纸牌,分别为 1 ~ 9。A、B、C、D 四人取牌,每人取 2 张。现已知 A 取的两张牌之和是 10,B 取的两张牌之差是 1;C 取的两张牌之积是 24;D 取的两张牌之商是 3。请说出他们四人各拿了哪两张纸牌?剩下的一张又是什么牌?

27. 左邻右舍

游戏难度:★★★★☆　最佳完成时间:4 分钟

张先生、李太太和陈小姐三人住在一幢公寓的同一层上。一人的房间居中,另外两人分别在两旁。

(1)他们每人都只养了一只宠物,不是狗就是猫;每人都只喝一种饮料,不是茶就是咖啡;每人都有一种体育爱好,不是网球就是篮球;

(2)张先生住在打网球者的隔壁;

(3)李太太住在养狗者的隔壁;

(4)陈小姐住在喝茶者的隔壁;

(5)没有一个打篮球者喝茶;

(6)至少有一个养猫者打篮球;

(7)至少有一个喝咖啡者住在一个养狗者的隔壁;

(8)任何两人的相同嗜好不超过一种。

谁的房间居中?

28. 哥哥和弟弟

游戏难度:★★★★☆　最佳完成时间:4 分钟

一个大院里住着四户人家,每家各有两个男孩。这四对亲兄弟中,哥哥分别是甲、乙、丙、丁,弟弟是 A、B、C、D。一次,有位过路人问:“你们究竟谁和谁是亲兄弟呀?”

乙说:“丙的弟弟是 D。”

丙说:“丁的弟弟不是 C。”

甲说:“乙的弟弟不是 A。”

丁说:“他们 3 个人中,只有 D 的哥哥说了实话。”

丁的话是可信的,过路人想了好半天也没有把他们区分出来。

聪明的你能区分吗?

29. 换不开

游戏难度:★★☆☆☆　最佳完成时间:2 分钟

先告诉大家美元的基本换算单位和币值:1 美元合 100 美分,小币值的硬币依次有 50 美分、25 美分、10 美分和 5 美分和 1 美分。玛丽的硬币总共有 1.15 美元,可是她却换不开 1 美元,也换不开 50 美分,甚至连 25 美分、10 美分、5 美分都换不开。她的 1.15 美元到底是由哪些硬币组成的?

30. 漂亮女同事的男友

游戏难度:★★★☆☆　最佳完成时间:3 分钟

公司新进来一位女同事,长得非常漂亮,是个万人迷。全公司有 9 名男同事都想追求她,据说她已经和这 9 个人中的 1 个正式开始交往了,只不过不想公开罢了。好事者纷纷向这 9 位同事打探消息,得到的回答分别是:

A:这个人一定是 G,没错。

B:我想应该是 G。

C:这个人就是我。

D:C 最会装模作样,他在吹牛!

E:G 不是会说谎的人。

F:一定是 I。

G:这个人既不是我也不是 I。

H:C 才是她的男友。

I:是我才对。

这 9 句话中,只有 4 个人说了实话。你能判断出谁才是这位漂亮女同事的男友吗?

31. 拿错了大衣和帽子

游戏难度:★★☆☆☆　最佳完成时间:2 分钟

四兄弟一起喝酒,临走的时候每个人都拿错了大衣和帽子。老大拿走了一个家伙的大衣,而那个家伙的帽子又被老二拿走了;老二的大衣是被另一个人拿走的,而那个人又拿走了老大的帽子。老三把老四的帽子拿走了。

试问:老大和老二拿走了谁的大衣和帽子?

32. 健身俱乐部

游戏难度:★★★★☆ 最佳完成时间:4 分钟

肯和利兹是在一家健身俱乐部首次相遇并相互认识的。

(1)肯是在一月份的第一个星期一那天开始去健身俱乐部的。此后,肯每隔四天(即第五天)去一次。

(2)利兹是在一月份的第一个星期二那天开始去健身俱乐部的。此后,利兹每隔三天(即第四天)去一次。

(3)在一月份的 31 天中,只有一天肯和利兹都去了健身俱乐部,正是那一天他们首次相遇。

问:肯和利兹是在一月份的哪一天相遇的?

提示:判定利兹是在肯之前还是之后开始去健身俱乐部的,然后判定肯和利兹是从哪一天开始去健身俱乐部的。

33. 税务检查

游戏难度:★★☆☆☆ 最佳完成时间:2 分钟

在某次税务检查后,4 个工商管理人员有如下结论:

甲:所有个体户都没纳税。

乙:服装个体户陈老板没有纳税。

丙:不是都没纳税。

丁:有的个体户没纳税。

如果四人中只有一个断定属实,则以下哪项是真的?(　　)

A. 甲断定属实,陈老板没有纳税

B. 丙断定属实,陈老板纳了税

C. 丙断定属实,但陈老板没纳税

D. 丁断定属实,陈老板未纳税

34. 住在哪里

游戏难度:★★★☆☆ 最佳完成时间:3 分钟

一位女士在伦敦机场,看见五位先生正在候机室里聊天,他们身旁各放着自己的手提箱。一只箱子上面写着法国巴黎的地址,另一只上面标的是印度新德里,其余三只箱子上面的地名分别为美国的芝加哥、纽约和巴西的巴西利亚。

她开始不知道他们各住何处,听了下面的对话才明白。

A 先生:“我外出旅行频繁,到过北美洲多次,可未去过南美洲,下个月打算去巴黎。”

B 先生:“到时我从南美洲动身与你在那儿会面,去年我到芝加哥旅行了一趟。”

C 先生:“去年我到过美国芝加哥。”

D 先生:“我从未到过那儿,从护照上看你们四位都来自不同的国家。”

E 先生:“是啊,我们住在四大洲的 5 个地方。”

你知道他们每一个人住在哪里吗?

35. 科拉之死

游戏难度:★★★★☆ 最佳完成时间:4 分钟

科拉死了,是中毒死的。为此,安娜和贝思受到了警察的传讯。

安娜:如果这是谋杀,那肯定是贝思干的。

贝思:如果这不是自杀,那就是谋杀。

警察作了如下的假定:

(1)如果安娜和贝思都没有撒谎,那么这就是一次意外事故;

(2)如果安娜和贝思两人中有一人撒谎,那么这就不是一次意外事故。

最后的事实表明,这些假定都是正确的。

科拉的死究竟是意外事故,还是自杀,甚至是谋杀?

提示:根据安娜的供词是真是假,判定科拉之死的性质;然后判定警察的哪个假定能够适用。

36. 不同部落间的通婚

游戏难度:★★★★★　最佳完成时间:5 分钟

故事讲的是许多年前完美岛上的一件婚事。一个普卡部落人(总讲真话的)同一个沃汰沃巴部落人(从不讲真话的)结婚。婚后,他们生了一个儿子。

这个孩子长大后当然具有西利撒拉部落的性格(真话、假话或假话真话交替着讲)。

这个婚姻是那么美满,以致夫妻双方在许多年中都受到了对方性格的影响。

讲这个故事的时候,普卡部落的人已习惯于每讲三句真话就讲一句假话,而沃汰沃巴部落的人,则已习惯于每讲三句假话就要讲一句真话。

这一对家长同他们的儿子每人都有个部落号,号码各不相同。他们的名字分别叫塞西尔、伊夫琳、西德尼(这些名字在这个岛上男女通用)。

3 个人各说了 4 句话,但这是不记名的谈话,还有待我们来推断各组话是由谁讲的(前普卡当然是讲 1 句假话、3 句真话,而前沃汰沃巴则是讲 1 句真话、3 句假话)。

他们讲的话如下:

A:

(1)塞西尔的号码是三人中最大的;

(2)我过去是个普卡;

(3)B 是我的妻子;

(4)我的号码比 B 的大 22。

B:

(1)A 是我的儿子;

(2)我的名字是塞西尔;

(3)C 的号码是 54 或 78 或 81;

(4)C 过去是个沃汰沃巴。

C:

(1)伊夫琳的号码比西德尼的大 10;

(2)A 是我的父亲;

(3)A 的号码是 66 或 68 或 103;

(4)B 过去是个普卡。

找出 A、B、C 三个人中谁是父亲、谁是母亲、谁是儿子,他们各自的名字以及他们的部落号。

37. 见习医生的一星期

游戏难度:★★★☆☆　最佳完成时间:3 分钟

有三位见习医生,他们在同一家医院中

担任医院医生。

(1)一星期中只有一天三位见习医生同时值班；

(2)没有一位见习医生连续三天值班；

(3)任两位见习医生在一星期中同一天休假的情况不超过一次；

(4)第一位见习医生在星期日、星期二和星期四休假；

(5)第二位见习医生在星期四和星期六休假；

(6)第三位见习医生在星期日休假。

三位见习医生星期几同时值班?

38. 一见钟情的爱情

游戏难度:★★☆☆☆　最佳完成时间:2 分钟

王先生和张小姐是在一个图书馆相遇并一见钟情的。王先生是在一月份的第一个星期一那天第一次去图书馆,从那以后,他每隔4 天就要去一次;张小姐是在一月份的第一个星期二那天去图书馆的,从那以后,她每隔3天就去一次;在这个一月份王先生和张小姐只有一天都去了图书馆,在那一天,他们相遇。

请问:他们是在哪一天首次相遇的呢?

39. 多疑的妻子

游戏难度:★★★★☆　最佳完成时间:4 分钟

莉莉、阿伦、伦克和路易斯这四位女士去参加一次聚会。

A. 晚上 8:00,莉莉和她的丈夫已经到达,这时参加聚会的人数不到 100 人,正好分成五人一组进行交谈;

B. 到晚上 9:00,由于 8:00 后只来了阿伦和她的丈夫,人们已改为四人一组在进行交谈;

C. 到晚上 10:00,由于 9:00 后只来了伦克和她的丈夫,人们已改为三人一组在进行交谈;

D. 到晚上 11:00,由于 10:00 后只来了路易斯和她的丈夫,人们已改为二人一组在进行交谈;

E. 上述四位女士中的一位,对自己丈夫的忠诚有所怀疑,本来打算先让她丈夫单独一人前来,而她自己则过一个小时再到。但是她后来放弃了这个打算;

F. 如果那位对丈夫的忠诚有所怀疑的女士按本来的打算行事,那么当她丈夫已到而自己还未到时,参加聚会的人们就无法分成人数相等的各个小组进行交谈。

问:这四位女士中哪一位对自己丈夫的忠诚有所怀疑?

40. 趣味推理

游戏难度:★★★☆☆　最佳完成时间:3 分钟

6 个好朋友一起到餐厅吃饭,在一张大桌

子周围坐下，一边坐3个人。服务员拿来菜单，他们6个人点了6样不同的食物，你能根据他们的座位和点餐情况，猜猜他们谁点了果汁、三明治和土豆片吗？点餐情况如下：

(1)杰克坐在莫菲旁边。

(2)莫菲坐在与露西相邻的男孩对面。

(3)简坐在安娜的对面，简点了果汁、汉堡和炸鱼。

(4)点了牛奶和热狗的男孩坐在露西的对面。

(5)坐在简和哈瑞中间的女孩点了沙拉、夹心面包和洋葱卷。

(6)哈瑞没有点沙拉、炸鸡和炸鱼。

(7)点了沙拉、炸鸡和炸鱼的女孩坐在简对面。

(8)坐在杰克旁边的女孩点了果汁和土司色拉。

41. 谁被雇用了

游戏难度：★★★☆☆　最佳完成时间：3分钟

张军、李宏、刘强、周海四人应聘一个职务，此职务的要求条件是：

高中毕业；

至少两年的工作经验；

退伍军人；

具有符合要求的证明书；

谁满足的条件最多，谁就被雇用。

(1)把上面4个要求条件两两配对，可配成6对。每对条件都恰有1人符合；

(2)张军和李宏具有同样的学历；

(3)刘强和周海具有同样的工作年限；

(4)李宏和刘强都是退伍军人；

(5)周海具有符合要求的证明书。

请问，谁被雇用了？

42. 淑女裙

游戏难度：★★☆☆☆　最佳完成时间：2分钟

丽丽最近买了一条新款淑女裙。朋友们急着想一睹风采，可丽丽却还在卖关子，只给她们一个提示：“我这条裙子的颜色是灰、黑、白三种颜色其中的一种。”

“丽丽一定不会买灰色的。”小文说。

“不是白色的就是黑的。”小光说。

“那一定是黑的。”小英说。

最后，丽丽说：“你们之中至少有一个人是对的，至少有一个人是错的。”

请问，丽丽的裙子到底是什么颜色的呢？

43. 四种蔬菜

游戏难度：★☆☆☆☆　最佳完成时间：1分钟

甘蓝的营养高于菠菜，绿芥蓝的营养高于莴苣。

以下各项都能使甘蓝的营养高于莴苣，除了：

A. 甘蓝的营养同于绿芥蓝

B. 菠菜的营养同于莴苣

C. 菠菜的营养高于绿芥蓝

D. 绿芥蓝的营养高于菠菜

44. 扑克牌

游戏难度:★★★★☆　最佳完成时间:4 分钟

张先生、王先生、李先生都具有足够的推理能力。这天,他们正在接受推理面试。

他们知道桌子的抽屉里有如下 16 张扑克牌:

红桃 A、Q、4;黑桃 J、8、4、2、7、3

草花 K、Q、5、4、6;方块 A、5

约翰教授从这 16 张牌中挑出一张牌来,并把这张牌的点数告诉王先生,把这张牌的花色告诉李先生。这时约翰教授问王先生和李先生:"你们能从已知的点数或花色中推知这张牌是什么牌吗?"

于是张先生听到如下的对话:

王先生:"我不知道这张牌。"

李先生:"我知道你不知道这张牌。"

王先生:"现在我知道这张牌了。"

李先生:"我也知道了。"

听罢以上的对话,张先生想了想,就正确地推出这张牌是什么牌。

请问:这张牌是什么牌?

45. 出生率

游戏难度:★★★☆☆　最佳完成时间:3 分钟

就男婴出生率,甲和乙展开了辩论:

甲:人口统计发现一条规律:在新生婴儿中男婴的出生率总是围绕 22/43 这个数值上下波动,而不是 1/2。

乙:不对。许多资料表明,多数国家和地区,例如俄罗斯、日本、美国、德国,以及我国香港地区都是男人比女人人数多。可见,认为男婴出生率总在 22/43 上下波动是不成立的。

分析甲、乙的对话,下列哪一个选项能说明甲或乙的逻辑错误?

A. 甲所说的统计规律并不存在。

B. 甲的统计调查不符合科学。

C. 乙的资料不可信。

D. 乙混淆了概念。

E. 乙犯了自相矛盾的错误。

46. 两位老实人

游戏难度:★★☆☆☆　最佳完成时间:2 分钟

A、B、C、D、E 五个人当中,有两个人是从来不说谎的老实人,但是另外三个人是总说谎的骗子。下面是他们所说的话:

A."B 是骗子。"

B."C 是骗子。"

C."E 是骗子。"

D."A 和 B 都是骗子。"

E."A 和 C 都是老实人。"

根据以上的对话,请找出老实人是哪两位。

47. 李经理的一周行程

游戏难度:★★★☆☆　最佳完成时间:3 分钟

下个星期李经理的活动安排是:参观科技馆;上税务所;去医院看外科;还要去宾馆午

餐。宾馆是在星期三停止营业；税务所是星期六休息；科技馆在星期一、三、五开放；外科大夫每逢星期二、五、六坐诊。那么李经理应该在星期几才能在一天之内完成所有事情呢？

48. 紧急集合

游戏难度：★★★☆☆　最佳完成时间：3 分钟

凌晨两点半外面响起一阵响亮的集合哨声，还在睡梦中的 201 宿舍的 4 个女学生（李佳、刘方、房华、何林）慌乱地爬起来，结果都穿错了衣服：只有一个人穿对了自己该穿的上衣，还有一个人穿对了自己该穿的下装，但没有人把上装和下装全部穿对了。

根据以下条件，回答 4 个人分别是穿了谁的上装和下装？

①刘方只穿了一个人的下装，这个人又穿了李佳的上装。

②房华只穿了一个人的下装，这个人又穿了刘方的上装。

49. 鸵鸟蛋

游戏难度：★★★★★　最佳完成时间：5 分钟

甲、乙、丙、丁 4 个人暑假里到 4 个不同的岛屿去旅行，每个人都在岛上发现了鸵鸟蛋（1 个到 3 个）。4 人的年龄各不相同，从 18 岁到 21 岁。

目前只知道下列情况：

①丙是 18 岁。

②乙去了 A 岛。

③21 岁的男孩发现的蛋的数量比去 A 岛男孩的少 1 个。

④19 岁的男孩发现的蛋的数量比去 B 岛男孩的少 1 个。

⑤甲发现的蛋和去 C 岛的男孩发现的蛋之中，有一处是 2 个。

⑥去 D 岛的男孩发现的蛋比丁发现的蛋要少 2 个。

请问：他们分别是多少岁？分别在哪个岛上发现了多少个鸵鸟蛋？

50. 嗜酒如命的人的礼品

游戏难度：★★★★☆　最佳完成时间：4 分钟

有 5 个嗜酒如命的人，他们的绰号分别是“威士忌”、“鸡尾酒”、“茅台”、“伏特加”和“白兰地”，某年圣诞节，他们之中的每一个人，都向其他 4 个人中的某一个人赠送了一瓶酒；没有两个人赠送的是相同的礼品；每一件礼品都是他们中某个人的绰号所表示的酒；没有人赠送或收到的礼品是他自己的绰号所表示的酒。“茅台”先生送给“白兰地”先生的是鸡尾酒；收到白兰地酒的先生把威士忌酒送给了“茅台”先生；其绰号和“鸡尾酒”先生所送的礼品名称相同的先生把自己的礼品送给了“威士忌”先生。

请问：“鸡尾酒”先生所收到的礼品是谁送的？

51. 汽车是谁的

游戏难度:★★★★☆ 最佳完成时间:4 分钟

凯特、丽萨和玛丽每人都拥有 3 辆车:一辆双门、一辆四门、一辆五门。每个人也都分别有一辆别克、一辆现代、一辆奥迪。但是,同一品牌的汽车的门的数量却各不相同:凯特的别克汽车的门的数量与丽萨的现代汽车的门的数量一样;玛丽的别克车的门数量与凯特的现代汽车的门的数量一样;凯特的奥迪汽车为双门,而丽萨的奥迪汽车则有四门。

请问:

①谁拥有一辆双门的别克汽车?

②谁拥有一辆四门的别克汽车?

③谁拥有一辆五门的别克汽车?

④谁拥有一辆五门的现代汽车?

⑤谁拥有一辆五门的奥迪汽车?

52. 婚姻状况

游戏难度:★★★☆☆ 最佳完成时间:3 分钟

胡图先生到了一个陌生的国度,了解到这个国家有一个独特的风俗,就是没有结过婚的人从来不说谎话,而结过婚的人绝对不说真话。

一天,胡图先生慕名去看这个国家一个著名的六人舞蹈团表演,这个舞蹈团由两对夫妻和两名单身者组成。演出结束后,胡图先生觉得意犹未尽,就到后台去一睹演员的风采。可胡图先生初来乍到,不太听得懂当地的语言。他先问尼古拉斯先生:"请问,罗伯特先生和埃米丽女士是不是一对夫妻?"尼古拉斯先生回答:"Yesaihe。"胡图先生又问杰希卡女士:"你是否嫁给了尼古拉斯先生?"杰希卡的回答是:"Yesaihe。"胡图先生不知道他们说的是什么意思,只好再问爱德华:"你和莎拉是夫妻吗?"爱德华说:"Nabula。"

胡图先生更糊涂了。你知道"Yesaihe"和"Nabula"到底哪个代表"是",哪个代表"否"?六位青年男女的婚姻状况究竟是什么样的?

53. 轮流值班问题

游戏难度:★★★☆☆ 最佳完成时间:3 分钟

某公司办公室有 A、B、C、D、E 五位职员,正在商定即将到来的元旦的值班问题。大家意见概括起来有如下四条:

①如果 E 来值班,那么 A 或 C 也得来值班

②如果 B 不来值班,那么,A 也不来值班

③如果 C 来值班,那么 B 也来值班。

④只有 E 来值班,D 才来值班。

现在假定 D 在这一年元旦是去值班的。请问:B 有没有去值班?

54. 聪明的法官

游戏难度:★★★☆☆ 最佳完成时间:3 分钟

法院开庭审理一起盗窃案件,疑犯A、B、C三人被押上法庭。

法官先问A:“你是怎样进行盗窃的?从实招来!”

A做了回答,但他讲的是某地的方言,法官根本听不懂他讲的是什么意思。

法官又问B和C:“刚才A是怎样回答我的提问的?他说的方言是什么意思?”

B说:“A的意思是说,他不是盗窃犯。”

C说:“A刚才已经招供了,他承认自己就是盗窃犯。”

B和C说的话法官是能听懂的。听了他们二人的话之后,法官马上断定B无罪,C是盗窃犯。

请问:这位聪明的法官为什么能根据B和C的回答,做出这样的判断?

55.高塔逃生记

游戏难度:★★★★☆ 最佳完成时间:4分钟

这是流传在前苏联格鲁吉亚的民间故事。

300年前,这块土地被一个凶暴残忍的大公统治着。他有一个独生女儿,不但异常美丽,而且心地善良,经常接近和帮助穷苦人。她已经有二十岁了,大公把她许配给邻国的一个王子,可是她却爱着一个铁匠——年轻的海乔。由于出嫁的日子快要到来,她和海乔冒险逃到山里,可是很不幸,被大公手下的人抓回来,关在一座没有完工的阴森的高塔里。关在一起的,还有一个帮助他们逃跑的侍女。

大公暴跳如雷,决定第二天就把他们全部处死。

塔很高,只有在最顶上一层,才开有窗子,从那里跳下去准会粉身碎骨。大公想,如果派人看守,看守的人也许会同情他们,把他们放掉。所以下令撤掉一切看管,并且不准任何人接近那座塔。

海乔看到无人看守,周围又没有任何人监视,一线希望不禁油然而生。他顺着梯子走到最高层,望着窗外沉思。

不久,海乔发现有一根建筑工人遗留在塔顶的绳子,绳子套在一个生锈的滑轮上,而滑轮是装在比窗略高一点的地方。绳子的两头,各系着一只筐子。原来这是泥水匠吊砖头用的。

海乔做过建筑工人,他经过一番观察和估量,断定两只筐子的载重不超过170kg,且两只筐子的载重相差接近10kg,而又不超过10kg时,筐子就会平稳地下落到地面。

海乔知道他爱人的体重大约是50kg,侍女大约有40kg,自己的体重是90kg。他在塔里又找到一条30kg的铁链。经过一番深思熟虑,终于使三人都顺利地降落在地面,一同逃走了。

请问,他们究竟是怎样安排的?

56.谁参加缉毒组

游戏难度:★★★☆☆ 最佳完成时间:3分钟

刑警队需要充实缉毒组的力量,关于队中该由哪些人来参加缉毒组,已商定有以下意见：

(1)如果甲参加，则乙参加；

(2)如果丙不参加，则丁参加；

(3)如果甲不参加而丙参加，则队长戊参加；

(4)队长戊和副队长己不能都参加；

(5)上级决定副队长己参加。

根据以上意见，下列推理完全正确的是：

A. 甲、丁、己参加

D. 甲、乙、己参加

C. 丙、丁、己参加

D. 甲、乙、丁、己参加

57. 四个小偷

游戏难度：★★★☆☆　最佳完成时间：3 分钟

有四个小偷，每人各偷了一种东西，现正在接受警方盘问。

甲说："每人只偷了一块表。"

乙说："我只偷了一颗钻石。"

丙说："我没偷表。"

丁说："有些人没偷表。"

经过警察的进一步调查取证，发现甲与丁有矛盾，并且在这次审问中只有一人说了真话。下列判断中，没有错误的是：（　）

A. 所有的人都偷了表

B. 所有的人都没有偷表

C. 有些人没有偷表

D. 乙偷了一颗钻石

58. 谁是班长

游戏难度：★★★☆☆　最佳完成时间：3 分钟

一年级共有 4 个班，每个班都有正、副班长各 1 名，这 8 名班长没有两人是同姓的。平时召开年级的班长会议时，各班都只派 1 名班长参加。第一次参加会议的是洋洋、童童、丽丽、真真；第二次参加会议的是小美、童童、华华、真真；第三次参加会议的是洋洋、小美、童童、小方。三次会议小超都因病没有参加。请问，每个班各是哪两位班长？

59. 比体重

游戏难度：★★★☆☆　最佳完成时间：3 分钟

甲、乙、丙、丁四个女生特别注意自身的体重。一天，她们根据最近称量的结果说了以下的一些话：

甲：乙比丁轻。

乙：甲比丙重。

丙：我比丁重。

丁：丙比乙重。

有趣的是，她们说的这些话中，只有一个人说的是真实的，而这个人正是四个人中体重最轻的一个（四个人的体重各不相同）。请将甲、乙、丙、丁按各人的体重由轻到重排列。

60. 小春的哥哥

游戏难度：★★★☆☆　最佳完成时间：3 分钟

小春的哥哥有四个好朋友，他们五个人中要么是工程师，要么是教师，而且有三个人的年龄小于 25 岁，两个人的年龄大于 25 岁。

(1)五个人中有两个人是工程师，有三个人是教师。

(2)甲和丙是同一年出生的，丁和戊的年龄的平均数正好是25。

(3)乙和戊的职业相同，丙和丁的职业不同。

(4)小春的哥哥是一位年龄大于25岁的工程师。

你能推算出谁是小春的哥哥吗？

61. 乒乓球比赛

游戏难度：★★★☆☆　最佳完成时间：3分钟

5个球队进行乒乓球比赛，每队互赛一场，进行循环赛。比赛的结果如下：

甲队：2胜2负。

乙队：0胜4负。

丙队：1胜3负。

丁队：4胜0负。

请问，戊队的成绩如何？

62. 抓石子定生死

游戏难度：★★★★★　最佳完成时间：5分钟

国王从监牢中提出5名死囚，然后给这5名死囚编上号，让他们从一个大袋子里抓石子，这个大袋子里面有100颗石子。规定每个人最少要抓1颗，等5个人抓完后，检查每个人抓的数量，最多的和最少的都要处死，数量重复的也要处死。他们在抓的过程中不能交流，不过可以在抓的时候摸出剩下的石子数量。这5个囚徒都是极其聪明的人，他们阴险而歹毒，为活命可以不择手段。那么，谁的生存概率较大呢？

63. 表彰大会

游戏难度：★★★☆☆　最佳完成时间：3分钟

单位年底召开“优秀员工表彰大会”，老万望了望和自己一样站在主席台上接受表彰的同事，对站在旁边的小宋说：“哈，女同事还真不少呢，占了1/3。”小宋也看了看说：“哪有那么多，也就占1/4。”他们都没说错，那么站在主席台上的人到底有多少男员工，多少女员工呢？

64. 圣诞舞会

游戏难度：★★★★☆　最佳完成时间：4分钟

今年的圣诞舞会上，一共有19个人参加，中间休息的时候，罗文先生看到丽莎1个人站在角落里喝酒。参加舞会的人的具体情况如下：

(1)有7个人是单独一人来的，其余的都是和伴侣一起来的。和伴侣一起来的，或是双方已相互订婚，或是已结婚。

(2)凡单独前来的女士都没有订婚。

(3)凡单独前来的男士都不处于订婚阶段。

(4)参加舞会的男士中，处于订婚阶段的

人数等于已经结婚的人数。

(5)单独前来的已婚男士的人数和单独前来的尚未订婚的男士的人数相等。

(6)在参加舞会的已经结婚、处于订婚阶段和尚未订婚这三种类型的女士中,丽莎属于人数最多的那种类型。

还没有订婚的罗文先生想知道丽莎属于哪一类型的女士,看他是否还有机会。你知道吗?

65. 小魔女们的小狗

游戏难度:★★★★★ 最佳完成时间:5 分钟

小林子、小欢子、小安子、小丹子 4 个小魔女每人都养了小狗,但数量各不相同,并且她们眼睛的颜色和她们中意的魔女服装的颜色都各不相同。

小狗的数量有:1 只、2 只、3 只、4 只。

眼睛颜色分别是:灰色、绿色、蓝色、红色。

服装颜色分别是:黑色、红色、紫色、茶色。

请根据如下条件判断她们每个人眼睛的颜色、魔女服装的颜色、饲养小狗的数量。

(1)灰色眼睛的魔女和黑色服装的魔女和小欢子 3 人共有 8 只小狗。

(2)绿色眼睛的魔女和红色服装的魔女和小安子 3 人共有 9 只小狗。

(3)红色眼睛的魔女和茶色服装的魔女和小丹子 3 人共有 7 只小狗。

(4)紫色服装的魔女的眼睛不是灰色的。

(5)小安子的眼睛不是蓝色的。

(6)小欢子的眼睛是红色的。

66. 某城居民

游戏难度:★★★☆☆ 最佳完成时间:3 分钟

在某城,假设以下关于该城居民的断定都是事实:

(1)没有两个居民的头发数量正好一样多;

(2)没有一个居民的头发正好是 518 根;

(3)居民的总数比任何一个居民头上的头发总数要多。

那么,该城居民的总数最多不可能超过多少人?

67. 帽子的推理

游戏难度:★★★☆☆ 最佳完成时间:3 分钟

首先,三个人位于垂直于墙的一条直线上,眼睛被蒙上。然后从装有三顶红色帽子和两顶黑色帽子的箱中取出三顶让他们三人戴上,并将以上信息告知他们。接着把他们眼睛上的蒙布拿掉,要求每人确定各自所戴帽子的颜色。

离墙最远的那个看到前面两人帽子的颜色后说:“我不知道我所戴帽子的颜色。”离墙第二远的那个人听到上面的回答,又看了前面一个人戴的帽子,也回答自己不知道。第三个人虽然看到的只是墙，但他听到了前面两人的回答后，说："我知道自己所戴帽子的颜色。"

试问，他戴的帽子是什么颜色？他又是怎样确定的呢？

68. 猜数

游戏难度：★★★☆☆　最佳完成时间：3 分钟

让你的朋友在心中任意默想一个自然数。然后请他依顺序按下列要求进行计算：

把默想的数加上一个比该数大 1 的数，所得的和加 9，所得的和除以 2，所得的商减去最初默想的那个数。

这时，你就可以有把握地问你的朋友："如果我没猜错的话，你现在的计算结果是 5。"

你的朋友一定会惊讶地回答："没错！"

请想一下，为什么不论最初默想什么数，按照上面四个步骤的要求计算的结果总是 5？

69. 特警任务

游戏难度：★★★☆☆　最佳完成时间：3 分钟

特警队长接到一项紧急任务，要在代号为 A、B、C、D、E、F 的六个队员中挑选若干人去完成这项任务。人选的配备要求，必须满足下列各点：

①A、B 两人中至少去一个人；

②A、D 不能一起去；

③A、E、F 三人中要派两人去；

④B、C 两人都去或都不去；

⑤C、D 两人中去一人；

⑥若 D 不去则 E 也不去。

请问，应该让谁去，为什么？

第五辑 推理力——世界因你揭秘参考答案

1. 机票的问题

甲买一张经由南极到B市的机票,乙买一张经由南极到A市的机票,当他们两人在南极相会时,把机票互换一下,这样他们只花了800美元就到了自己的城市。

2. 寻找机关

能。先假设6为正确机关,则6个机关从左到右依次为:4、5、3、1、6、2。

3. 三人买马

甲有5两金子,乙有11两金子,丙有13两金子。

4. 避暑山庄

4人的滞留时间之和是20天。

根据(1)得知,最长时间是丁,天数是6天。根据(2)(3)来看,丁入住时间最长,是从2日住到7日离开的。

假设乙和丙分别滞留了4天以下,因为丁是6天以下,甲若是6天以上,就不是最短的,所以乙和丙都是5天。

根据(3)可知,丙是从1日住到5日。如果乙是从3日入住的话,7日离开,那就与丁重合了,所以乙是从4日住到8日。剩下的甲就是从3日住到6日(滞留了4日)。

因此,甲是从3日入住6日离开的;乙是从4日入住8日离开的;丙是从1日入住5日离开的;丁是从2日入住7日离开的。

5. 奇怪的城填

他应该选择星期五出门。

6. 传递信息

最少需要3个人。

7. 失误的程序员

左边的机器人是犹豫不决的机器人,中间的机器人是骗子机器人,右边的机器人是诚实机器人。

8. 哪一个记错了

第一边记错了。根据A、B、C、F可推出羊圈三边的长度比为1:2:3,但是这个比例中有一个数字是错误的。根据D可以推出,错误的数字可以代之以一个整数。根据E可以推出,错误的数字必须代之以大于3的整数。如果以大于3的整数取代比例中的2或3,则不可能构成一个三角形,因为三角形任何两边之和一定要大于第三边。因此错误的数是比例中的1,即农夫所记的10元是错的。同理,可以推出用4取代1可以构成一个三角形,即第一边铁丝网的价钱为40元,而并非10元。

9. 谁拾到了手机

因为已知这4人中只有一人说的是真话,所以可推理如下:假如A说的是真话,那么B说的也是真话,与条件不符,排除了C拾的可能性。同理,D说的不是真话,故手机也不是A拾的。这就只剩下B和D了。

假如是B拾的,则C与B说的都是实话,也与条件不符。由此可见,手机一定是B拾的。这样只有C说的是真话。

10. 钥匙在哪里

钥匙在中间抽屉里。

分析:方法一:首先,假如左面抽屉的纸条是真话,那么就是“钥匙在左面抽屉里”;右面抽屉上的纸条是假话,那么反过来就是“钥匙在左右抽屉里”;而中间抽屉的纸条反过来的意思则是“钥匙在中间的抽屉里”。得出的结论是,钥匙在左面、右面、中间的抽屉里,但是,3个抽屉里都有钥匙是不可能的;因此,第一句话是假话。

其次,假如中间抽屉的纸条是真话,那么就是“钥匙不在中间抽屉里”,说明钥匙在左面或右面的抽屉里。左面抽屉的纸条是“钥匙在这里”,因为是假话,那么反之就是“钥匙不在左面抽屉里”，右面抽屉的纸条则应是“钥匙在左右抽屉里”，这就产生了矛盾，即左面抽屉的纸条说“不在”，右面抽屉的纸条说“在”，那么显然难以得到结论。因此，此句也是假话。

最后，假如右面抽屉里的纸条是真话，“钥匙不在左右抽屉里”，那便即知“钥匙在中间抽屉里”。而左面抽屉的纸条反过来的意思则是“钥匙不在左面抽屉里”。那么，这恰恰与右面抽屉上纸条的内容是一致的，即肯定了“左边抽屉没有钥匙”。中间的纸条说“钥匙不在这里”因是假话，反之则是“钥匙在这里，”这正好与右面抽屉纸条的内容相符，因此证明：钥匙在中间抽屉里。

方法二：其实，最快速的方法就是直接看第(3)句，即右面抽屉纸条上的话：“钥匙不在左右抽屉里”。因为钥匙只能在3个抽屉中其中的一个里面，而题(3)如为假就说明“钥匙在左右抽屉里”，这是不可能的，因此只能判断它是真话，即“钥匙不在左右抽屉里”，既然不在左面抽屉里，那只能在中间抽屉里。

11. 奇怪的姐妹

假设当时是下午，可下午姐姐是说假话的，那么姐姐(虽然还不清楚哪一个是)理应说出：“我不是姐姐。”但没有得到这个回答，因此，显然是上午。只要把上午的时间定下来，那么说真话的就是姐姐，由此可知胖小姐就是姐姐。

12. 超市失窃案

如果C作案，则A是从犯；

如果C没作案，则由于B不会开车，不会单独作案，因此A一定卷入此案。

C或者作案，或者没有作案，二者必居其一。

因此，A一定卷入了此案。

13. 小江开的什么店

小江开的是酒馆。酒馆与文具店是在道路的同一侧，就可以推出，文具店只能在A店的那一侧，并且与E店同一侧。由于E不可能在A的位置，只能在A的两侧，所以，A店是酒馆。

14. 罗莎公主的白马王子

杰克符合两个条件，所以他当然符合第三个条件。

15. 到底谁看了足球赛

B看了足球赛。

16. 校长的选择

按照校长的要求，他是不会选择A和C的。另外，从条件中得知，C和D当中必家定有一位与B和E的职业相同，因此。B和E是秘书。所以校长必定会选择D女士做学校的舞蹈教师。

17. 衣柜里有几只手套

是四只手套。

18. 谁是杀人犯

大麻子。

19. 各自的职业

老王是医生，老张是教师，老周是律师。

20. 座位安排

首先要特别安排的是新西兰人，因为这5个人中只有新西兰人只会英语，其他每个人除懂得本国语言以外还懂得一门外语，所以他必须坐在2个懂英语的人的中间。因此他的两边必为中国人和英国人，有了这3个人的位置，其他两人的位置就好确定了。

21. 绕行太阳

没有。他父亲今年五十岁，地球每年绕太阳一圈。

22. 住房号码

64号。

很明显，想从康德回答罗斯提的三个问题去寻找答案是毫无用处的。起始点应该是罗斯说的“如果我知道第二位数是否是1，我就能讲出你那所房子的号码”那句话。

分析一下罗斯是怎么想的会对题目的解答很有用，尽管他的数字和结论是错误的。罗斯的想法是他认为他已将可供挑选的号码数减少到了两个，其中一个号码的第二位数是1。

23. 公寓的住客

三家房客的名、姓和所住的层次如下：

罗杰·沃伦和诺玛·沃伦夫妇住在顶层；

珀西·刘易斯和多丽丝·刘易斯夫妇住在二层；

吉姆·莫顿和凯瑟琳·莫顿夫妇住在底层。

24. 向导

假设A是x部落的人。

(1)如果A遇见的B是x部落的人,那么,B就说自己是x部落的人(因x族人是说真话的),这时,A向旅游者如实地传达了这个回答。

(2)如果A遇见的B是y部落的人,那么,B也会说自己是x部落的人(因y族人是说假话的),这时,A也向旅游者如实地传达了这个回答。

假设A是y部落的人。

(1)如果A遇见的B是x部落的人,那么,B就说自己是x部落的人,由于A是y部落的人,他是说假话的,所以,他会把B的回答向旅游者传达为"B说他是y部落的人"。

(2)如果A遇见的B是y部落的人,那么,B就说自己是x部落的人,而A也会把B的回答传达为"他说他是y部落的人"。

从题目的给定条件可知,A对旅游者传达的话是:"他(指B)说他是x部落的人。"可见,假定A是y部落的人时得出的两个结论都是与题目给定条件相矛盾的;只有前一个假定(即假定A是x部落的人),才符合题目给定条件。所以,做向导的A是x部落的人。

25. 王先生的妻子

赵和孙属于相同年龄档,李和周不属于相同年龄档,3位女士小于30岁,两位女士大于30岁。所以赵、孙小于30岁。

钱和周的职业相同,孙和李的职业不同,两位女士是教师,其他3位女士是秘书。所以钱和周是秘书。因此,大于30岁的教师就只有李女士一人了。

所以王先生的妻子姓李。

26. 拿纸牌

积是24有两种情况:3、8:4、6。

商是3的只可能有三种情况;1,3;2、6;3、9。

综合起来只有一种情况可能:A拿的两张牌是1、9,B为4、5;C为3、8;D为6,2。剩下的那张牌是7。

27. 左邻右舍

陈小姐的住房居中。

28. 哥哥和弟弟

假设乙说了实话,那么D是丙的弟弟。丁说只有D的哥哥也就是丙说了实话,与假设矛盾,所以乙说的不是实话。

假设丙说了实话,那么也就是说丙是D的哥哥,这就与乙说的相同,也出现了两句实话。

假设甲说了实话,那么甲是D的哥哥。其他人说的都是假话,所以丁的弟弟就是C,丙的弟弟不是D,也不是C,只能是A或B,而甲说,乙的弟弟不是A,所以只能是B,所以丙的弟弟就是A了。

所以得出:甲—D,乙—B,丙—A,丁—C是亲兄弟。

29. 换不开

一枚50美分、一枚25美分和四枚10美分。

30. 漂亮女同事的男友

因为只有4个人讲了实话,可以用排除,说实话的人分别是C、E、G、H。C才是他的男友。

31. 拿错了大衣和帽子

老大拿老二的帽子,老二拿老三的帽子;老三拿老四的帽子,老四拿老大的帽子;

老大拿老三的大衣,老三拿老四的大衣,老四拿老二的大衣,老二拿老大的大衣。

32. 健身俱乐部

根据(1)和(2),利兹第一次去健身俱乐部的日子必定是以下二者之一:

A. 肯第一次去健身俱乐部那天的第二天。

B. 肯第一次去健身俱乐部那天的前六天。

如果A是实际情况,那么根据(1)和(2),肯和利兹第二次去健身俱乐部便是在同一天,而且在20天后又是同一天去健身俱乐部。根据(3),他们再次都去健身俱乐部的那天必须是在二月份。可是,肯和利兹第一次去健身俱乐部的日子最晚也只能分别是一月份的第六天和第七天;在这种情况下,他们在一月份必定有两次是同一天去健身俱乐部:1月11日和1月31日。因此A不是实际情况,而B是实际情况。

在情况 B 下,一月份的第一个星期二不能迟于 1 月 1 日,否则随后的那个星期一将是一月份的第二个星期一。因此,利兹是 1 月 1 日开始去健身俱乐部的,而肯是 1 月 7 日开始去的。于是根据 1 和 2,他二人在一月份去健身俱乐部的日期分别为:

利兹:1 日,5 日,9 日,13 日,17 日,21 日,25 日,29 日;

肯:7 日,12 日,17 日,22 日,27 日。

因此,根据 3,肯和利兹相遇于 1 月 17 日。

33. 税务检查

本题选则答案 C。

不是都没纳税 = 有的纳了税。

甲和丙的断定互相矛盾,不能同假,必有一属实;又由条件,只有一人属实,所以乙和丁的断定失实,即事实上陈老板没纳税,并且由丁断定失实,可推出甲的断定失实,可推出丙的断定属实。

34. 住在哪里

A 先生住在亚洲印度的新德里;

B 先生住在南美洲巴西的巴西利亚;

C 先生住在欧洲法国的巴黎;

D 先生和 E 先生分别住在北美洲美国的纽约、芝加哥。

35. 科拉之死

根据安娜和贝思的供词的真伪,可以把科拉的死因列表如下:

如果安娜的供词是真的,那么:被贝思所杀害或自杀或意外事故;

如果贝思的供词是真的,那么:被谋杀或自杀;

如果安娜的供词是假的,那么:被谋杀但非贝思所为;

如果贝思的供词是假的,那么:意外事故。

由于无论这两位女士的供词是真是假,警察的两个假定覆盖了一切可能的情况,又由于两个假定不能同时适用,所以只有一个假定是适用的。

假定(1)不能适用,因为如果这个假定能适用,则贝思的供词就不是实话。

所以只有假定(2)是适用的。

既然假定(2)是适用的,那贝思的供词就不能是虚假的,所以只有安娜的供词是虚假的。于是,科拉必定是死于被谋杀。

36. 不同部落间的通婚

A:妻子,普卡部落人,塞西尔,号码 66

B:丈夫,沃沃汰沃巴部落人,西德尼,号码 44

C:儿子,伊夫琳,号码 54

推理过程:

从第一句话入手,组合方案有夫普、夫沃、妻普、妻沃或子。

如为夫普,C 的 2、4 话不合条件。

如为夫沃,B 的 1、3 话不合条件。

如为妻沃,B 的 1、3 话不合条件。

如为子,A 的 2、3 话不合条件。

(这里的不合条件指确定的不符合真假话条件)所以只有妻普有可能,从而得出结论。

37. 见习医生的一星期

三位见习医生在星期五同时值班。

38. 一见钟情的爱情

他们在 1 月 17 日首次在图书馆相遇。

39. 多疑的妻子

对自己丈夫的忠诚有所怀疑的是伦克。

40. 趣味推理

哈瑞点了果汁、三明治和土豆片。

41. 谁被雇用了

李宏。

42. 淑女装

白色。

43. 四种蔬菜

选 D。

44. 扑克牌

方块 5。

45. 出生率

选 D。

46. 两位老实人

A 和 C。

先假设 B 是老实人,那么,把 C 说的话颠倒过来,E 就成了老实人。接着,A 跟 D 也是老实人,这样就超过只有两个人的限制了。

那假设 D 是老实人的话，把甲说的话颠倒过来，B 就成了老实人。但是照 D 的说法，B 应该是个骗子，这样就产生矛盾了。

再假设 E 是老实人试试看，加上 A 和 B，老实人变成了三位，所以也行不通。

看看剩下的 A 和 C 所说的话，就跟题目的条件相吻合。

47. 李经理的一周行程

星期五。

48. 紧急集合

	谁的上装	谁的下装
李佳	房华	自己
刘方	自己	何林
房华	何林	刘方
何林	李佳	房华

49. 鸵鸟蛋

根据条件⑥得知，丁发现了 3 个 18 岁的男孩是丙，21 岁的男孩发现 1 个或者 2 个鸵鸟蛋(③)，19 岁的男孩也发现 1 个或者 2 个鸵鸟蛋，所以丁是 20 岁。

因为 21 岁的男孩不是去了 A 岛(②)，所以，21 岁的是甲，由此可推断，19 岁的是乙。假设甲有 2 个鸵鸟蛋的话，那么乙就有 3 个，这与④相互矛盾。

所以，甲发现了 1 个，乙发现了 2 个。因此可知，去 C 岛的人发现了 2 个，去 C 岛的是丙。

根据条件⑥可知，甲去了 D 岛，剩下的丁去了 B 岛。

50. 嗜酒如命的人的礼品

“鸡尾酒”先生所收到的礼品是“威士忌”先生送的。“茅台”先生送给“白兰地”先生鸡尾酒；“白兰地”先生送给“威士忌”先生伏特加；“威士忌”先生送给“鸡尾酒”先生茅台酒；“鸡尾酒”先生送给“伏特加”先生白兰地；“伏特加”先生送给“茅台”先生“威士忌”酒。

51. 汽车是谁的

①丽萨。

②玛丽。

③凯特。

④丽萨。

⑤玛丽。

52. 婚姻状况

“Yesaihe”的意思是“否”。尼古拉斯未婚，他的回答是真话，所以罗伯特与埃米丽不是夫妻；杰希卡也是未婚，根据她的回答，可以断定她与尼古拉斯也不是夫妻。“Nabula”的意思为“是”。爱德华已婚，他讲的是假话，所以他与莎拉不是夫妻。那么，爱德华与埃米丽应该是夫妻，罗伯特与莎拉是夫妻，而尼古拉斯和杰希卡还是单身。如果作其他假设，则有的情况会互相矛盾，有时得不出唯一的解，所以这是唯一正确的答案。

53. 轮流值班问题

B 值班。由假定可知 D 值班，由 D 值班可知 E 值班，由 E 值班可知 A 和 C 值班，由 C 来值班可知 B 也来值班。

54. 聪明的法官

不管 A 是不是盗窃犯，他都会说自己不是盗窃犯。如果 A 是盗窃犯，那么 A 是说假话的，这样他必然说自己不是盗窃犯；如果 A 不是盗窃犯，那么 A 是说真话的，这样他也必然说自己不是盗窃犯。在这种情况下，B 如实地转述了 A 的话，所以 B 是说真话的，因而他不是盗窃犯。C 有意地错述了 A 的话，所以 C 是说假话的，因而 C 是盗窃犯。

55. 高塔逃生记

先让海乔的爱人和铁链在一边，海乔在另一边，把海乔送出去；再让侍女在一边，海乔的爱人在另一边，把海乔的爱人送出去。最后把铁链放在一边，侍女在另一边，把侍女送出去。

56. 谁参加缉毒组

选 D。

根据(1)可以排除 A 选项；根据(2)可知 B 项不能成立；根据(3)知甲不参加且丙参加，则戊一定参加，但第(4)项意见说明戊、己不能同时参加，而(5)项意见又说己必须参加，所以丙不能参加，C 项不能成立。经验证,D 项是正确答案。

57. 四个小偷

选 A。

甲与丁有矛盾,由题义知只有一人说了真话,那么甲跟丁之间必有一真,则乙和丙说的话是假的。而丙与丁说的话相吻合,如丁说的是真的,则丙说的也是真的,所以甲说的是真的。

58. 谁是班长

童童与小超同班,洋洋与华华同班,真真与小方同班,小美与丽丽同班。

洋洋参加了第一次会议和第三次会议,共参加了两次;童童三次会议全部都参加了;丽丽参加了第一次会议;真真参加了第一次和第二次会议;小美参加了第二次和第三次会议;华华参加了第二次会议;小方参加了第三次会议;小超一次会议也没有参加。按照题意,两人同班的必要条件是他们没有一次会议是同时出席的。按照这个条件,可以发现,三次会议都出席的童童必然与三次都没出席的小超同班;然后从出席过两次会议的洋洋、真真、小美出发,不难发现洋洋与华华同班,真真与小方同班,小美与丽丽同班。

59. 比体重

甲、丙、乙、丁。

60. 小春的哥哥

小春的哥哥是丁。

61. 乒乓球比赛

3 胜 1 负。共有 10 场比赛,各队都必须跟其他四队对打一场,$4\times5=20$(场),但是每场有两队出赛,所以 $20\div2=10$(场)。也就是说,总共应该会有 10 胜。甲队至丁队中合计共有 7 胜,那么剩下的 3 胜便是戊队的了,并可以马上算出戊队有 1 负。

62. 抓石子定生死

所有人都会死。

因为他们都是阴险歹毒的人,所以为了自己活命可以不择手段。第一个人开始抓的时候,他知道 100 颗石子 5 个人分,最可能活命的数字应该在 20 左右,所以他会抓 19 颗,或者 20 颗,或者 21 颗。

第二个人开始抓,他会摸到里面的石子的数量来确定第一个人抓了多少颗,本着不能重复的原则,他抓的数量也是在 19 到 21 之中,但不会和第一个人重复。

第三个人和第二个人思想一样,结果等他抓后,前三个人抓的数量将分别是 19 颗、20 颗、21 颗。

第四个人开始抓时,他会摸到剩下的石子的数量是 40 颗,他明白前三个人把死亡的可能推向了他和第 5 个人。他抓 19 颗、20 颗、21 颗都是重复,抓 22 颗将是最大的,抓 17 颗就是救了第五个人,他要是抓 18 颗,那么剩下的豆子是 22 颗,第五个人无论抓多少颗都是死,所以不会抓 17 颗来救自己,因为他们都是歹毒的人。因此第四个人抓多少也都是死。所以他一定会选择抓 19 颗。

第五个人摸到了袋子里剩下 20 颗石子,他知道他无论抓多少颗都是死,所以他会抓 20 颗。这样,抓到 20 颗的 3 个人因为重复而被杀,剩下的抓 19 颗的和 21 颗的因为最多和最少而被杀,5 个人全死。

63. 表彰大会

主席台上一共站了 13 人,女员工有 4 人,老万是男的,小宋是女的,他们都没算自己。

64. 圣诞舞会

有 6 对伴侣。丽莎尚未订婚。

65. 小魔女们的小狗

根据(1)(6),灰色眼睛的魔女、黑色服装的魔女、小欢子(红色眼睛),3 人饲养的小狗是 1 只、3 只、4 只(顺序不确定)……

Ⅰ. 根据(2),绿色眼睛的魔女、红色服装的魔女、小安子 3 人饲养的小狗分别是 2 只、3 只、4 只(顺序不确定)……

Ⅱ. 根据(3)(6),红色眼睛的魔女、茶色服装的魔女、小丹子 3 人饲养的小狗分别是 1 只、2 只、4 只(顺序不确定)……

Ⅲ. 小安子的眼睛不是红色的(6),也不是蓝色的(5),也不是绿色的(2),所以是灰色的。

灰色眼睛是小安子,所以不是红色衣服(6),也不是紫色衣服(4),也不是黑色衣服(1),应该是茶色衣服。

灰色眼睛的魔女在Ⅰ、Ⅱ、Ⅲ里面都出现过了,所以养了4只狗。在Ⅰ、Ⅲ里共同部分出现过的红色眼睛的魔女(小欢子)养了一只狗,所以,黑色衣服的魔女和小丹子不是同一个人。

根据Ⅰ,黑衣魔女有3只小狗,在1、Ⅱ里面都出现过的黑衣魔女和绿色眼睛的魔女是同一个人,黑衣魔女(绿色眼睛,3只)和小丹子不是同一个人,所以是小林子。

根据Ⅱ,红色衣服的魔女是小丹子。

所以,小林子的眼睛是绿色的,穿了黑色的服装,养了3只小狗;小欢子的眼睛是红色的,穿了紫色的衣服,养了1只小狗;小安子的眼睛是灰色的,穿了茶色的衣服,养了4只小狗;小丹子的眼睛是蓝色的,穿了红色的衣服,养了2只小狗。

66. 某城居民

某城居民的总数最多不可能超过518人!

把某城的所有居民依据他们头发数量的由少至多按顺序编号。在这个编号中,以下两个条件必须满足:

第一,1号居民是秃子。

第二,n号居民的头发数量是 $n-1$ 根。例如,2号居民的头发是1根,100号居民的头发是99根,等等。

如果不这样,居民的总数不可能比任何一个居民头上的头发总数多。

如果居民的人数超过518人,则编号大于518的居民的头发数量就会与他的编号相等,从而破坏了上面的第二个条件,使得居民的总数不可能比任何一个居民头上的头发总数多。因此,居民的总数不可能超过518人。

67. 帽子的推理

离墙最远的那个人必然看到了两顶红色的帽子,或者一顶红色的帽子和一顶黑色的帽子。因为如果他看到的是两顶黑色的帽子,便能知道自己戴的是红色的帽子。

中间的那个人看到的必然是红色帽子,因为如果他看到的是黑色帽子,他就能从第一个人的回答中知道自己必然戴着红色帽子。因此,面对墙的最前面的那个人便能推断出自己只能戴着中间那个人看到的红色帽子。

68. 猜数

这一题的演算过程是:

1. $n+(n+1)=2n+1$

2. $2n+1+9=2n+10$

3. $(2n+10)\div 2=n+5$

4. $n+5-n=5$

如果你想和你的朋友重复玩这个游戏,你可以把第二个算式中的9改成其他奇数,例如,改成11,这样,最后的结果就会是6。

69. 特警任务

根据条件(1),可假设三种方案,逐一推算。

a. A去B不去;b. B去A不去;c. A、B都去。

从方案a推算:由条件②、④知,C、D不能去;但条件⑤要求C、D两人中去1个人,说明此路不通。从方案b推算;按条件④、⑤、⑥,D、E不去,这样就不能满足条件③的要求。

方案c是A、B都去。从条件④、⑤得知,B去C也去,C去D不去;从条件⑥知E也不去;从条件③,由于E不去,A去了,另一人必定是F也去。所以应该让A、B、C、F四个人去。

第六辑　计算力——世界由你探测

计算力是个人必备素质，锻炼此能力需要花费大量时间和草纸，也许需要昏黄的路灯或许昏黄的台灯作陪衬。但这都不是最重要的，最重要的是通过计算不仅能增强你的逻辑思维能力，更能享受计算带给你的那种高级乐趣。数学家们的乐趣是一般人体会不到的，而你，马上就可以亲身体验了！

注意：当你领略到数学王国的精彩后还没有成为数学家，这很正常。

1. 数学小天才

游戏难度:★★★☆☆　最佳完成时间:3 分钟

汤姆虽然才 12 岁,但像天才般对数学有极高的悟性。有一天,他向杰克夸口说:“随便你用 0 到 9 这 10 个数字写成两个数,只要你每个数字都用到而且不重复就可以,然后把两个数加起来,再把你写的两个数字擦掉。最后,你把得数里的任何一位也擦掉。整个过程我都不知道你写的是什么数,结果是多少,但是我只要瞅一眼你最后的结果,我就知道你最后擦掉的那位数是几。”

杰克当然不相信,于是用这 10 个数字写了一个 6 位数和一个 4 位数,加起来后得出结果,把百位上的数和两个加数都擦掉,得到这样一个数:398 □ 27(□是我擦去的那个数)。

汤姆真的只看了一眼,就说出了杰克擦掉的数。

真的很神奇!你能告诉杰克,汤姆是怎么知道那个数的吗?

2. 伤脑筋的顾客

游戏难度:★★☆☆☆　最佳完成时间:2 分钟

一位顾客想寄很多封信。于是他递给邮局卖邮票的职员一张 1 元的人民币,说道:“我要一些 2 分的邮票和 10 倍数量的 1 分的邮票,剩下的全要 5 分的。”这位职员一听蒙了,他要怎样做才能满足这个不会算数的伤脑筋的顾客的要求呢?

3. 七环金链

游戏难度:★★★☆☆　最佳完成时间:3 分钟

瑞芳在一家珠宝公司工作,由于她工作积极,所以公司决定奖励她一条金链,这条金链由七环组成。但是公司规定,每个星期只能领一个环,而且切割费用由自己负责。

这让瑞芳感到为难,因为每切一个金环,就需要付一次昂贵的费用,焊接回去还要再付一次费用,想想真不划算。聪明的瑞芳想了一阵子之后,发现了一个不错的方法,她不必将金链分开成七个了,只需要从中取出一个金环,就可以每星期都领一个金环。她是怎么做到的呢?

4. 高明的盗墓者

游戏难度:★★★☆☆　最佳完成时间:3 分钟

一个被警察追踪多年的盗墓者突然有一天前来自首。他声称他偷来的 100 块法老壁画被他的 25 个手下偷走了。这些人中最少的偷走 1 块,最多的偷了 9 块。而这 25 人各自偷了多少块壁画,他说他也记不清了,但可以肯定的是,他们都偷走了单数块壁画,没人偷走双数块的。他为警方提供了 25 个人的名字,条件是不能判他的刑。警方答应了。但当天下午,警长就下令将自首的盗墓者抓回。猜猜为什么?

5. 少了一元钱

游戏难度:★★☆☆☆ 最佳完成时间:☆分钟

一位老婆婆靠卖蛋谋生。她每天卖鸡蛋、鸭蛋各 30 个,其中鸡蛋每 3 个卖 1 元钱,鸭蛋每 2 个卖 1 元钱,这样,一天可以卖得 25 元钱,忽然有一天,有一位路人告诉她把鸡蛋和鸭蛋混在一起每 5 个卖 2 元,可以卖得快一些。第二天,老婆婆就尝试着这样做,结果却只得到了 24 元。老婆婆很纳闷,蛋没少怎么钱少了 1 块,这 1 元钱去哪里了呢?

6. 分牛

游戏难度:★★★☆☆ 最佳完成时间:3 分钟

一位农场主在遗书中写道:妻子分全部牛的半数加半头,长子分剩下牛的半数加半头,次子分再剩下牛的半数加半头,三子分最后剩下牛的半数加半头。

结果一头牛没杀,一头牛没剩,正好分完。问:农场主留下几头牛?

7. 从 1 加到 100

游戏难度:★★☆☆☆ 最佳完成时间:2 分钟

高斯小时候很喜欢数学,有一次在课堂上,老师出了一道题:“1 加 2、加 3、加 4……一直加到 100,和是多少?”过了一会儿,正当同学们低着头紧张地计算的时候,高斯却脱口而出:“结果是 5050。”

你知道他是怎样快速地算出来的吗?

8. 薯条促销

游戏难度:★★☆☆☆ 最佳完成时间:2 分钟

现在正在进行薯条促销活动,8 个包装袋可以换一包薯条。玛丽立刻行动起来,找到了 71 个薯条的包装袋。那么她最多可以换到多少包薯条呢?

9. 猫抓老鼠

游戏难度:★★☆☆☆ 最佳完成时间:2 分钟

有一只猫发现离它 10 步远的前方有一只奔跑着的老鼠,便马上紧迫。猫的步子大,它跑 5 步的路程,老鼠要跑 9 步。但是老鼠的动作快,猫跑 2 步的时间,老鼠能跑 3 步。

请问:按照现在的速度,猫能追上老鼠吗?如果能追上,它要跑多少路程才能追上老鼠?

10. “鬼谷子算”

游戏难度:★★★☆☆ 最佳完成时间:3 分钟

我国有一道中外闻名的计算题,被称为“孙子定理”或“鬼谷子算”。原题是这样的:“今有物不知其数,三三数之剩二,五五数之剩三,七七数之剩二,问物几何?”意思是:现有一些物品,不知道它的具体数目。以 3 个来计数(3 个 3 个地数),最后剩下 2 个;以 5 个来计数,最后剩下 3 个;以 7 个来计数,最后剩下 2 个。问:这些物品至少有多少个?

11. 选择工作

游戏难度:★★☆☆☆ 最佳完成时间:2 分钟

A 和 B 两个公司的招聘广告上只有以下两点不同,其他的条件完全相同,从收入多少来考虑,选择哪一个公司有利?

[A 公司]年薪 100 万日元,

每年提薪一次加 20 万日元。

[B 公司]半年薪 50 万日元,

每半年提薪一次加 5 万日元。

12. 这套衣服卖了多少钱

游戏难度:★★☆☆☆ 最佳完成时间:2 分钟

一位经商有道的老板对他小儿子说:“约翰尼,我的孩子,一笔好生意,不在于我们买进货物时要花多少钱,而在于我们能把它们卖得一个好价钱。我从这套刚刚卖出去的精品衣服中赚到了 10% 的利润,但如果我用比原来进价低 10% 的价钱买进,而以赚 20% 利润的价格卖出,那么我就要少卖 25 美分。现在要问你:这套衣服我卖了多少钱?”

13. 李白打酒

游戏难度:★★☆☆☆ 最佳完成时间:2 分钟

大诗人李白酷爱喝酒。一次,李白带着酒壶外出,遇见一个酒店,就把壶中的酒增加了原来的一倍。接着李白见到了一片花丛,便饮酒做诗,喝下一斗酒。这种遇店酒加一倍,见花饮酒一斗的情况反复了 3 次之后李白喝光了壶中的酒。你知道李白壶中原有多少酒吗?

14. 称牛

游戏难度:★★☆☆☆ 最佳完成时间:2 分钟

一头牛,约 800 斤,用一台只能称 600 斤的磅秤,现在手边的工具只有一块海绵和大堆建房用的石块,怎样能称出牛的具体重量呢?

15. 趣猜年龄

游戏难度:★★★☆☆　最佳完成时间:3 分钟

甲:您多大年纪?乙:您猜猜看。甲:好吧。您的岁数除以 3,余数是多少?乙:是 2。甲:您的岁数除以 5,余数是多少?乙:是 0。甲:您的岁数除以 7,余数是多少?乙:是 1。甲:让我想一想……您的年龄是 50 岁,对吗?乙:太妙了,完全正确!您是怎么知道的?

事实上,你只要知道一个人的年龄除以 3,5 和 7 的余数,你就能算出他的年龄。你能说说为什么吗?

16. 韩信带兵

游戏难度:★★☆☆☆　最佳完成时间:2 分钟

有一次,刘邦问韩信大将军,他统领的士兵有多少。韩信回答说:“兵不满一万,每 5 人一列、9 人一列、13 人一列、17 人一列都剩 3 人。”刘邦听了韩信的话,不知道韩信到底统领了多少士兵。你能告诉刘邦,韩信统领的兵有多少吗?

17. 商店的常客

游戏难度:★★☆☆☆　最佳完成时间:2 分钟

某商店服务小姐在回答“光顾商店的常客人数”时,这样回答:“我这里的常客啊,有一半是事业有成的,成年男性,另外 1/4 是年轻上班族,1/7 是在校的学生,1/12 是警察,剩下的四个则是住在附近的老太太。”试问,服务小姐所谓的常客究竟有多少人呢?

18. 猴子捞月

游戏难度:★☆☆☆☆　最佳完成时间:1 分钟

月亮的影子倒映在井底的水中,猴子们以为是月亮掉进井里去了,于是手拉手,一个牵一个,从井口直下到井底去捞月亮。它们有 10 双手是两只手拉在一起的,捞月亮的一共有多少只猴子?

19. 抽签比赛

游戏难度:★★☆☆☆　最佳完成时间:2 分钟

某网球比赛,共有 1045 人报名参加,比赛采取淘汰制。首先用抽签的方法抽出 522 对进行 522 场比赛,获胜的 522 人,连同轮空的那 1 个人,可以进入第二轮比赛。第二轮比赛也用同样的抽签方法决定谁与谁比赛。这样比赛下去,假如没有人弃权,最少要打多少场才可以决出冠军?

20. 船与浮物

游戏难度:★★★☆☆ 最佳完成时间:3 分钟

某河上、下两港相距 90 公里,每天定时有"超越号"、"越洋号"两艘船速相同的客船从两港同时出发相向而行。这天,"越洋号"从上港出发时掉下一物,此物浮于水面顺水而下,2 分钟后,与"越洋号"相距 1 公里。预计"超越号"出发后几小时与此物相遇?

21. 37 个人过河

游戏难度:★☆☆☆☆ 最佳完成时间:1 分钟

一条大河上没有桥,37 个人要过河,但河上只有一条能装载 5 个人的小船。请问:37 个人要多少次才能全部过到河对面?

22. 昆虫的数量

游戏难度:★★☆☆☆ 最佳完成时间:2 分钟

蜻蜓有 6 条腿,2 对翅膀,蜘蛛有 8 条腿,没有翅膀,蝉有 6 条腿,1 对翅膀。现在有一些蜻蜓、蜘蛛和蝉,已知它们的总数是 18 只,共有 118 条腿,20 对翅膀。其中每种昆虫各有多少只呢?

23. 发车次数

游戏难度:★★★☆☆ 最佳完成时间:3 分钟

学校到火车站有一趟公交车,每隔 20 分钟发出 1 次。如果从上午 8 点发出第 1 次公共汽车,那么,到下午 6 点共发出多少次?

24. 什么时候放假

游戏难度:★★☆☆☆ 最佳完成时间:2 分钟

10 个同学来到教室,为座位问题争论不休。有的人说,按年龄大小就座,有的人说,按学习好坏就座,还有人要求按个子高矮就座。老师对他们说:"孩子们,你们最好停止争论,任意就座。"

这 10 个同学随便坐了下来,老师继续说道:"请记下你们现在就座的次序,明天来上课时,再按新的次序就座,后天再按新的次序就座,反正每次来时都按新的次序,直到每个人把所有的位子都坐过为止。如果你们再坐在现在所安排的位子上,我将给你们放假一年。"

请你算算看,老师隔多少日子才给他们放假一年呢?

25. 聪明的姑娘

游戏难度:★★★☆☆ 最佳完成时间:3 分钟

有一位姑娘到一家新开张的布店里要买两匹布,她精心挑了两匹布后问多少钱?店铺的伙计说:"姑娘真是好眼光,今天是本店的开张吉日,只收半价。"姑娘一听就说:"既然是半价,那我买你两匹布再把一匹布折合成一半的价钱还给你,这样咱们就两清了。

如果你是这位伙计,你会答应这笔买卖吗?

26. 饲养狼狗

游戏难度:★★★☆☆ 最佳完成时间:3 分钟

普斯特养了两条狼狗,一公一母,其中的母狗喜欢吃肥肉,公狗喜欢吃瘦肉。这两条狗可以用 60 天吃光一桶肥猪肉。如果让公狗单独吃,那么它要用 30 个星期才能吃完。两条狗可用 8 个星期吃掉一桶瘦猪肉,但若母狗独吃,那么,少于 40 个星期是吃不光的。假定公狗在有瘦肉供应时只吃瘦肉,而母狗在有肥肉供应时只吃肥肉。试问:这两条狗一起吃半桶瘦肉和半桶肥肉,需要花费多少时间?

27. 分饼

游戏难度:★★★☆☆ 最佳完成时间:3 分钟

在招待使者的国宴上,厨师只做了 7 张特色饼,而使者却有 12 个:国王一下子犯了难,哪一个使者都不能得罪,丞相想了一下,拿起刀,在几张饼上划了几刀,每一张饼上最多用了 4 刀,就将这 7 张饼均匀地分给了 12 个使者,你知道他是怎么样分的吗?

28. 移动宣传员

游戏难度:★★☆☆☆ 最佳完成时间:2 分钟

宣传员在向移动的部队做宣传,这列队伍长 100 米,宣传员从排尾走到排头,又从排头走到排尾,这列队伍正好前进了 100 米,已知队伍的速度和宣传员的速度保持不变,问宣传员走了多少米?

29. 百鸡图

游戏难度:★★★★☆ 最佳完成时间:4 分钟

这是一道传统趣味题,有一个人有 100 个铜钱,想买 100 只鸡。五个铜钱可买一只公鸡,三个铜钱可买一只母鸡,一个铜钱可买三只小鸡崽。那么这个人分别买了多少只公鸡、母鸡、小鸡崽?

30. 米商的麻烦

游戏难度:★★★☆☆ 最佳完成时间:3 分钟

有人去买米,可是米商只有 9 公斤米,而且称量工具只有一架天平以及 50 克和 200 克的砝码各一个。客户要买 2 公斤米,如果一次次称量太麻烦。你有办法在天平上只称量三次就称出 2 公斤米吗?

31. 巧算平方数

游戏难度:★★★☆☆ 最佳完成时间:3 分钟

露露的数学成绩一直不太好,似乎有些不开窍,但老师发现她在计算 35 的平方或 75、95 的平方时,几乎一瞬间就做出来了。原来她掌握了窍门,凡是末位数是 5 的两位数的平方运算,就把十位数上的数字与比这数大 1 的数相乘,后面一律写上 25 保准没错。例如 55^2,就用 5 乘 6 得 30,后面再添上 25 就是 3025,这样自然快了。不过露露说不出为什么。老师讲了这么做的根据,并鼓励露露好好学习,老师怎么讲的呢?

32. 钓鱼

游戏难度:★★☆☆☆ 最佳完成时间:2 分钟

露露、鹏鹏、小娟 3 个人去钓鱼,回来后小宁问他们每人钓了多少鱼。小娟说:"我一个人钓的跟他们两个人钓的一样多。而且我们 3 个人的鱼数乘积为 84。""到底是多少呢?"小宁还在计算……

33. 你会算平均速度吗

游戏难度:★★☆☆☆ 最佳完成时间:2 分钟

一人骑自行车在两地之间走了一个来回。去时速度是每小时 15 公里,回来时行车速度是每小时 10 公里,问这个人来回的平均速度是多少?注意,想一想再答。

34. 金公鸡

游戏难度:★★★☆☆ 最佳完成时间:3 分钟

有位农民养的是公鸡,但今年的公鸡不好卖,他的公鸡都在两斤左右,一天他在电视上看到博物馆展示了一块两斤重的金块,于是他对邻居说:"如果我的一只公鸡是金子做的,那我就成百万富翁了。"

邻居听了一想不对啊,现在的金价不是每斤 8 万元吗?这个农夫一定是算错了,你觉得他算错了没有?

35. 吃草问题

游戏难度:★★★☆☆ 最佳完成时间:3分钟

在一片大草地上有一头牛、一只羊和一头骡子正在吃草。假定这片草地上的草量保持一个定数不继续生长,那么羊和骡子一起吃要90天将草地上的草全部吃光,牛和羊一起要60天将草地上的草全部吃光,牛和骡子一起则只要45天便可将草地的草全部吃光,那么,如果它们三个一起吃草,要多少天可将所有草吃光?

36. 数鸟

游戏难度:★★☆☆☆ 最佳完成时间:2分钟

动物学家正在观测远处飞来的一群鸟,这些鸟的队列很奇怪:有1只在前面,4只在后面;1只在后面4只在前面;1只在左边4只在右边;1只在右边4只在左边;1只在2只的中间,每3只排成1行,共排了两行。你能数出有几只鸟吗?排成了什么队形?

37. 运油

游戏难度:★★☆☆☆ 最佳完成时间:2分钟

抗日战争期间,有一批军用汽油要送到对岸去,共100桶油,但由于敌人的狡诈,100桶必须分3次运过去,而且运过去的每一船装桶数要相等,要怎么运过去呢?

38. 谁的任期长

游戏难度:★★★☆☆ 最佳完成时间:3分钟

在还没有统一历法的原始社会,有两个部落,他们有各自不同的历法。

第一个部落认为一年有12个月,一个月有30天。第二个部落则认为一年有13个月,一个月4个星期,一星期7天。两个部落的首领同时上任,第一个部落的首领在职时间是7年1个月零18天,第二个部落的首领在职时间是6年12个月1星期零3天,当然他们是按自己的历法计算的,那么谁在任的时间长呢?

39. 最聪明的人

游戏难度:★★★☆☆ 最佳完成时间:3分钟

国王想要挑选全国最聪明的年轻人做自己的女婿,他用淘汰法选择最聪明的年轻人。几个回合下来,只剩下两个小伙子难分上下。国王把两个人叫到面前来说:“在城中河的下游,有一朵金色的莲花,谁把花拿给我,谁就能娶我美丽的公主。这里有船也有马,你们自己选择,乘船去可以直接到达,骑马去要步行1/3的路,马的速度是船的三倍,步行是船速的2/5。”

两个小伙子,一个跃跃欲试,一个反复计算,当然,最后是计算过的小伙子得到了金莲花,那你知道他是骑马呢还是乘船?

40. 剧院的座位安排

游戏难度:★★★☆☆ 最佳完成时间:3 分钟

红红的爸爸是建筑工程师,他设计了很多建筑,是建筑界的佼佼者,红红一直把爸爸当成偶像,立志要做爸爸那样的工程师。爸爸常常带红红去各地旅游,参观各地有代表性的建筑。比如上海的东方电视塔,老北京的四合院,苏州的园林。红红从中汲取了很多建筑设计的知识。小小年纪就开始用设计的眼光来对待所见到的每一处建筑了。爸爸最近主持设计的大剧院今天竣工了,红红很高兴,因为这个剧院的设计也有她的一份功劳。剧院落成典礼那天,爸爸带着红红一起去剪彩,并带她参观了剧院。爸爸知道红红喜欢数学,就给她出了一道计算题:这个剧院的 120 个座位全坐满了观众,而全部入场费刚好为 120 元。剧院的入场费是:男人每人 5 元,女人每人 2 元,小孩每人为 1 角。你可以据此算出男、女、小孩各有多少人吗?

41. 大牧场主的遗嘱

游戏难度:★★★☆☆ 最佳完成时间:3 分钟

有个牧场主要把自己的产业分给他的儿子们,于是召集他们宣读遗嘱。

他对大儿子说:儿子,你认为你能够养多少头牛,你就拿走多少;你的妻子可以取走剩下的牛的 1/9。

他又对二儿子说:你可以拿走比大哥多一头牛,因为他有了先挑的机会,至于你的妻子,可以获得剩下的牛的 1/9。

然后对其余的儿子说了类似的话,每人拿到比他大一点的哥哥的牛数多一头,而他们的妻子则获得剩下的牛的 1/9。

当最小的儿子拿完牛之后,牛一头也没有了。

于是牧场主又说:马的价值是牛的 2 倍,剩下的 7 匹马的分配要使每个家庭得到同样价值的牲口。

试问:大牧场主共有多少头牛?他有几个儿子?

42. 兔子背胡萝卜

游戏难度:★★★☆☆ 最佳完成时间:3 分钟

有只兔子在树林采了 100 根胡萝卜堆成一堆,兔子家离胡萝卜堆 50 米,兔子打算把胡萝卜背回家。但是,兔子每次最多只能背 50 根,而且兔子嘴馋,只要手上有胡萝卜,每走 1 米它要吃掉 1 根,问兔子最多能背几根胡萝卜回家?

43. 巧取三升水

游戏难度:★★★★☆ 最佳完成时间:4 分钟

假设有一个池塘,里面有无穷多的水。现有 2 个空水壶,容积分别为 5 升和 6 升。

如何只用这 2 个水壶从池塘里取得 3 升的水?

44. 正确时间

游戏难度:★★☆☆☆　最佳完成时间:2 分钟

在早晨列队检查时,警长问身边的秘书现在几点了。精通数学的秘书回答道:"从午夜到现在这段时间的 1/4,加上从现在到午夜这段时间的一半,就是现在的确切时间。"你能算出这段对话发生的时间吗?

45. 租了多少地

游戏难度:★★☆☆☆　最佳完成时间:2 分钟

张华现在在城市有一份工作,所以没有时间种地,于是他把地租给了农民李健。租一年李健要付给张华 800 元和一定量的麦子。这时,麦子的价格是每公斤 0.75 元,于是,李健算下来,他每亩地的租金是 70 元,觉得挺划算的。但是到了交租金的时候,麦子的价格涨成 1 元每公斤,这样算下来,一亩地的租金变成了 80 元。

那么,这块地有多大呢?李健要交多少斤麦子?

46. 图书的数量

游戏难度:★★☆☆☆　最佳完成时间:2 分钟

图书管理员要把一批破损的书籍重新编上号码,他用一个机械标数器从 1 开始编这些书目,一共印了 2889 个单个的数字,那么你可以算出这批书籍有多少本吗?

47. 鸡、鸭、鹅

游戏难度:★☆☆☆☆　最佳完成时间:1 分钟

爸爸买来一只鸡、一只鸭、一只鹅,共重 10 千克。并对小明说:已经知道一只鸡和一只鸭共重 6 千克;一只鹅和一只鸭共重 8 千克。由此你能算出一只鸭是多少千克吗?

48. 营救

游戏难度:★★☆☆☆　最佳完成时间:2 分钟

某旅游点发生了事故,一辆损坏失控的汽车很可能向悬崖开去,营救人员急忙跑去营救。营救人员跑的速度比失控汽车的速度快 1 倍,汽车在距路边悬崖 80 米的位置上,营救人员在汽车后 100 米的位置上,现在他们同时启动,营救人员能在汽车开进悬崖之前追上汽车吗?

49. 按劳分配

游戏难度:★★★☆☆　最佳完成时间:3 分钟

一亩地由 12 小块方地组成,赵四和王五负责在这一亩地上种豆子,他们俩的工钱是 100 元。赵四撒一小块地的种子需用 40 分钟,埋土用去同样的时间。王五撒一小块地的种子需用 20 分钟,但他埋 2 小块地的时间,赵四能埋 3 小块地。一直到播种完,他们都以正常的速度工作,而且他们俩都是自己下种,自己埋土。现在,请你算一算,怎样分配工钱才能体现按劳分配的原则?

50. 分啤酒

游戏难度:★★☆☆☆　最佳完成时间:2 分钟

一次同学聚会上,有人提议将所有的啤酒拿出来分给参加聚会的人。参加聚会的同学一共有 100 人,班长拿出所有的啤酒,先给自己留下了一瓶,然后按照男同学每人两瓶、女同学每人一瓶的原则分下去,结果正好合适。请问,你知道这些参加聚会的同学中,有多少男同学,有多少女同学吗?

51. 放羊

游戏难度:★★☆☆☆　最佳完成时间:2 分钟

村里的 13 个孩子赶着羊到山上去,过了会儿,有两个孩子要去找水源,所以就将他们的羊平均分给了另外的 11 个孩子,不多也不少。已知其中一群羊有 44 只,请问,你能算出另一群羊至少有多少只吗?

52. 八仙过海

游戏难度:★★☆☆☆　最佳完成时间:2 分钟

8 位神仙没有水上行走的轻功,他们要过海还得坐船,但海边没有船,只有一只小竹筏子,每次最多只能坐 3 人,这只竹筏子最少要几次才能把 8 位神仙渡过海去?

53. 大树与绳子

游戏难度:★☆☆☆☆　最佳完成时间:1 分钟

洞里原先有一棵大树,有一根绳子绕树 1 圈,绳子剩下 3 米;如果绕树 2 圈,绳子差 1 米。绕树 3 圈需要几米长的绳子?

54. 断开的风铃花

游戏难度:★★☆☆☆　最佳完成时间:2 分钟

小柔是一个喜欢动手的好孩子,她最喜欢做的就是风铃。这一天,她折了 6 朵风铃花,用一根 1 米长的绳子每隔 0.2 米拴 1 个正好。现在她不小心用剪刀剪坏了一个,重新折的话又没有多余的塑料膜了。现在还要求 0.2 米拴 1 个,绳子不能剩。请问:小柔该怎么拴?

55. 和尚分馒头

游戏难度:★★☆☆☆　最佳完成时间:2 分钟

100 个和尚分 100 个馒头,正好分完。如果老和尚一人分 3 个,小和尚 3 人分一个,试问大、小和尚各有多少人?

56. 值多少

游戏难度:★★☆☆☆　最佳完成时间:2 分钟

如果 7 只企鹅 = 2 头猪,1 只企鹅 + 1 只鸟 = 1 匹马,1 头猪 + 1 只鸟 = 1 条狗,2 头猪 + 5 只企鹅 = 2 条狗,4 匹马 + 3 条狗 = 2 只鸟 + 8 头猪 + 3 只企鹅,已知企鹅的值为 2,那么狗、马、鸟和猪的值分别为多少?

57. 秘密行动

游戏难度:★★☆☆☆　最佳完成时间:2 分钟

国家情报局接到通知:一辆时速为 60 公里的火车上装满了炸药准备驶向首都。为阻止这一恐怖活动,国家情报局决定派本杰伦在火车必须通过的长为 500 米的隧道中,装上黄色远程遥控炸弹。由于火车通过隧道的时间仅 30 秒,于是本杰伦把遥控定时装置设置为"30",只要火车一进隧道,就会触发装置计数,30 秒后炸药自动爆炸。但是当火车呼啸而来进入隧道,高强度炸药在铁轨上准时爆炸后,火车仍然在失去铁轨的路面上继续疯狂前行,最后在树林里停了下来,随之引起了一场大火。消息传到同家情报局后,上司以指挥失误为由处分了本杰伦。你知道本杰伦错在哪个地方吗?

58. 沙滩晨练

游戏难度:★☆☆☆☆　最佳完成时间:1 分钟

某警犬训练基地早上在沙滩中晨练,一队战士牵着一队警犬排成一路纵队从训练场上跑过,指导员数了一下刚跑过去的战士和警犬的脚一共是 890 只,政委数了一下战士和警犬的个数一共是 360 个。

请你想一想:在刚刚过去的战士和警犬的队伍里面,有多少名战士和多少只警犬?

59. 数学迷的游戏

游戏难度:★★★★★　最佳完成时间:5 分钟

亨利和杰克是一对数学迷,有一天两人一起碰上亨利的 3 个熟人 A、B、C。杰克问起那 3 个人的年龄,亨利说:你很喜欢数学,我告诉你几个条件:

①他们 3 个人的年龄之积等于 2450;②他们 3 个人的年龄之和等于我们两人的年龄之和(杰克当然知道亨利的年龄)。现在,你能算出他们的年龄来吗? 杰克根据这两个条件算了好一阵,摇摇头对亨利说:我算不出来。亨利笑了笑说:我知道你算不出来,我再给你补充一个条件,他们 3 个人都比我俩的熟人露斯——你当然知道露斯的年龄——要年轻。杰克马上回答说:现在我知道他们的年龄了!

说了这么多,下面才是本题的真正问题:露斯的年龄是多少?

60. 多少级台阶

游戏难度:★★☆☆☆　最佳完成时间:2 分钟

有一次,爱因斯坦和朋友在咖啡厅里喝咖啡,他问朋友:“假设你前面有一条长长的阶梯,如果你每步跨两个台阶,最后就剩一级台阶;如果你每步跨三级台阶,最后就只剩下两级台阶;如果你每步跨六级台阶,那么最后就剩下五级台阶;只有当你每步跨七级台阶时,最后才正好走完这条阶梯。

请你帮爱因斯坦的朋友想一想,这条阶梯到底有多少级台阶呢?

61. 雇员的工资

游戏难度:★☆☆☆☆　最佳完成时间:1 分钟

有一个裁缝雇了几个员工,约定每年每人 12 元钱的工资外加一件衣裳。7 个月后,有一个工人因为家里有急事要辞职。裁缝便给了他 5 元钱和一件衣裳。你知道这件衣裳值多少钱吗?

62. 抽牌的秘密

游戏难度:★★★★☆　最佳完成时间:4 分钟

魔术师从一整副扑克牌中任意抽了 51 张牌,他对观众说:“下面我要请观众上台来随便抽 1 张牌,在心里记住后再插回去。整个过程中,我不看观众抽的牌。但我只要问 3 个问题,就能找到观众选出的牌。”说完,魔术师先将 51 张扑克牌平均分发成 3 份,每份 17 张。他问一位上台来的观众:“你选的那张扑克牌在哪一摞?”观众回答:“在左面那摞里。”

接着,魔术师将 3 摞牌收起(其实他会偷偷地把左面那摞牌夹在其他两摞牌中间),再次把 51 张扑克牌平均发成 3 份,然后又问观众:“你要的那张牌在哪一摞中?”

按这样的过程,经过 3 次发牌和 3 次询问之后,魔术师从一摞牌里取出一张,结果真的就是观众选出的那一张。

你明白魔术师是如何猜出那张牌的吗?

63. 小白鼠历险记

游戏难度:★★★☆☆　最佳完成时间:3 分钟

小白鼠很聪明,就是有点儿不听话。白鼠妈妈担心它到外面交坏朋友,总是让它整天在家里呆着。可是有一天,不听话的小白鼠终于瞒着妈妈独自出门去了。

它来到一块花生地里。正巧遇见 12 只灰鼠结伙扒地里的花生吃。小白鼠很快也加入了它们的行列。可它怎么也没有想到,自己交上的朋友正是黑猫警长早就要缉拿归案的 12 只罪犯。

随着一声厉喝,小白鼠转过身一看,黑猫警长带领一队手持警棍的警士把它们团团围住了。黑猫警长两手叉腰,睁着圆圆的眼睛喝道:"你们这伙强盗,到处糟蹋粮食,咬坏衣物,还传染疾病。今天,我奉命要在这里把你们一只只逮住处死!"

警士们在地上画了 13 个圆圈,并勒令 13 只老鼠分别坐在圈中,等候处决。

黑猫警长似乎要给小白鼠一个逃命的机会,于是大声说道"你们听着:从 1 号圈开始,按逆时针方向,每当我数到 5 字,就处死一只,剩下的最后一只可以免于一死。就看你们当中谁的命大了!"

小白鼠坐在 10 号圈内,眼看马上就要被处死了。它想,我是初犯,不能就这样白白地断送了性命。于是灵机一动,趁警士们不备,偷偷地做出一个动作,最终脱离了危险。

你知道小白兔是如何脱离危险的吗?

64. 冒险的情郎

游戏难度:★★★☆☆　最佳完成时间:3 分钟

在一次远征北极旅行中,探险团的一名成员打算为自己找一位新娘。这一地区的土著居民都睡在熊皮做的睡袋里,求婚的风俗习惯是要让害着相思病的情郎偷偷摸进屋去,把他梦寐以求的新娘连同睡袋一起背走。

这位情郎需要走完一段相当长的路程。他空身前去时的速度为每小时 5 英里,负重返回时的速度为每小时 3 英里,往返一共花去整整 7 小时。当他打开睡袋,向同船的伙伴们出示他的战利品时,却发现自己犯了一个致命的错误:背回来的竟是那位姑娘的外公。

现在你是否能计算出,在这次值得纪念的旅行中,这位冒险的情郎究竟走了多少路?

65. 尼斯湖怪物

游戏难度:★★☆☆☆　最佳完成时间:2 分钟

假如尼斯湖怪物的长度是 20 米和它自身长度的一半,那么它有多长?

你可能想,20 米和它一半的和加起来是 30 米,那么此怪物身长一定是 30 米。

这显然是自相矛盾的说法,这怪物怎么可能有 20 米和 30 米两个身长呢?因为只有当它的长度是 20 米和它自身长度一半的和时,这句子才有意义。

这下简单多了,你能猜出怪物的身长是多少米吗?

66. 保险柜的密码

游戏难度:★★★☆☆　最佳完成时间:3 分钟

有一个强盗溜进了一位富翁的家,并在地下室找到了秘密保险柜。事先,这位强盗就如何破密码一事请教了一位高人。这位高人告诉他:"开保险柜之前,要转动密码锁内圈的数字盘,只有在里圈的数字与外圈的数字相加,每组数字之总和都相同时才能打得开。"

这位强盗不擅长运算,越算越糊涂,怎么也打不开保险柜。事实上,只要将外圈的 5 和内圈的另一个数对加在一起,里外的每组数之和就会相同。你知道这个数是几吗?

67. 喝酒

游戏难度:★★☆☆☆　最佳完成时间:2 分钟

一项工作由甲、乙、丙三人一起做。但有一天甲出公差,临走前他留下了 9 块钱作为代劳费。乙在上午做这项工作时花了 4 个小时,丙在下午做这项工作时花了 5 个小时,才把工作做完。两个人拿了 9 块钱去喝酒,正好可以买 9 瓶啤酒。那么,如果按劳动所得,两人应该各喝几瓶?

A. 4,5　　B. 3,6　　C. 2,7

68. 抽水与灌水

游戏难度:★★☆☆☆　最佳完成时间:2 分钟

有一个水池,如果往水池里灌水直至灌满需要 15 个小时,若抽掉全部的水则需要 20 个小时,现在先灌 3 个小时之后停机,再抽掉水池里的水,则要用多少小时可将水池里的水抽完?

A. 11　　B. 20　　C. 4　　D. 15

69. 种芍药花

游戏难度:★★★☆☆　最佳完成时间:3 分钟

一个圆形花坛,周长是 180 米,每隔 6 米种一棵芍药花,每相邻的两棵芍药花之间均匀地栽两棵月季花。问可栽多少棵芍药花?多少棵月季花?两棵月季花之间的株距是多少米?

A. 30 棵,60 棵,2 或 4 米

B. 40 棵,80 棵,3 或 6 米

C. 20 棵,40 棵,2 或 4 米

D. 25 棵,50 棵,3 或 6 米

70. 连撕日历

游戏难度:★☆☆☆☆　最佳完成时间:1 分钟

连着撕 9 张日历,日期数相加是 54。请问:撕的第一张是几号?最后一张是几号?

71. 脱险者有几人

游戏难度:★★☆☆☆　最佳完成时间:2 分钟

一艘客轮触礁,只有一艘救援船,这艘船只能装下 5 个人,离这里最近的岛有 4 分钟的路程,20 分钟后客轮就会沉掉,客轮上共有 25 个人,到底多少个人能生还呢?

72. 国际刑警的难题

游戏难度:★★★★☆ 最佳完成时间:4 分钟

国际反恐组织得到消息,制造了多起恐怖事件的“黑鹰”组织首领伯德和另外一些核心成员,一年前躲避到 C 国来。现在他们频繁接触,似乎在酝酿新的恐怖计划。经过缜密的调查发现,该组织的成员碰面形式很奇怪:第一名头目的助手隔一天去头目那里一次,协助他处理事情;第二名恐怖分子隔两天去一次,第三名恐怖分子隔三天去一次,第四名恐怖分子隔四天去一次……第七名恐怖分子要每隔七天才去一次。为了避免打草惊蛇,并且把恐怖分子们一网打尽,亚伯拉罕决定等到 7 名恐怖分子都碰面的那天再行动。聪明的读者,这 7 名恐怖分子什么时候才会一起碰面呢?

73. 文具的价格

游戏难度:★★★☆☆ 最佳完成时间:3 分钟

这是一道简单的题目,但需要更多思考。所有的价格都显示在下面,那么第四组文具的价格是多少钱?

2 支圆珠笔和一块橡皮是 3 元钱;4 支钢笔和一块橡皮是 2 元钱;3 支铅笔和 1 支钢笔再加上一块橡皮是 1.4 元。那么,每种文具各一种加在一起是多少钱?

74. 古董商的交易

游戏难度:★★☆☆☆ 最佳完成时间:2 分钟

有一位古董商收购了两枚古钱币,后来又以每枚 60 元的价格出售了这两枚古钱币。其中的一枚赚了 20%,另一枚赔了 20%。请问:和他当初收购这两枚占钱币相比,这位古董商是赚是赔,还是持平了?

77. 黑色星期五

游戏难度:★☆☆☆☆ 最佳完成时间:1 分钟

如果 4 月 13 号是星期五,那么距离下一个 13 号星期五有多少天?

第六辑 计算力——世界由你探测参考答案

1. 数学小天才

擦掉的数是7。其实秘密很简单,0到9这9个数相加等于45,是9的倍数,不管这10个数字怎样排列得出的两个数,其和也是9的倍数。所以只要把答案中能看到的数字加起来,用与这结果最接近但比这结果大的9的倍数相减,得到的数就是被擦去的数字。在此例中,3+9+8+2+7=29,比29大的最接近的9的倍数是36。所以,擦去的数为36-29=7。

2. 伤脑筋的顾客

5枚2分的邮票,50枚1分的,8枚5分的,加起来正好是1元。

3. 七环金链

锯掉第三个金环,形成1个、2个、4个等三组。第一周:给1个;第二周:给2个,换回1个;第三周:再给1个;第四周:给4个,换回1个、2个;第五周:再给1个;第六周:给2个,换回1个;第七周:再给1个。

4. 高明的盗墓者

假如100这个数可以分成25个单数的话,那么就是说单数个单数的和等于100,即等于双数了,而这显然是不可能的。

事实上,这里共有12对单数,另外还有一个单数。每一对单数的和是双数,12对单数相加,它的和也是双数,再加上一个单数不可能是双数,因此,100块壁画分给25个人,每个人都不分到双数是不可能的。自首的盗墓者出这一招是想嫁祸给他的手下,好让自己一人私吞赃物。

5. 少了一元钱

原来1只鸡蛋可卖得到1/3元,1只鸭蛋可以卖得1/2元,平均价格是每只(1/2+1/3)÷2=5/12元。但是混卖之后平均1只鸭蛋或者鸡蛋都卖得2/5元钱,比第一天的平均价格少了5/12-2/5=1/60元。60只蛋正好少了1元钱。

6. 分牛

妻子8头;

长子4头;

次子2头;

三子1头。

农夫留下15头牛。

7. 从1加到100

第一个数和末尾那个数相加,第二个数和倒数第二个数相加,它们的和都是一样的,即1+100=101,2+99=101+…+50+51=101,一共有50对这样的数,所以答案足50×101=5050。

8. 薯条促销

玛丽可以换到10包免费的薯条。先用64个包装袋换8包薯条;吃完后,用这8个包装袋换1包薯条;再吃完,与原先剩的7个包装袋加在一起刚好8个包装袋,又可以换1包。所以,玛丽最多可换10包薯条。

9. 猫抓老鼠

能。猫要跑60步才能追上老鼠。

10. "鬼谷子算"

先寻找"用3除余2"的自然数,有5、8、11、14、17、20、23、…、128、…

再寻找"用5除余3"的自然数,有8、13、18、23、…、128、…

再寻找"用7除余2"的自然数,有9、16、23、30、…、128、…

于是发现,符合题意的自然数有23、128、…其中最小的一个数是23,就是本题的答案。

11. 选择工作

选择B公司。

分析:肯定是哪一个公司收入高就选择哪一家。

为了保险起见,还是要实际计算一下年收入,以利比较。

第1年A公司100万日元。

B公司50万日元+55万日元=105万日元。

第2年A公司120万日元。

B公司60万日元+65万日元=125万日元。

第3年A公司140万日元。

B公司70万日元+75万日元=145万日元。

显然,在B公司有利,在B公司每年多收入5万日元。

用数学公式计算这个问题并不需要那样麻烦。只要把第1年、第2年、第3年的具体数字列出就行了。

12. 这套衣服卖了多少钱

这套衣服卖了13.75美元。

分析:设衣服进价x美元。

$(1+10\%)x - x(1-10\%)(1+20\%) = 0.25$

$x = 12.5$ 美元

$12.5 \times (1+10\%) = 13.75$ 美元,即为衣服卖价。

13. 李白打酒

原有7/8斗。

分析:若原有酒A斗,则有 $2[2(2A-1)-1]-1=0$,即A为7/8。

14. 称牛

可以让牛站在海绵上,并记下牛使海绵下沉的刻度后,让牛走下来;然后在海绵上放上石块,直到下沉到同样刻度为止;再用秤称出每块石块的重量,所有石块的重量相加,就是牛的重量。

15. 趣猜年龄

把第1个余数乘以70($2\times70=140$);把第2个余数乘以21($0\times21=0$);把第3个余数乘以15($1\times15=15$);把上述3个计算结果加起来($140+0+15=155$);把上式的结果除以105,所得的余数即是所要猜的年龄(155/105,所得余数为50,或 $155-105=50$)。一般地说,如果a、b和c分别是年龄除以3、5和7所得的余数,那么计算年龄的公式是固定的,就是:$(70a+21b+15c)/105$,余数即为年龄。

16. 韩信带兵

先求出5,9,13,17之间的最小公倍数,因为这些数都是两两互质的数,所以他们的最小公倍数就是它们的乘积9945。又因为兵不满1万,所以只要在最小公倍数上加3就能求出兵的总数,所以韩信统领的兵的总数为9948人。

17. 商店的常客

168人。假设常客的人数为x,自可列出以下等式:$x = x/2 + x/4 + x/7 + x/12 + 4$,求得 $x = 168$。

18. 猴子捞月

捞月亮的一共有11只猴子。

19. 抽签比赛

最少要打1044场才可决出冠军。由于每一场只淘汰1个人,而要决出冠军,须淘汰1044人。所以最少要打1044场。

20. 船与浮物

“越洋号”船顺水而下的速度为船速加上水流的速度。浮物的速度即水流的速度,所以“越洋号”船与浮物的速度差为船速。已知2分钟后,“越洋号”船与浮物相距1公里,由此可知,船速 $=1/(2/60)=30$(公里/小时),“超越号”船逆水而上的速度为船速减去水流的速度,“超越号”船和浮物相向而行,速度之和为船速。因此,相遇时间 $=90\div30=3$(小时)。

21. 37个人过河

9次。

22. 昆虫的数量

假定18只昆虫都是6条腿的蜻蜓和蝉,那么腿的总数将是 $6\times18=108$(条)。实际上有118条腿,相差 $118-108=10$(条),多出的腿就是蜘蛛多出的腿,这样就求出蜘蛛有5只。从昆虫总数中减去蜘蛛的只数,得到蜻蜓和蝉共有 $18-5=13$(只)。再用上述同样的方法可以求得,有5只蜘蛛,6只蝉。最后得到,共有7只蜻蜓,5只蜘蛛,6只蝉。

23. 发车次数

发了31次车。从上午8点到下午6点共10个小时,如果每20分钟一次的话,共可以发30次。又因为8点整发出1次汽车,下午6点整也发出1次汽车,所以共发了 31 次车。

24. 什么时候放假

实际上是办不到的,因为安排座位的数字太大了。它需要 $10\times9\times8\times7\times6\times5\times4\times3\times2\times1=3628800$ 天,这个数字的天数相当于 10000 年。

25. 聪明的姑娘

不能答应。如果是半价,那两匹布就只值 10 元钱,一匹布也就值 5 元钱。5 元钱是不能抵消两匹布的半价的 10 元钱的。

26. 饲养狼狗

40 天。由已知事实可得出下面的结论:母狗单独吃一桶肥肉要用的天数:$1/(1/60-1/210)=84$(天)$=12$(星期)。公狗单独吃一桶瘦肉要用的天数:$1/(1/56-1/280)=70$(天)$=10$(星期)。

公狗吃瘦肉的速率为 10 星期吃一桶,因此它将用 5 星期吃完半桶。在这段时间内,母狗将吃掉 5/12 桶肥肉,这就留下 1/12 桶肥肉让两条狗合吃,其速率为 60 天吃完一桶。因而它们将用 5 天时间把肥肉统统吃光,于是总时间为 35 天再加上 5 天,即一共需要 40 天。

27. 分饼

3 张饼被切分了 4 刀,4 张饼被切分了 3 刀。

28. 移动宣传员

设宣传员到达排头时走过了 a 米,设队伍与宣传员的速率比是 m,这时队伍前进的距离为 $a-100$ 米

则有:$a/m=a-100$

设宣传员返回排尾时又走过了 b 米,这时队伍又前进了 $100-b$ 米

则有:$b/m=100-b$

又:队伍共前进 100 米,宣传员往返走了 $a+b$ 米

则有:$(a+b)/m=100$

解以上三元一次方程组,得:$m=(1+\sqrt{2})$

$a+b=100m=100(1+\sqrt{2})$ 米

29. 百鸡图

分析:设公鸡、母鸡、小鸡各为 x、y、z 只,列方程:

$x+y+z=100$

$5x+3y+z/3=100$

三个未知数,两个方程,有若干个解。解决此类问题采用"穷举法"也称为"枚举法"或"试凑法",把每一种情况都考虑到。

现在假定没买大公鸡。那么方程也就变成了 $y+z=100$

$3y+z/3=100$

这样,$y=25$,$z=75$。

在这道题中,我们可以看到这样的联系:4 只大公鸡和 3 只小鸡崽共值 21 个铜钱,而 7 只大母鸡也值 21 个铜钱。这就是说,每增加 4 只大公鸡和 3 只小鸡,同时减少 7 只大母鸡,不仅总只数保持不变,钱数也不变。

有了上面的观察结论和特例结果,我们可用增减法求得百钱买百鸡的各种情况如下:

有四组解:

(1)公鸡 0 只,母鸡 25 只,小鸡 75 只;

(2)公鸡 4 只,母鸡 18 只,小鸡 78 只;

(3)公鸡 8 只,母鸡 11 只,小鸡 81 只;

(4)公鸡 12 只,母鸡 4 只,小鸡 84 只。

30. 米商的麻烦

将 9 公斤米分别放在天平的两端,使天平平衡,天平的每一端的米是 4500 克。然后再将这 4500 克米放在天平的两端,得到 2250 克米。最后,一端放着 2250 克米,另一端放 250 克的砝码,从 2250 克米中取下来使天平保持平衡的米数就是 2000 克。

31. 巧算平方数

将末位数是 5 的两位数的十位上的数字设为 x,这个数就是 $10x+5$,那么 $(10x+5)^2=100x^2+100x+25=100x(x+1)+25$,这正是露露巧算平方数的原理。

32. 钓鱼

3 人的条数分别为 3、4、7。

33. 你会算平均速度吗

如果你得的是 12.5 公里就错了,因为来回是等距离,平均速度应该考虑时间因素。我们假定距离是 30 公里,那么可以算出来回时间 $(30\div15)+(30\div10)=5$,那么平均速度 $60\div5=12$(公里)。

34. 金公鸡

农夫可以成为百万富翁，但也可以不是，要看邻居是怎么理解的。因为金价是8万元一斤，如果按公鸡的重量来看，农民只能有“16万”；但如果按鸡的体积来算，公鸡若是金子做的，那么这金鸡将有三十多斤（鸡的比重约为2斤/立方分米，金子的比重约为38斤/立方分米），农民就会成为百万富翁。

35. 吃草问题

根据题意，我们可以分析得出：

(1)羊和骡子共需要90天，即一天吃掉1/90；

(2)牛和羊共需要60天，即一天吃掉1/60；

(3)牛和骡子共需要45天，即一天吃掉1/45；

于是三者2天共吃掉：1/90 + 1/60 + 1/45 = 18/360

所以三者1天吃掉9/360，所以可以得出三者一共需要360/9 = 40天。

36. 数鸟

有5只，排的“人”字形。

37. 运油

第1次装40桶到对岸，只搬30桶上岸，留10桶载回；第2次从岸上再搬30桶，到对岸也搬30桶上岸，第3次就可以运完了。

38. 谁的任期长

第一个部落首领时间长，任期2568天；另一个是2530天。

39. 最聪明的人

赢了的小伙子是乘船去的。可以设路程为s，船速为v。那么时间t = s/v。骑马人步行用的时间可算1/3s ÷ 2v/5 = 5s/6v = 5/6t，而骑马用的时间为2/3s ÷ 3v = 2/9t，骑马人全部时间是5/6t + 2/9t = 1又1/18t，两者所用时间相比较可知，骑马人慢了一步。

40. 剧院的座位安排

红红想了一会就算出来了。男子17人，女子13人，小孩90人，一共刚好120人。你算出来了吗？

41. 大牧场主的遗嘱

大牧场主有7个儿子，56头牛。大儿子拿了2头牛，他老婆拿了6头；第二个儿子拿了3头牛，他老婆拿了5头；第三个儿子拿了4头牛，他老婆也拿了4头。这样依此类推，直到最后，第七个儿子拿到8头牛，但牛已经全部分光。现在每个家庭都分到8头牛，所以每家可以再分到1匹马。于是他们都分到了价值相等的牲口。

42. 兔子背胡萝卜

先背50根到25米处，这时，吃了25根，还有25根，放下。回头再背剩下的50根，走到25米处时，又吃了25根，还有25根。再拿起地上的25根，一共50根，继续往家走，还剩25米，要吃25根，到家时剩下25根。

43. 巧到三升水

先用6升的水壶取6升水，然后从6升壶往5升壶倒满水，那么6升壶还剩下1升水。把5升壶的水倒光，再把6升壶里的1升水倒人5升壶里。再把6升壶取满水，往5升壶里倒水，倒满时，6升壶里还剩下2升水。把5升壶的水倒光，再把6升壶里的2升水倒入5升壶里。用6升壶取满水，往5升壶里倒水，倒满时，共往5升壶里倒了3升水，6升壶里还剩下3升水，就得到了3升的水。

44. 正确时间

这段对话发生在上午9:36。

设现在的时间为x，则根据题中已知条件可以列出如下方程：$x/4 + (24 - x)/2 = x$。解得：$x = 48/5$，也就是上午9点36分。注意；从文中时间的叙述可以看出他们对话的发生在上午。如果不考虑这一点，也可以设想时间是在下午，那么，下午7:12同样是一个正确的答案。

45. 租了多少地

这块地有20亩，他要交的麦子有800公斤。

46. 图书的数量

这批书一共有999本。

47. 鸡、鸭、鹅

已经知道一只鸡和一只鸭共重6千克；一只鹅和一只鸭共重8千克。那么一只鸡和一只鹅与两只鸭共14千克，所以可以知道一只鸭4千克。

48. 营救

不能。因为汽车开进悬崖后，营救人员还有20

米没有跑。

49. 按劳分配

各得50元。因为赵四撒一小块地的种子用40分钟,那么撒6小块地就要用240分钟。因为他撒一小块的时间与埋土的时间相同,所以他种完6小块地共用480分钟,也就是8小时。王五种其余6小块地,他撒种子用了120分钟(撒一小块地20分钟),埋土用了360分钟,种完地共用了480分钟,也是8小时。这样,他们俩做了等量的工作,用了相同的时间,工钱应两人均分,各得50元。

50. 分啤酒

男同学33人,女同学66人。

51. 放羊

至少有99只。11和13的最小公倍数是143,这就是羊的总数,143－44＝99,这就是另一群羊的数量。

52. 八仙过海

最少3次才能把8位神仙渡过海去。

53. 大树与绳子

绕树1圈需要绳长3＋1＝4(米),绕树3圈,就需要4×3＝12(米)长的绳子。

54. 断开的风铃花

因为并没有要求绳子是直的,所以可以用5个风铃花连成一个圈。

55. 和尚分馒头

你可以用“编组法”。由于大和尚一人分3个馒头,小和尚3人分一个馒头。合并计算,即是:4个和尚吃4个馒头。这样,100个和尚正好编成25组,而每一组中恰好有1个大和尚,所以我们可立即算出大和尚有25人,从而可知小和尚有75人。

100÷(3＋1)＝25,100－25＝75。

56. 值多少

狗＝12,马＝9,鸟＝5,猪＝7。

57. 秘密行动

本杰伦的失误在于没有考虑到火车本身的长度:30秒是火车头进入隧道到驶出隧道的时间,但是车身还在隧道中,火车实际完全驶出隧道的时间为45秒。所以,炸药爆炸的时候只炸断了铁轨,对火车本身并没有造成太大影响。

58. 沙滩晨练

在这个队伍里有275名战士和85条狗。

战士:(360×4－890)÷(4－2)＝275(个);警犬:360－275＝85(条)。

59. 数学迷的游戏

露斯的年龄是50岁。这道题要求解题者既想到代数计算又会合理分析。

首先,在已给两个条件下,我们可以算出各种可能的年龄组合:2450＝7×7×5×5×2;这意味着:可能的组合有:

(1)2,5,245
(2)2,7,175
(3)2,25,49
(4)5,7,70
(5)5,10,49
(6)5,14,35
(7)7,7,50
(8)7,10,35

这些年龄之和又分别是:

(1)252;(2)184;(3)76;(4)82;(5)64;(6)54;(7)64;(8)52

杰克是知道亨利＋杰克等于多少的。可是他却说他算不出来！这意味着亨利＋杰克＝64。因为其他结果都会马上导致杰克将年龄组合分析出来,而64这样一个结果使得他不知道是第五种还是第七种组合。但他却又知道露斯的年龄,于是根据A、B、C都比露斯年轻这一信息,他马上可以断定,第七种组合不符合要求。反过来,我们也可以根据杰克后来知道了结果这一信息,可以断定露斯只能是50岁,因为露斯哪怕大一点点,为51岁,杰克就无从找出唯一的年龄组合,使得满足所有已知信息。

60. 多少级台阶

一共有119级台阶。

61. 雇员的工资

(12－5)÷(1－7/12)－12＝7×12/5－12＝4.8(元)

这件衣裳值4.8元。

62. 抽牌的秘密

51张牌被平均分发成3份,每份是17张。实际上,每发一次牌,就等于每份牌都被3除一次。每次收牌,都要把有所要记牌的那摞牌夹在其他两摞中间,经过3次收发牌,他想要的那张牌必然就是其中一摞牌里最中间的一张,也就是第9张。至于在哪一摞里,观众已经告诉他了。

63. 小白鼠历险记

小白兔从10号圈窜到了6号圈,把6、7、8、9号圈内的灰鼠依次挤到了7、8、9、10号圈内。

64. 冒险的情郎

设x为路程的长,y为去时所花的时间,z为返回时所花的时间,则已知x/y=5,x/2=3,而y+z=7。由这些方程可求出往返路程等于26.25英里。

65. 尼斯湖怪物

思考方式如下:怪物的身长是20米再与自身长度一半的和。假设怪物被分成均等的两部分,如果怪物的长度是其中的一半与20米的和,那么20米必定是其中另一半。所以,怪物的总长度是40米。

代数方程相当简单,设怪物全长为X,则X=20+X/2

这下你能明白解法是多么简单了吧?

66. 保险柜的密码

内圈的数是8。

并不是要将内圈的数字一一对上,只要将外围的最小数与内圈的最大数对上就行了。这样,里外圈的数字相加都是13。

67. 喝酒

B。

乙应该喝3瓶,丙应该喝6瓶。按原来三人来完成这项工作,每个人平均要3个小时。甲的这3个小时,是由乙做了1个小时,丙做了2个小时代替的。所以,9瓶啤酒,乙应该喝1/3,丙应该喝2/3,即乙喝3瓶,丙喝6瓶。

68. 抽水与灌水

C。

设需要X小时抽完,水池总量为1,则灌水速度为1/15,抽水速度为1/20,列方程得:X/20=1/15×3,解得X=4。所以选C。

69. 种芍药花

A。

(1)在圆形花坛上栽花,是封闭路线问题,其株数=段数。

(2)由于相邻的两棵芍药花之间等距的栽有两棵月季花,则每6米之中共有3棵花,且月季花棵数是芍药花的2倍。

由此可解:共可栽芍药花:180÷6=30(棵)

共栽月季花:2×30=60(棵)

两种花共栽:30+60=90(棵)

两棵花之间距离:180÷90=2(米)

相邻的花或者都是月季花或者一棵是月季花另一棵是芍药花,所以,月季花的株距是2米或4米。

70. 连撕日历

第一张是2号,最后一张是10号。

71. 脱险者有几人

到达岛上要4分钟的话,来回就要花8分钟。先让5个人乘船上岛,因为必须有1个人要把船划回来,所以只有4个人到达岛上避难(花8分钟,4人获救)。然后再载5个人到岛上,1个人再驾船回来(16分钟,8人获救),当船再载5个人离开后,就没有时间再回来接人了,当船到达岛上时,那艘船已经沉了。所以最多能有13人安全脱险。

72. 国际刑警的难题

先从第一个助手开始去的那个晚上计算。如果7个恐怖分子头目能同时碰面,他们之间间隔的天数一定能够被2、3、4、5、6、7整除,现在我们可以很方便地得出这个数字是420。

因此,在他们开始会面的第42天,7人将首次同时出现。而由于他们已经在G国住了一年,所以离这一天的到来已经不会太远了。

73. 文具的价格

假设铅笔为X,钢笔为Y,圆珠笔为Z,橡皮为Q,可以得出:

2Z + 1Q = 3　　(1)

4Y + 1Q = 2　　(2)

3X + 1Y + 1Q = 1.4

把(1) ×1.5,把(2)/2,可以得出:

3Z + 1.5Q = 4.5

2Y + 0.5Q = 1

3X + 1Y + 1Q = 1.4

把三者加起来就是 3X + 3Y + 3Z + 3Q = 6.9,由此可得 X + Y 十 Z + Q = 2.3(元)

74. 古董商的交易

他赔了5元。假设甲古币收购时花了A元,乙古币B元,那么,A(1 + 20%) = 60,得 A = 50,B = 75,A + B = 125,因此赔了5元。

75. 黑色星期五

如果4月13号是星期五,那么下一个13号且是星期五的应为7月13号,相距97天。

第七辑　语言力——世界在你描绘

语言表达能力是一个人的基本能力,但如果运用好的话,就可以成为个人的超能力,是智慧与成熟的表现。

想知道如何才能妙语连珠吗？想知道怎样把说话当成一门艺术吗？想知道那些聪明人是如何与敌人针锋相对吗？好,现在马上进入精彩的语言世界,去感受聪明人的智慧与语言的碰撞!

注意:名人不是靠说名言而出名的。

1. 曹操的字谜

游戏难度:★☆☆☆☆ 最佳完成时间:1 分钟

曹操不仅是东汉末年有名的大政治家、军事家,还精通文学,且造诣很深。有一天,他制作了一个谜语想考考两个儿子的才学水平,题目是这样的:一对燕子绕天飞,一只瘦来一只肥。一年四季来一次,一月里倒来三回。打一个字。

聪明的你能猜出答案来吗?

2. 无赖和愚蠢

游戏难度:★★★☆☆ 最佳完成时间:3 分钟

一次,谢里登访友归来时,在伦敦街上迎面碰上了两个公爵,这两个人平时总爱讽刺这位作家出身的议员。

他俩假装很亲热地与谢里登打招呼,其中一个拍拍他的肩膀说:"嗨,谢里登,我们正在讨论:你这个人是更无赖些呢,还是更愚蠢些?"

"哦,这样啊。"谢里登立即站到他们二人中间,平静地说了一句话,便使这两位公爵无地自容。你知道他是怎么说的吗?

3. 唐伯虎出字谜

游戏难度:★★★☆☆ 最佳完成时间:3 分钟

据说唐伯虎曾经出过一个字谜,并称答对者可以获得他赠送的字画。但是唐伯虎并没有将谜题写在纸上,他只是站着不动,旁边趴着他的小狗。由于唐伯虎一直站着没有动,也没有说话,人们都认为他出字谜一说完全是假的,正当人们要离去时,一个小伙子走过来,他对唐伯虎说:"我知道你的字谜。"说着就做了一个趴在地上的动作。周围的人都不解,唐伯虎却开口说话了,并双手将自己的字画赠给他。

请问,唐伯虎出字谜了吗?若出了,谜底是什么呢?

4. 拒绝采访

游戏难度:★★☆☆☆ 最佳完成时间:2 分钟

罗素于 1920 年曾来过中国,可到中国后生了一场大病。病后,他拒绝任何报社的采访。这也引起了一些媒体的不满,有一家日本报社甚至故意刊登了他已去世的消息。后虽经罗素交涉,报社仍不愿收回此消息。不仅如此,这家报社还在罗素回国的路上设法采访他。罗素十分厌恶这样的报社,便让秘书给这家报社的记者分发印好的字条,看到字条写的内容后,记者们只好不再提采访罗素之事。

你知道字条上写着什么吗?

5. 冻雨洒窗

游戏难度:★★★☆☆　最佳完成时间:3 分钟

有一天,明代文学家蒋焘的父亲在家待客,客人是位很有学问的人。谈话间,外面下起小雨,点点滴滴淋湿了窗户,客人一时兴起,马上吟出了一个上联,让在座的人对答:

冻雨洒窗,东二点,西三点。

这句是拆字联,是把"冻"、"洒"两字拆成"东二点"、"西三点",与景物相映,显出奇妙。在座的人都努力思索,左思右想,可是谁也对不上,屋内一片寂静。

这时站在一旁的蒋焘一眼看到父亲用来待客的切好的西瓜,于是脱口而出,对出了下联。大家听了齐声叫好。

试问,他对的下联是什么呢?

6. 抽象画

游戏难度:★★☆☆☆　最佳完成时间:2 分钟

有一次在巴黎,世界著名画家毕加索和一位士兵聊起了绘画。士兵坦率地对毕加索说:"我不喜欢抽象画,因为它不真实。"毕加索听后没有反驳这位士兵。两人在闲谈间,士兵拿出了自己女朋友的照片给毕加索看,并兴奋地说:"这是我的女朋友。"毕加索看了一会儿故作惊讶地说了一句话,温和而幽默地证明了士兵之前对抽象画的荒谬理解。你知道毕加索对着照片说了一句什么话吗?

7. 智救工匠

游戏难度:★★☆☆☆　最佳完成时间:2 分钟

有一天,明朝开国皇帝朱元璋率文武大臣巡视正在建造的金銮宝殿,兴致上来,不小心说漏了嘴,道:"想当年我朱某打家劫舍,……"话还没讲完,忽抬头见屋梁上有两个工匠正在干活,发现自己"失言",朱元璋心想,此话若被他们传出,岂不留下笑料,便传旨将两人斩首。随行的刘伯温不忍目睹工匠被无辜杀害,便暗示他们不动声色,并且对朱元璋轻描淡写地说了些话。也正因为这些话,才使朱元璋的心里踏实了许多,免了二人的"死罪"。

你知道刘伯温对朱元璋讲了些什么吗?

8. 寿文的含义

游戏难度:★☆☆☆☆　最佳完成时间:1 分钟

清乾隆皇帝过六十岁大寿,举行国庆大典,满朝文武大臣都来祝寿送礼。翰林大学士纪晓岚呈来一幅八尺红绫,上写有十三个金字寿文:"祝福皇帝九千九百四十岁大寿!"

文武大臣一见,都大惊失色。一些大臣更说纪晓岚对皇帝大不敬,但是当皇帝看过纪晓岚呈的寿文后,不但不生气,反而龙颜大悦,赞道:"纪爱卿绝才!"并赐寿酒三杯。

请问,你知道寿文究竟是什么意思吗?

9. 语言的力量

游戏难度:★☆☆☆☆　最佳完成时间:1 分钟

一次,有个人想捉弄德国著名诗人海涅,因为海涅是犹太人,便对他说道:“我去过一个小岛,那岛上什么都有,只缺犹太人和驴了。”听了如此带有侮辱性的语言,海涅并没有发怒,只平静地说了一句话,就让那人落荒而逃了。

聪明的你,能猜出海涅说了一句什么话吗?

10. 唐诗填字谜

游戏难度:★★★☆☆　最佳完成时间:3 分钟

唐诗填字谜是运用灯谜中的“漏字法”先填好唐诗句中的空格,然后顺着填进的字运用借巧、烘托、增损等手法,另成谜底。

(1)二十四____明月夜。(戏曲影片名)

(2)旧时王谢堂前____。(影片名一)

(3)转轴拨____三两声。(影片名一)

(4)____能得几回闻。(影片名一)

(5)今____不乐思岳阳。(影片名一)

(6)鸳鸯不独____。(影片名一)

(7)宠极____还歇。(影片名一)

(8)____不与周郎便。(京剧名一)

(9)相见时____别亦____。(成语一)

(10)孤帆天____看。(成语一)

(11)言师采____去。(中药名一)

(12)____长江滚滚来。(成语一)

(13)我辈岂是蓬蒿____。(成语一)

11. 租房子

游戏难度:★★☆☆☆　最佳完成时间:2 分钟

有一家人决定搬进城里,于是去找房子。

全家 3 口,夫妻两个和一个 5 岁的孩子。他们跑了一天,直到傍晚,好不容易才看到一张公寓出租的广告。

他们赶紧跑去,房子出乎意料地好。于是,就前去敲门询问。

这时,温和的房东出来,对这 3 位客人从上到下地打量了一番。

丈夫鼓起勇气问道:“这房屋出租吗?”

房东遗憾地说:“啊,实在对不起,我们公寓不租给有孩子的住户。”

丈夫和妻子听了,一时不知如何是好,于是,他们默默地走开了。

那 5 岁的孩子把事情的经过从头至尾都看在眼里。那可爱的心灵在想:真的就没办法了?他用那小手,又去敲房东的大门。

这时,丈夫和妻子已走出很远,都回头望着。

门开了,房东又出来了。这孩子精神抖擞地说……

房东听了之后,高声笑了起来,决定把房子租给他们住。

12. 破解隐语

游戏难度:★★★☆☆　最佳完成时间:3 分钟

香港警署截获了某走私集团的一份奇怪的情报,上面有 4 句隐语:

"昼夜不分开，二人一齐来，往街各一半，一直去力在。"

某警员经过研究，弄懂隐语的意思，并连夜集合警员，作了战斗部署，很快破获了这个走私集团。你能判断出这4句隐语的意思吗？

13. 聪明的穷秀才

游戏难度：★★★☆☆　最佳完成时间：3分钟

有个穷秀才，读了许多书，却缺吃少穿，只好到一个财主家教书。

财主家有4个孩子，都由穷秀才教，不到一年，他们已识了不少字。

年底，财主想赖掉工钱，就跟4个孩子一起听课，准备找岔子。穷秀才看出财主没安好心，就暗暗打定主意，不再讲课。

穷秀才问："你们知道我今天要讲什么吗？"4个孩子都说不知道。穷秀才说："那你们就好好想想，等想到了我再来教你们！"

穷秀才转身就走。老财主代4个孩子说："他们知道你要讲什么！"

穷秀才笑笑："他们既然知道了，还要我讲什么？"说完就走了。

财主关照4个孩子："明天他再问，你们就说两人知道，两人不知道！"

第二天，穷秀才一句话就把财主教孩子说的话顶回去了。你猜这句话怎么说的？

14. 施氏食狮

游戏难度：★★★★☆　最佳完成时间：4分钟

下面这篇文章是我国著名语言学家赵元任先生写的一篇看得懂难读清的奇文，请将它流利读出，并翻译成白话文：

石室诗士施氏，嗜狮，誓食十狮。

氏时时适市视狮。

十时，适十狮适市。

是时，适施氏适市。

氏视是十狮，恃矢势，使是十狮逝世。

氏拾是十狮尸，适石室。

石室湿，氏使侍拭石室。

石室拭，氏始试食是十狮。

食时，始识是十狮，实十石狮尸。

试释是事。

15. 天下第一长联

游戏难度：★★★☆☆　最佳完成时间：3分钟

云南昆明滇池大观楼的长联堪称"古今天下第一联"，为清朝孙髯翁所做，共180个字。请你给它断句，并加上标点，便可领略滇池风貌了：

五百里滇池奔来眼底披襟岸帻喜茫茫空阔无边看东骧神骏西翥灵仪北走蜿蜒南翔缟素高人韵士何妨选胜登临趁蟹屿螺洲梳裹就风鬟雾鬓更苹天苇地点缀些翠羽丹霞莫辜负四围香稻万顷晴沙九夏芙蓉三春杨柳。

数千年往事注到心头把酒凌虚叹滚滚英雄谁在想汉习楼船唐标铁柱宋挥玉斧元跨革

囊伟烈丰功费尽移山心力尽珠帘画栋卷不及暮雨朝云便断碣残碑都付于苍烟落照只赢得几杵疏钟半江渔火两行秋雁一枕清霜。

16. 出奇制胜

游戏难度:★★★☆☆ 最佳完成时间:3 分钟

相传有 6 位文人想捉弄一下绍兴有名的才子徐文长,这天的酒桌上只摆了 6 盘菜,规定按年龄大小行酒令,并且酒令必须是一个典故,只要典故与桌上的菜肴有关,就可以拿这盘菜去吃。第 1 个人说:“姜太公钓鱼”,便把桌上的一盘鱼端了过去;第 2 个人说:“时迁偷鸡”,于是将一盘鸡肉端走了;第 3 个人说:“朱元璋杀牛”,牛肉就归了他;第 4 个人说:“苏武牧羊”,把羊肉也拿走了;第 5 个人说:“张飞卖肉”,就顺手将一盘猪肉移到自己面前;第 6 个人忙说:“刘备种菜”,便把最后一盘青菜端走了。

6 个人得意洋洋地正要动筷子,只听年龄最小的徐文长说声:“等一等!”接着说出了一个酒令,然后 6 个人在叹服声中把他们的菜全部都搬了过来。

你知道徐文长说出了一个什么酒令吗?

17. 新款手机

游戏难度:★★☆☆☆ 最佳完成时间:2 分钟

小刚的爸爸刚买了一款最新型的智能手机,这让小刚非常眼馋,于是恳求爸爸把手机送给他。爸爸说:“你要是能猜到我现在正在想的事,我就把手机送给你。”小刚左思右想,终于想到了一个绝妙的回答,爸爸听后不得不把心爱的手机送给了儿子。你觉得这个绝妙的回答应该是什么呢?

18. 一盘子竹片

游戏难度:★★★☆☆ 最佳完成时间:3 分钟

明代艺术家徐文长到姨夫家做客,姨夫半晌才端出一盘菜,却只有一个鸡蛋。姨夫说:“文长啊真是不好意思,你来得真不巧,要是晚来三个月。这个鸡蛋就是一碗鲜鸡汤了。”徐文长笑道:“啊,真是难为你了。”

一日,徐文长复请姨夫,半晌,端出一盘竹片,对姨夫说:“姨夫啊,真是不好意思,你来得真不巧……”

请问,徐文长是怎样回击吝啬的姨夫的?

19. 奇怪的对联

游戏难度:★★★☆☆ 最佳完成时间:3 分钟

有一个姓蔡的县官,和郑板桥是好朋友,他受了郑板桥的影响,很同情老百姓的疾苦,他俩经常在一起,到民间走访了解民情。有一年春节,他俩一起到大街上去散步,访贫问苦。忽然,他们看到一户人家的门上有一副奇怪的对联。

只见那对联的上联是“二三四五”,下联是“六七八九”。蔡县官正感到纳闷,转身一看,郑板桥不见了。等了好一会儿,只见郑板桥扛了一袋大米、几包衣服，急匆匆地赶来。他们敲开了门，原来那是一个穷书生，正又冷又饿地在发愁。郑板桥把东西送给了主人，蔡县官问郑板桥："是谁告诉你他需要衣服和粮食呢？"郑板桥得意地说："是对联谜呀！"

请猜猜看，郑板桥为什么这么做？

20. 咏物诗

游戏难度：★★★☆☆　最佳完成时间：3 分钟

有一天，郑板桥路过一座学堂，听到里面传来嘻嘻哈哈的声音，走过去一看，原来是一群调皮的学生正在课堂上打闹呢。"你们太不像话了，赶快好好读书吧！"郑板桥生气地说。

有个学生看他穿着布衣草鞋，还以为是个老农民，就没理会，郑板桥见状说："出个谜，猜不对，你们就好好读书！"他看到学堂旁边是厨房，里面有一样东西，就当场吟了一首咏物诗："嘴尖肚大个不高，放在火上受煎熬。量小不能容万物，二三寸水起波涛。"学生们猜了半天，谁都猜不出来，只好老老实实地去读书了。郑板桥咏的是什么东西呢？

21. 和珅求匾

游戏难度：★★★☆☆　最佳完成时间：3 分钟

一次，和珅求纪晓岚为自己新建的庭园大门题写横匾。纪晓岚欣然应允，提笔写了"竹苞"两个苍劲大字。和珅以为纪大学士取的是"竹苞松茂"这一成语来盛赞他园林中青翠欲滴的竹丛美色，得意非常。一天，恰逢乾隆帝莅临，不觉大笑曰："纪晓岚在捉弄你呢！"和珅不解。乾隆帝解释后，只把和珅气得嗷嗷直叫，忙叫人将匾取下砸碎。你知道纪晓岚是采用了修辞格隐语中的哪一种拆字隐语吗？

22. 聪明的伍子胥

游戏难度：★★★☆☆　最佳完成时间：3 分钟

伍子胥能文能武，能言善辩，人们都说他做相国最合适了。君王听了以后就派人把他召进宫殿，当着文武百官的面，来考考他是否有真本事。

君王让两个士兵抬来一只大鼎，伍子胥只用一只手，就把大鼎举过了头。君王又叫史官问了他许多历史知识，伍子胥也对答如流。这时老相国着急了，他怕自己的位置保不住，就出了一个谜"兄与弟同姓，弟与兄同名，兄有荫山秀，弟有万里明。"伍子胥听了谜语后，不慌不忙地说："我也有一个谜请教。霜有雪没有，箱有柜没有，你有我没有，立功自会有。"老相国冥思苦想了半天，还是说不出谜底。最后，君王让伍子胥做了相国。

你知道他们的谜底是什么吗？

23.《玉房怨》诗谜

游戏难度:★★★★★ 最佳完成时间:5 分钟

清朝末年,有一位女子叫顾春,妙龄之年,受父母之命,媒妁之言,嫁给了一个富家子弟。婚后不久,那个富家子弟便对顾春十分冷淡,常常夜不归宿。

有一年元宵佳节,顾春独坐玉房,百感交集,取来笔墨香笺,写了一首《玉房怨》。

元宵夜,兀坐灯窗下,
问苍天,人在谁家?
恨玉郎,全无一点真心话。
叫奴欲再邑(罢)不能程(罢),
吾今舍口不言他,
论交情,曾不差,
染尘皂,难说清白话,
恨不是一刀两断分两家,
可怜奴,手中无力难抛下。
我今设一计,教他无言可答。

这首《玉房怨》传出后,文人雅士都争相传抄,并加以各种评论,但皆属一般。

一日,此词落到一位才子手中,这位才子看过《玉房怨》后,高声喝彩道:"才女为情造文,不仅词如鼓瑟,声声见心,而且蕴含妙趣!"

听的人一时不解,争问是什么妙趣,才子解释后,众人叹服。

24. 缺标点的谜语

游戏难度:★★☆☆☆ 最佳完成时间:2 分钟

有这么一个谜语难倒了很多人:"一不出头,二不出头,三不出头。不是不出头,是不出头。"打一字。很多人看后不知道如何去理解,事实上。这句话是缺少标点的,请你为它加上标点,然后说出它的谜底。

25. 告示牌

游戏难度:★★☆☆☆ 最佳完成时间:2 分钟

在一个小学的附近,有一个废弃的停车场,它成了爱贪便宜的人存放自行车之处。慢慢地,这里停放的自行车越来越多,还有的停放到了马路边上,对学生上学放学造成了很大的影响,可是学校的老师也没有办法。有一天,校长想了一个办法,他在停车场立了一块告示牌,几天后,那些自行车都不见了。你知道校长在告示牌上写的是什么吗?

26. 种族语言

游戏难度:★★☆☆☆ 最佳完成时间:2 分钟

大家知道,英语中的"yes"是"是的"的意思,而"no"是"不是"的意思。但是有一个种族,他们的语言却恰好相反。"yes"是"不是"的意思,而"no"是"是的"的意思。你遇到两个人,当你问他们"今天天气好么?"的问题时,他们的回答是一个说"yes",一个说"no",

无论怎么问,他们两个的回答总是相反的。你能想想办法,使你提出一个问题后,他们的回答都是“yes”么?

27. 秀才出谜难木匠

游戏难度:★★☆☆☆ 最佳完成时间:2 分钟

有一个秀才,家底殷富,他要修建一座高雅、别致的花园。就请来当时最出名的木匠。木匠考察了自然环境,然后精心策划了假山、楼阁、亭台和池塘的样式和位置,画成草图让秀才过目。

秀才看后非常高兴,但他对其中一处有些意见。就挥笔写下:

倚阑杆离别东君,
瞬息间红日西沉。
闪多娇情人不见,
闷淹燕笑语无心。

这下把木匠给难住了,读者朋友,请你帮他想一想,秀才指的是什么地方要做修改呢?

28. 农家小伙求婚

游戏难度:★★★☆☆ 最佳完成时间:3 分钟

从前,有一个公主貌美如花,聪慧过人,到了婚嫁的年龄。她提出了一个条件:如果有谁可以提出一个问题来难倒她,她就嫁给谁。

很多人不远千里赶来,提出各种各样稀奇古怪的问题,但聪明的公主都对答如流,他们只能败兴而归。

有一个农家小伙,对公主爱慕已久,当他知道这个事情之后,苦苦地思索了一夜。第二天,他去面见公主,非常坦诚地提出那个问题,公主听罢,沉默了一会,就答应嫁给他。

聪明的读者,你能想到,这个农家小伙问的是什么问题吗?

29. 徐文长写贺联

游戏难度:★★★☆☆ 最佳完成时间:3 分钟

一日,徐文长正在家读书,突然闯进两个人来,不由分说地就把他架到当地的财主家里。原来,财主要过生日,所以“请”徐文长来给自己写一副对联。

徐文长惊魂一定,略一思索,便挥笔写下:

忠悌节孝礼义廉
贞洁贤惠容言功

这对联写得很有气势,财主也很满意。于是答谢了徐文长,就让他离开了。

等财主生日那天,他把对联挂在大堂中央,特地向宾客炫耀说这是徐文长专为他所写。宾客中有一书生对财主说:“这副对联是骂你呢!”然后悄悄给财主解释一遍。财主气得顿时昏了过去。

聪明的读者,你知道这副对联的意思吗?

30. 唐伯虎的春联

游戏难度:★★★☆☆ 最佳完成时间:3 分钟

唐伯虎号称“江南四大才子”之首,很有才气,而且写的一手好书法。有一年过年的时候,当地的一个糊涂官强烈要求他写春联,唐伯虎不便推辞,于是当场写出两副:

明日逢春好不晦气终年倒运少有余财此地安能居住其人好不悲伤。

糊涂官很是生气,要治唐伯虎的罪。唐伯虎大笑道:“大人差矣,这可是吉庆之词啊。”

于是,唐伯虎拿起对联念了一遍,众官吏哑口无言。围观群众大声叫好。你知道唐伯虎是怎么断句的吗?

31. 如何读宝塔诗

游戏难度:★★★★★ 最佳完成时间:5 分钟

你知道这首诗怎么读吗?

开
山满
杏山桃
山好景山
来山客看山
里山僧山客山
山中山路转山崖

32. 纪晓岚妙语应答

游戏难度:★★★☆☆ 最佳完成时间:3 分钟

元宵节,乾隆皇帝带文武百官,齐登城楼看灯,只见眼下是灯山人海,鞭炮齐鸣,热闹异常。乾隆非常高兴,就问身边的官员:“这城楼下有多少人?”

众人面面相觑,谁也不知道该如何回答才好,他们都回头看着纪晓岚,希望他可以替大家解围。只见纪晓岚说:“皇上,楼下虽然人数众多,但算起来,不过两个,一个为名,一个为利。”乾隆听后,哈哈大笑。

又一次,乾隆微服出巡,恰巧,这时有一家人出殡,抬着棺材往城外走去;而另一家娶亲,抬着花轿经过。乾隆问纪晓岚:“纪爱卿,人人说你聪明过人,朕现在问你,你说全国一年生多少人,死多少人?”

这是个很难的问题,因为每年臣民的生死情况是不同的,但纪晓岚却回答上来了,而且乾隆听后,也很满意。

读者朋友,你知道纪晓岚是怎么回答的吗?

33. 反驳对方

游戏难度:★★★☆☆ 最佳完成时间:3 分钟

在林肯参加总统竞选的时候,竞争特别激烈,不过林肯当时很受人们爱戴,有绝对的优势可以当选。这时,有一个竞选对手对他进行了人身攻击:“林肯先生,听说你的奶娘是个中国人,那么无疑,你具有中国血统了。”这个对手想激起当时一些反华人士对林肯的不满,从而降低林肯的选票。

林肯笑了笑,然后对这个对手说了一句话,就驳倒了对方。你猜他了一句什么话?

34. 聪明的小王子

游戏难度:★★★☆☆　最佳完成时间:3 分钟

有一天,国王把小王子叫到皇宫里,想出点难题考考他。国王问道:“你知道王宫前面的水池里共有几桶水吗?”当时大臣们一想,这个问题很不好回答,暗暗替小王子担心,但小王子眨眨眼睛,很快说出了一个让国王满意的答案。

你知道小王子是怎么回答的吗?

35. 吹牛比赛

游戏难度:★★☆☆☆　最佳完成时间:2 分钟

王明和李强在进行吹牛比赛,他们比赛谁吃得多,王明说:“我能把长江的水一口喝了。”李强说了一句话,王明输了。王明接着说:“我能把南极洲当蛋糕吃了。”李强又说了刚才那句话,王明又输了。王明再说:“我能把地球当成肉丸子一口吃了。”李强说了刚才那句话,王明还是输了。

你知道李强说的是什么话吗,为什么每次他总是赢?

36. 蒲松龄辞官

游戏难度:★★☆☆☆　最佳完成时间:2 分钟

蒲松龄学识渊博,但屡试不第。一位财主望子成龙,慕名请蒲松龄去当师爷。不到 3 个月,蒲松龄便要告辞。财主问:“吾儿文章如何?”蒲松龄回答:“高山响鼓,闻声百里。”财主又问:“吾儿在易、礼、诗诸方面不知长进如何?”蒲松龄答到:“八窍已通七窍。”说罢便启程返家。财主赶去衙门,将这喜讯告诉当师爷的胞弟。师爷说:“大哥,你让那教书匠戏弄了。”那么,知道蒲松龄的话是何含意吗?

37. 触景生情吟隐谜

游戏难度:★★★☆☆　最佳完成时间:3 分钟

南宋末年,有一老秀才,姓李名道,身边有一女,名曰玉娥。玉娥天资聪颖,能诗善谜。因此,李道夫妇爱若掌上明珠。

后来,元兵入侵,神州遭劫,百姓纷纷逃难,李道不幸病逝,其妻也在奔波途中与女儿失散,可怜玉娥无依无靠,只身流落街头,为寻生计,无奈配与城西一渔夫为偶。

一日,玉娥随夫捕鱼到江中,手提撑船用具,但见肌瘦黄脸映于清波如镜之江面,因而触景生情,伤心叹道:

妾在家翠绿娇娥,
嫁浪子受尽风波。
到而今形容消瘦,
提起来泪滴江河。

玉娥吟的这首诗,既道出了她的身世和悲惨遭遇,又隐喻了一件渔家用具,聪明的读者朋友,你能猜出谜底是何物吗?

38. 苏小妹试夫

游戏难度：★★★★★　最佳完成时间：5 分钟

传说苏轼的妹妹苏小妹，从小习读诗文，是个有才识的女辈。小妹 16 岁时，上门说亲的人很多，小妹因为自己年纪还轻，不准备过早结婚，力争年轻的时候多学点东西，因此对前来说亲的人非常讨嫌，但又不能贸然失礼。

于是她想了一个办法，要求所有求婚者答 3 道题，答对了，就嫁给他。

(1)人名

展翅翱翔，飞鸟归房，小人掌印，凿壁借光，惜日为雄，远境闲逛，娃娃献计，红热俱藏。

(2)物名

越大越好过，越小越难过，越短越好过，越长越难过，白天还好过，晚上更难过。

(3)猜字

东境脚为佳，女未肯成家，半口吃一口，音息心牵挂。

求婚者获知小妹 3 道难题后，前来应试的人不少，但都只答了第一或第二题之后就扫兴而回。有一天，苏轼诗友秦少游前来应试，他事先拜见了苏轼，苏轼很早就有意，想把妹妹许配与他，于是提示说："妹三题者，均为谜也。"秦少游听后非常高兴，前去找小妹答题，三题全部答对，小妹无奈，只好与秦少游结为百年姻缘。你能猜出苏小妹的这三则谜语吗？

39. 才子曾巩

游戏难度：★★☆☆☆　最佳完成时间：2 分钟

唐宋八大家之一的曾巩，幼时即被左邻右舍称为神童。一日，曾巩的老师带着他去春游，二人沿着蜿蜒曲折的桃花溪漫步在连绵起伏的桃花山。此情此景，老师兴之所至，捋须吟道："头上草帽戴，帽下有人在。短刀握在手，但却人人爱。"

话音刚落，聪明的曾巩脱口而出一个字，老师笑着点了点头。

请问，老师指的是什么字？

40. 谢缙巧连真假句

游戏难度：★★★☆☆　最佳完成时间：3 分钟

明代才子解缙，才高八斗，又风趣幽默，皇帝经常给解缙出一些难题来寻开心。

有一次，群臣朝罢，皇帝对解缙说："我今天让左丞相说一句真话，右丞相说一句假话，你用一个字把两句话连起来，组成一句假话，行吗？"

解缙说："可以试试"。

左丞相说："皇上坐在龙椅上"。

右丞相说："公鸡生蛋。"

满朝文武听见这两句话一真一假，毫不相干，又不能污辱皇上，看解缙怎么连法？

解缙不假思索地说："皇上坐在龙椅上看公鸡生蛋"。

一句话逗得皇帝哈哈大笑。可是，皇帝不服，连忙又说："还是刚才说的'公鸡生蛋'

这句话，你再用一个字跟上一句连成一句真话。”

皇帝的话音刚落，解缙又答了出来。皇帝和群臣听了，无不佩服解缙的才思敏捷。

聪明的读者，你知道解缙是怎样连那句真话的吗？

41. 会做诗的厨师

游戏难度：★★★★☆　最佳完成时间：4 分钟

有位厨师精通诗词，他做的每道菜，都能对出一句优美的诗句来。一位秀才故意出个难题，给厨师两只鸡蛋，要他办成一桌酒席，并且每道菜要表示一句古诗。厨师欣然接受，做了四道菜。第一道菜是两个炖蛋黄，几根青菜丝；第二道菜，把熟蛋白切成小块，排成一个队形，下面铺了一张青菜叶子；第三道菜，清炒蛋白一撮；第四道菜，一碗清汤，上面浮着四只蛋壳。

秀才见了，深表佩服。

你知道这四道菜代表了哪四句诗？

42. 和尚讥狂士

游戏难度：★★★★☆　最佳完成时间：4 分钟

唐朝末年有一个狂士，自以为精通诗词隐语，便号称天下第一。为了使自己名扬天下，狂士决定设一谜坛，并高悬一副对联：破谜世间无对手，射虎天下我为魁。

正巧有一个云游的和尚路过此地，见到这副对联不禁嗤之以鼻，自言自语地说：“好大的牛皮。”和尚的话正巧被狂士的手下人听见，立即禀告给狂士。狂士立即找到和尚说：“你若不服，可以一试。”和尚双手合十念了声“阿弥陀佛”之后，口占四句，每句各打一个字谜：

百里千军斩白旗，
天子门下无人去。
秦皇杀了余元帅，
骂得将军没马骑。

那狂士想了半天也没猜出，在围观的众人哄笑中扯下对联狼狈而去。你知道谜底是什么吗？

43. 凶手是谁

游戏难度：★★★★☆　最佳完成时间：4 分钟

从前，有一位美丽的公主突然被人杀死。皇帝闻知，立即召群臣入宫，传旨：“朕小女被害，不知凶手何人，哪位能为爱卿奏知，必有重赏。”当时宰相上前启奏：“万岁，此事小臣略知一二，但不敢直言，臣写四个字，请万岁在每个字上各填一笔，即知凶手。”奏罢，呈上一纸。皇上过目，写的是“菜、如、禾、七”四个字，只是“如”字的“口”字不知何故写成了“已”。你知道凶手是谁吗？

44. 添字

游戏难度:★★★☆☆ 最佳完成时间:3 分钟

古时有个大贪官,居然还想为自己立一个清廉的美名,在大堂外贴了一首诗:

“一不要钱,二不要命,三不要官,四不要名。”

一位才子听说这件事后非常气愤,便在每句诗的后面添了两个字,使意思大变,有力地讽刺了那个贪官。

聪明的你,能猜出才子添的是哪些字吗?

45. 加字

游戏难度:★★★☆☆ 最佳完成时间:3 分钟

南宋末年,宋朝大势已去,爱国将领陆秀夫为保护 9 岁的小皇帝,拼死抵抗元兵追杀,南宋降将张弘范为讨好新主,派大批人马准备活捉陆秀夫和小皇帝,陆秀夫终因寡不敌众,被逼到珠海。他宁死不当汉奸,抱着小皇帝投奔怒海。

陆秀夫抱幼主投奔怒海后,张弘范竟然在珠海边的岩山上树起一尊石碑,上面刻着“张弘范灭宋于此”,企图以元朝开国功臣留名后世。

张弘范的行为让当地的南宋村民们十分愤怒,他们欲把石碑推倒。一位秀才说,不用推倒石碑,只要加一字就可以了。

石匠照这位秀才的话刻上了一个字,这块功碑果然就变成了叛徒的耻辱柱。

你知道秀才加的是个什么字吗?

46. 改对联

游戏难度:★★★☆☆ 最佳完成时间:3 分钟

从前有个傲慢专横的进士,总是喜欢炫耀自己。一年春节,他为了炫耀,在自己的大门上贴了这么一副对联:

父进士、子进士,父子皆进士;

婆夫人,媳夫人,婆媳均夫人。

正巧,有个穷秀才路过他家门时看见了这副对联,对他这种不可一世的态度十分鄙视。

夜晚,他趁四下无人就悄悄将对联上的字加改了一些笔画。

第二天一大早,进士的家门前就围满了大堆看热闹的人,有人笑,有人嘲讽,还有人叫改得好!

进士一看对联,立即晕了过去。

你知道秀才是如何改的对联吗?

47. 挺胸和弯腰

游戏难度:★★★☆☆ 最佳完成时间:3 分钟

当年,中美关系初步改善的时候,美国前国务卿基辛格先生第一次来华访问,他问周恩来总理:“我们美国人总挺起胸走路,你们中国人为什么老是弯着腰呢?”他认为,美国人走路挺起胸是健康、自信、有力量的表现,而中国人弯腰走路是有病、无力、没有自信心的表现。面对这种不怀善意的问题,周总理先是哈哈大笑,接着笑着说了一句话,使基辛格不得不肃然起敬，你知道周总理是怎样说的吗？

48. 回帖

游戏难度：★★☆☆☆　最佳完成时间：2 分钟

古时候，有个吝啬的财主要办喜事，于是发了很多请帖给达官贵人和有钱有势的亲朋好友，令财主为难的是，他还有一个亲戚在附近，按道理是必须请的，不请别人也会说闲话。但这个亲戚比较穷酸，若是请他来了，他必定送不起大礼，反而还要和其他客人一样吃喝，算起来自己还要陪。最后，老财主想了一个主意，他给穷亲戚发了一张请帖，请帖上写了这样几句话："若是来，便是贪吃；若是不来，便是不赏脸。"

那个穷亲戚看了请帖之后就备了一份薄礼，并写了一张回帖。老财主看到回帖后十分难堪。你知道回帖上写的是什么吗？

49. 最好的溶剂

游戏难度：★☆☆☆☆　最佳完成时间：1 分钟

有一个人天生爱吹牛，而且人们往往反驳不了他。一天，他又开始吹牛："我最近发明了一种溶剂，它是世界上最好的溶剂，无论什么东西它都能溶解。"这个人说完摆出一副得意的样子，人们都不知道如何反驳。这时，一个小孩子向他问了一个问题，他立即哑口无言，再不敢吹自己的这个发明了。

你知道小孩说了句什么话吗？

50. 哑巴吃黄连

游戏难度：★★★☆☆　最佳完成时间：3 分钟

一次，在联合国大会上，英国工党的某位外交官同前苏联外交部部长莫洛托夫发生争辩。

辩到理屈词穷时，他忽然想起莫洛托夫出身贵族，于是像抓到了救命稻草般重新发起攻势："莫洛托夫先生，你是贵族出身，而我家祖祖辈辈都是矿工，我们两个究竟谁能代表工人阶级呢？"善于随机应变的莫洛托夫不动声色地说："你说得对，我出身贵族，而你出身工人。不过……"

莫洛托夫的回答让这位外交官如哑巴吃黄连一样，有苦说不出。你知道他是怎么回答的吗？

51. 巧妙的拒绝

游戏难度：★☆☆☆☆　最佳完成时间：1 分钟

有一次，英国文学大师萧伯纳被一个美丽而浅薄的女明星所追逐。女明星想和他结婚，她的理由是："如果我俩结了婚，生出的小孩，美丽像我，聪明像你，岂不是天下第一流的人物吗?”萧伯纳听了以后,只说了一句话,就巧妙地拒绝了女明星的追求。

你知道他是怎么说的吗?

52. 绝妙反击

游戏难度:★☆☆☆☆　最佳完成时间:1 分钟

新中国成立前,在上海租界的一家餐厅门口竖着一个木牌,上面写着:“华人和狗不得入内。”这时,一个外国人从餐厅里出来,见到了一个中国人,得意洋洋地说道:“里面真的没有中国人和狗!”这个中国人该怎样反击他呢?

53. 故事接龙

游戏难度:★★★☆☆　最佳完成时间:3 分钟

经过几轮严格筛选,选美大赛已接近尾声,只剩下 4 位佳丽过关斩将。最后一轮是组委会准备的一项智力比赛,考一考 4 位佳丽的现场反应。

主持人神采奕奕,手持话筒饱含激情地说:“下面有请 4 位佳丽做一个故事接龙游戏。首句是“今晚的月光很好……”

A 小姐接过话筒,吐字清晰地说:“今晚的月光很好,演出结束后,我独自一人走在回家的路上,忽然身后传来一声枪响……”

话筒传到 B 小姐手上,她几乎不假思索地说:“我慌忙回头一看,看到警察在追捕一个持枪的歹徒……”

C 小姐更是胸有成竹:“经过几番搏斗,警察终于制伏了歹徒。”

观众和评委都觉得 C 小姐给 D 小姐出了一个难题,故事讲到这儿,似乎可以结束了。这时话筒已经传给了 D 小姐。D 小姐灵机一动,想到了一个新颖而巧妙的结局,最后她获得了本次选美大赛的冠军。

你知道她是怎样接下去的吗?

54. 黄鱼的吃法

游戏难度:★★★★☆　最佳完成时间:4 分钟

有一次,皇帝召集所有的御医询问养生之道,御医们一致认为皇帝应该多吃黄鱼。但黄鱼的哪部分最有营养,御医们却达不成一致意见。

第一个御医认为皇帝应该多吃鱼头;而第二个御医认为鱼身最有营养;第三个御医认为鱼鳔的滋补益处最大;最后一个御医却坚持说鱼尾才是最好的补品。

几个御医各执己见,最后只好找一位老渔翁来判断。聪明的老渔翁不敢得罪几位御医,可是又不能欺骗皇上。他灵机一动,不紧不慢地说了一番话。结果不但皇帝很满意,4 位御医的脸上也都露出了笑容。

你能猜到聪明的老渔翁究竟说了什么话吗?

55. 怪异的小昆虫

游戏难度：★★★☆☆　最佳完成时间：3 分钟

英国科学家达尔文在一位隐居乡间的故友家做客。

友人的两个孩子决定趁机逗弄一下这位显赫的科学家。他们捕捉了一只蝴蝶，一只蚱蜢，一只甲虫，一条蜈蚣，取下蜈蚣的躯体，撕下蝴蝶的翅翼，拔下蚱蜢的大腿，摘下甲虫的脑袋，小心翼翼地拼凑起来，粘合成一只奇形怪状、肢体异样的小昆虫。然后把它放在匣子里，带到了达尔文的面前。

"我们在地里捉到了这个昆虫。达尔文先生，您能否告诉我们：它属于哪一种类型？"

达尔文看了一下，随后又向孩子们瞟了一眼，微笑地说："孩子们，你们留意了没有：在捕捉的时候，它们会不会叫？"

"会叫的。"他们回答，彼此用臂膀打着暗语。

你能猜出达尔文是如何回答的吗？

56. 机智的回答

游戏难度：★★★☆☆　最佳完成时间：3 分钟

一个农夫在喂猪，有人过来问他："你用什么喂猪？"

农夫回答："用吃剩的东西和不要的菜皮。"

那人说道："我是大众健康视察员，你用营养欠佳的东西去喂大众吃的动物，这是犯法，罚你 100 元！"

过了几天，又来了一个穿着整齐的人问农夫："多么肥的猪啊，你是用什么东西喂它们的？"

农夫说："鱼翅、鸡肝、海鲜之类。"

那人听后说道："我是国际食物学会的视察员，世界上有三分之一的人在挨饿，我不能容忍你用那么好的食物来喂猪，罚你 100 元！"

又过了几天，来了第三个人，和前两个人一样，靠在猪栏上问："你用什么喂猪啊？"

你能猜出农夫这次是如何回答的吗？

57. 国王的赏赐

游戏难度：★★☆☆☆　最佳完成时间：2 分钟

有位国王，生活得百无聊赖。他下了一道命令："谁能讲故事使他大笑，就赏给谁十两黄金；若不能引他大笑，赏 100 大板。"许多人前来讲笑话，但没人能让国王发笑，都无一例外地挨了 100 大板。

有个叫吴七的人，生性幽默，主动要求进宫。可是吴七是个贱民，不能随便进出宫，有位大臣就跟吴七说："我领你进宫，但你得到的赏钱要分给我一半。"

吴七进宫一连讲了三个笑话，不但没有把国王逗笑，反而使国王气愤起来，命令卫士赏给他 100 大板。

打到 50 板子时，吴七喊到："陛下，请住手！我有话要讲。"

吴七讲了几句话，国王听了，顿时哈哈大笑，奖励了吴七。

你知道吴七讲的是什么话吗？

58. 一滴二滴三滴

游戏难度:★★★☆☆ 最佳完成时间:3分钟

东西晋时代,文坛一片荒凉。在不多的墨客骚士之中,酒徒却不少,被誉称为"竹林七贤"的文坛名士,也都是嗜酒如命的酒鬼。其中有位刘伶,每次外出访友和游山玩水,总叫家童抬着酒坛,扛着锄头同行。他边走边喝边对家童说:"倘我途中醉死,你们便就地挖个坑,连坛把我埋了。"

一日,刘伶与诗友在后庭花园饮酒纳凉。为添雅兴,刘伶举杯口出上联"冰凉酒,一滴二滴三滴",请诸位酒友应对。但众文人雅士吟出的下联,皆不见佳,刘伶很觉扫兴。亭旁一少年花匠听后,立即对了一句。刘伶抚掌大呼:"以花对酒,优雅别致,妙,妙,妙!"

你知道少年花匠所吟下联吗?

59. 愤怒的毕加索

游戏难度:★★★☆☆ 最佳完成时间:3分钟

毕加索毕生反对侵略战争,维护世界和平。

第二次世界大战期间,德国的将领和士兵经常出入巴黎的毕加索艺术馆。这些不速之客受到了冷淡的接待。一次,在艺术馆的出口处,毕加索发给每个德国军人一幅他的名画《格尔尼卡》的复制品,这幅画描绘了西班牙城市格尔尼卡遭德军飞机轰炸后的惨状。

一位德军盖世太保头目指着这幅画问毕加索:"这是您的杰作吗?"

毕加索说出了一句话,盖世太保头目顿时无言以对,羞愧而去。

你知道毕加索是如何回答吗?

60. 文字的幽默

游戏难度:★★★★☆ 最佳完成时间:4分钟

现在来轻松一下,看看我们的文字有多么的幽默:

"巾"对"币"说:你戴上博士帽,也就身价百倍了。

"臣"对"巨"说:和你一样的面积,我却有三室两厅。

"晶"对"品"说:你家难道没装修?

"自"对"目"说:你单位裁员了?

"茜"对"晒"说:出太阳了,咋不戴顶草帽?

"个"对"人"说:不比你们年轻人了,没根手杖几乎寸步难走。

"兵"对"丘"说:看看战争有多残酷,两条腿都炸飞了!

"占"对"点"说:买小轿车了?

"且"对"但"说:胆小的,还请保镖了?

"吕"对"昌"说:和你相比,我家徒四壁。

"人"对"从"说:你怎么还没去做分离手术?

"寸"对"过"说:老爷子,买躺椅了?

"土"对"丑"说:别以为披肩发就好看,其实骨子里还是老土。

"由"对"甲"说:这样练一指禅挺累吧?

“木”对“森”说:几天不见,哥几个玩上杂技啦?

“月”对“肖”说:姐姐,快点告诉我,哪整得这么酷的头型呀?

“汤”对“烫”说:哥们,快点回家吧,你们家后院起火了。

“邪”对“阪”说:咋整的,耳朵都长反了?

“熊”对“能”说:穷成这样啦,四个熊掌全卖啦?

“申”对“电”说:心情不错呀,小尾巴摇得挺欢呐!

“电”对“曳”说:好好歇会行不,你这姿势不累呀?

“夫”对“天”说:我总算盼到了出头之日!

“日”对“旦”说:你什么时候学会玩滑板了?

“弋”对“戈”说:别以为你带了一把宝剑我就怕你,有种咱们单挑!

“大”对“爽”说:就四道题,你怎么全做错了?

“叵”对“区”说:兄弟,卖假酒了吧?咋又让法院给查封啦?

方块文字的幽默由此可见一斑。顺着以上思路,设想一下,“叉”和“又”见面后,会说出怎样的一番话来?

61. 独奏音乐会

游戏难度:★★★☆☆　最佳完成时间:3 分钟

鲁宾斯坦出生于波兰,后加入美国国籍,他以擅长演奏肖邦的作品而享有很高的国际声望。不管是在音乐上,还是生活中,他都十分洒脱。

一天,在某地的剧院里举办鲁宾斯坦独奏音乐会。音乐会开始前,鲁宾斯坦站在音乐厅的大厅里,看着一大批观众涌进来听他的音乐演奏,心中十分高兴。

包厢的服务人员不认识他就是演奏家,还以为他是个买不到票的观众,就关切地提醒他说:“真对不起,先生,今天已没有位置了。”

鲁宾斯坦说出了一句话,服务人员顿时对他肃然起敬。你知道他是如何回答的吗?

62. 警察与罪犯

游戏难度:★★☆☆☆　最佳完成时间:2 分钟

警察抓到一个正在作案的罪犯。

罪犯说:“我没有罪,因为我只不过是被人利用的工具而已,而工具是没有罪的。比如说一个人用刀杀了人,罪过在人而不在刀。”

警察说:“你是被人利用的工具吗?”

罪犯说:“是的!”

警察说:“那好,请给我走一趟!”

罪犯说:“为什么,我没有罪!”

警察说出了一句话,罪犯乖乖地跟着走了。

你能猜想警察说出的话是什么吗?

63. 半夜归来不点灯

游戏难度：★★★★★ 最佳完成时间：5 分钟

明代医学家李时珍，积 27 年之艰辛，采集到 1892 种药物后，才与徒弟庞显回归故里蕲州，开始编写《本草纲目》。

一日，李时珍见庞显正埋头誊写手稿，想考考他识辨草药的本领，于是取过一枝草药标本问此物如何称谓。弟子调皮，不正面回答，只笑着说："用钱。"李时珍点头称是。又一次，李时珍吟诗一句："半夜归来不点灯。"问是什么药？庞显很快回答出来。

李时珍雅兴大发，随手写道："一株空心树，独放东篱下。病已入膏肓，九死只一生。"写毕说道："徒儿，给我按单捡来。"

庞显很快就将药取了出来。李时珍一看，大笑着说道："可以出师了，可以出师了！"

你知道李时珍三次考徒弟，暗指的都是哪些药物吗？

64. 惊天动地人家

游戏难度：★★★☆☆ 最佳完成时间：3 分钟

从前有位七品县令，为示风雅，大年初一上街看春联，忽见一户人家门上贴的对联与众不同。上联：数一数二门户；下联：惊天动地人家。横批：先斩后奏！

县官心想：此户如此气魄，一定有人在朝廷做大官，我要借他之力，攀龙附凤往上爬！于是赶紧备了一份厚礼，叩门拜访。

寒暄之后，县官急不可耐地问主人："贵府哪位大人在京都奉职？"主人一听，莫名其妙，自称兄弟三人皆是穷苦小民，也没有当官的亲戚。

县官一愣，忙诧异地问："那门口贴的对联？"主人恍然大悟，解释说："要说那副对联，倒是一点不假。"于是将自己三兄弟的职业陈述了一番。

县官听后，方知自己拍错了马屁，只好丢下礼物，扫兴而去。

你能猜出这三兄弟各是什么职业吗？

65. 阿三借锅

游戏难度：★★★☆☆ 最佳完成时间：3 分钟

有一次，阿三家里的锅破了，便到财主家去借。吝啬的财主便把家里最小的锅借给了阿三。过了几天，阿三便来还锅，还带了一个锅。财主忙问是怎么回事，阿三说："你的锅在我家刚好生了一个锅，我就把它带来了。"没过多久，阿三又来借锅，这次财主十分大方地把家里最大的锅借给了阿三。过了半个月，还不见阿三来还锅，财主就亲自到阿三家去问个究竟。财主问阿三："我的大锅呢？"阿三说："你的大锅难产死了。""死了？锅怎么会死呢？"财主气急败坏地说。结果，阿三只巧妙地回答了一句，财主便无法再质问阿三了。你知道阿三是怎么说的吗？

66. 流行的都是好的

游戏难度:★★☆☆☆ 最佳完成时间:2 分钟

有一次,俄国著名批评家赫尔岑受邀参加一个宴会。但席间他被宴会上空洞、乏味的音乐声弄得忍无可忍,只好用双手捂住了耳朵。宴会主人看到后非常不高兴,便对他说:"别人都在仔细听,你为什么要捂耳朵呢?要知道这可是目前社会上最流行的音乐啊!"赫尔岑听后便反问道:"流行的东西就真的是好的吗?""当然!宴会主人自以为是地说。"

"……"赫尔岑说完这句话就扭头离开了,留下主人目瞪口呆,瞠目结舌。你知道赫尔岑是如何反驳宴会主人的吗?

67. 刘墉智对乾隆

游戏难度:★★★☆☆ 最佳完成时间:3 分钟

大学士刘墉博学多才,能言善辩,机智过人。乾隆皇帝很佩服他的才能,但总是爱出难题故意刁难他。有一次,乾隆问刘墉:"刘爱卿,忠孝二字怎解?"刘墉顺口说道:"君要臣死,臣不得不死,此为忠;父要子亡,子不得不亡,此为孝。"乾隆皇帝借机抓住了刘墉的马脚,想要逗一逗刘墉,便说道:"那我以君的身份,命你即刻就去死!"刘墉一听,在心里大呼上当,但也不敢不领皇命,抗旨更是死罪一条。但是刘墉脑子一转,计上心来,马上答道:"臣领旨。"

"你打算怎么个死法呢?"乾隆问道。

"臣打算跳河。"

"好,去吧!"

乾隆皇帝知道刘墉是不会真跳河寻死的,他只是想看看这次刘墉用什么方法躲过这一关。

果不其然,过了一会儿,刘墉就一路跑了回来。乾隆说道:"大胆刘墉,你怎么还没死?"

刘墉不慌不忙地应道:"皇上,不是臣不想死。刚才臣到了河边,正要往下跳的时候,屈原就从水里向我走过来,他拍着我的肩膀说:'刘墉,你怎么能跳河呢?'刘墉:'我为皇上尽忠而死。'屈原说:'……'"乾隆皇帝听后哈哈大笑,说道:"好一个刘墉,朕算是服了你了。"刘墉靠自己的聪明才智成功地化险为夷。你知道刘墉是怎么说的吗?

68. 总统的广告效应

游戏难度:★★★☆☆ 最佳完成时间:3 分钟

在国外,有位书商的手中存有一批滞销书。有一次,他在电视里看到了一个节目,里面介绍本国的总统很爱读书,这个消息使书商立刻想到了一个提高销量的办法。他先是给总统送去了这批滞销书中的一本,然后又多次打电话给总统,询问他对这本书的看法。总统当然很不耐烦,便随便地说了一句"不错"。于是,书商就利用总统的这句话为自己的书做起了广告,结果书很快就销售一空。

接下来,书商又想用这个办法来推销他

的另一批滞销书，可总统再也不肯轻易对书进行任何的评价了，然而聪明的书商还是很快卖光了自己的书。

你能想到这一次书商是如何利用总统来为自己的滞销书做广告的吗？

69. 机智的大仲马

游戏难度：★★★☆☆　最佳完成时间：3 分钟

有天晚上，法国著名文学家大仲马同另一位作家一起到剧院去观看由这位朋友创作的悲剧。在这个过程中，大仲马看到观众席上有很多人都昏昏欲睡，就半开玩笑地对他的朋友说：

“难道这就是你所创作的悲剧能够带给观众的唯一的感动方式吗？”

第二天剧院里上演由大仲马创作的《基督山伯爵》时，他们又一起前往观看。当朋友也在剧院里发现了一个正在呼呼大睡的观众的时候，就立刻指着那个人问大仲马说：“看来你的剧作也很有威力嘛，要不人家怎么能够睡得这么香甜呢？”大仲马知道这是他在报复自己昨天对他开的那个玩笑，就很快想到了一个回答问题的办法。而听了大仲马的回答后，他的那位朋友就立刻哑口无言了。

想想看，大仲马是怎样回答的？

70. 一句话解 40 题

游戏难度：★★★☆☆　最佳完成时间：3 分钟

一位善辩的哲学家来到某市，他问道：“你们这里学识最渊博的人是哪位？”人们告诉他：“是艾丁。”于是，他去访问艾丁，并遇到了他。“艾丁阁下，我有 40 个问题，你能否用一句话给我回答全？”艾丁不假思索地对他说：“让我瞧瞧你的那些问题。”

于是，这位哲学家一一提出了他的 40 个问题。这些问题上至天文，下至地理，包罗万象，无奇不有。当哲学家把 40 个问题说完以后，就催着艾丁赶快用一句话回答。艾丁笑了笑，轻轻地说了一句，这句话的确答全了 40 个问题。你知道艾丁说的是一句什么话吗？

71. 聪明的司机

游戏难度：★★★☆☆　最佳完成时间：3 分钟

一个冬天，老李坐大客车回家，车里人都爆满了。老李忍不住放了一个没声的屁，非常的臭，乘客们都不知道是谁放的屁。但司机对乘客们说了一句话，大家就马上知道了是谁放的屁。那司机说了什么呢？请猜一猜。

72. 妙改电文

游戏难度：★★★☆☆　最佳完成时间：3 分钟

就在解放战争即将结束的 1949 年，蒋介石秘密命令大特务沈醉在昆明逮捕了近百位爱国民主人士，而且打算将他们全部处死。云南省主席卢汉得知此事后，立刻致电蒋介石为他们说情。可主意已定的蒋介石却只在回电中写了八个字："情有可原，罪无可恕。"

卢汉无奈只好求助于一向善于谋略的李根源先生。李根源在反复地看了蒋介石的回电后，很快就找到了一个既简单又可以让那些爱国民主人士免于受到迫害的方法。

你能想到那到底是一个什么样的办法吗？

73. 反唇相讥

游戏难度：★★★☆☆　最佳完成时间：3 分钟

英国议会大厅，一场激烈的演讲正在进行。此时的演说者是保守党议员乔因森·希克斯，只见他在台上讲得唾沫四溅，声嘶力竭。而坐在台下的丘吉尔首相却不时摇头，表示反对。

乔因森·希克斯于是颇为恼火，冲着丘吉尔不客气地说："我想提醒尊敬的先生们注意，我只是在发表自己的个人见解。"丘吉尔不慌不忙地回击道："我也想提醒尊敬的演讲者注意 ……"

你知道丘吉尔是怎样巧妙反击这位演说者的吗？

74. 一纸判决文书

游戏难度：★★★☆☆　最佳完成时间：3 分钟

清朝时候，有一个苦命的女人，从小就很穷，后来嫁了一个商人，又经常受婆婆和小姑的欺负。特别是商人一出远门做生意，婆婆和小姑就开始捉弄她，有时候还打骂她。

有一天，小姑看见嫂嫂在河边洗衣服，就故意将一块石头扔在河里，脏水溅了嫂嫂一脸，嫂嫂生气地责怪小姑，小姑就破口大骂，并恶狠狠地举起洗衣用的棒槌，猛力砸在嫂嫂头上，嫂嫂一下子倒在河边，一句话都没有说就断气了。事后，小姑被抓进了衙门，县官经过审问，叫来专门写公文的书吏，写了判决文书"小姑用棒槌击死其嫂，判处绞刑。"婆婆闻听女儿要被处以绞刑，赶紧拿出重金去收买书吏。那书吏收了钱，便偷偷地在判决文书的一个字上，又添加了一画。很快判决文书就呈报给了州府，州官看了以后，以为小姑是不小心砸死嫂嫂的，就改判了 3 年监禁。

几天后，判决结果又转回到县衙，县官展卷一看，觉得很奇怪，明明是故意砸死了人，为什么州官要改判呢？细心的县官又重新查阅了上呈文书，终于发现是书吏动了手脚，便立刻查办了书吏，重新判小姑死刑。

请问，你知道书吏是在哪个字上加了一笔，使小姑的罪责减轻的吗？

75. 机智的老板

游戏难度：★★★☆☆　最佳完成时间：3 分钟

有三个强盗，偷了一颗价值连城的钻石，他们在如何保管赃物上达成协议：

"在钻石未兑成现款之前，钻石由三人同时保管，三人须同时同意方可取出钻石。"一天，他们来到浴室洗澡，便把装钻石的盒子交给老板，并吩咐：要在三人同时在场时，方可交回盒子。在洗澡时，丙提出向老板借把梳子，并问甲、乙是否需要，二人都说："需要。"于是丙到老板这里，向老板索取盒子，老板拒绝了。丙向老板解释，是另外二人要他来取的，并大声对甲、乙说："是你们要我来取的吧？"甲、乙还以为是梳子一事，就随口应道："是的。"老板听后无话可说，便把盒子交给丙。丙带了盒子逃走了。甲、乙二人等了一会儿不见丙回来，感到事情不妙，忙来到老板处取盒子，发现已被丙取走了。二人揪住老板要求赔偿。老板说是征得你们二人同意的，二人坚持说丙问的是梳子，并且三人也没同时在场。甲、乙强要老板交回赃物，正僵持不下，老板灵机一动，说了一句话，二人听了，只得垂头丧气地走了。

你知道老板究竟说了句什么话吗？

第七辑　语言力——世界在你描绘参考答案

1. 曹操的字谜

八。

2. 无赖和愚蠢

我正处于这两者之间。

3. 唐伯虎出字谜

出了。谜底是“伏”。

4. 拒绝采访

由于罗素先生已死,他无法接受采访。

5. 冻雨洒窗

切瓜分客,横七刀,竖八刀。

6. 抽象画

天哪,难道你女朋友就这么一点点大吗?

7. 智救工匠

他俩一个是哑巴,一个聋子。

8. 寿文的含义

九千九百四十岁加上现年六十岁,正好是万岁。

9. 语言的力量

如果我和你去了,那什么就有了。

10. 唐诗填字谜

(1)“桥”《断桥》(杜牧《寄扬州韩绰判官》)。

(2)“燕”《燕归来》(刘禹锡《乌衣巷》)。

(3)“弦”《心弦》(白居易《琵琶行》)。

(4)“人间”《在人间》(杜甫《赠花卿》)。

(5)“我”《勿忘我》(杜甫《寄韩谏议注》)。

(6)“宿”《归宿》(杜甫《佳人》)。

(7)“爱”《简爱》(李白《妾薄命》)。

(8)“东风”《借东风》(杜牧《赤壁》)。

(9)“难”“难”难解难分(李商隐《无题》)。

(10)“际”一望无际(孟浩然《早寒江上有怀》)。

(11)“药”没药(贾岛《寻隐者不遇》)。

(12)“不尽”取之不尽(杜甫《登高》)。

(13)“人”后继有人(李白《南陵别儿童入京》)。

11. 租房子

5岁的孩子说:“老爷爷,这个房子我租了。我没有孩子,我只带来两个大人。”房东听了哈哈大笑,就把房子租给他们了。

12. 破解隐语

四句隐语的意思是“明天行动”。

“昼指日,夜指月”即“明”字。

二人合成“天”字,往的一半“彳”和街的一半“亍”合成“行”字,“一直去”是“云”,和“力”合成“动”字。

13. 聪明的穷秀才

那就叫知道的两个教不知道的那两个。

14. 施氏食狮

从前,有一个爱做诗的施姓文人,住在石头造的屋子里。他喜欢吃狮子肉,发誓要吃掉10头狮子,所以他经常到市场去找狮子。那天早晨10点,恰好有10头狮子,于是他拉弓箭把这10头狮子杀死,然后拖着10头狮子的尸体回到他的石屋。但石屋很潮湿,他叫仆人把石屋揩干,然后再饱尝这10头狮子的肉。吃时,才发现这10头狮子其实是石头的,不能吃。

15. 天下第一长联

五百里滇池,奔来眼底,披襟岸帻,喜茫茫,空阔无边!看:东骧神骏,西翥灵仪,北走蜿蜒,南翔缟素,高人韵士,何妨选胜登临,趁蟹屿螺洲,梳裹就风鬟雾鬓,更苹天苇地,点缀些翠羽丹霞,莫辜负四围香稻,万顷晴沙,九夏芙蓉,三春杨柳。

数千年往事,注到心头,把酒凌虚,叹滚滚,英雄谁在!想:汉习楼船,唐标铁柱,宋挥玉斧,元跨革囊,伟烈丰功,费尽移山心力,尽珠帘画栋,卷不及暮雨朝云,便断碣残碑,都付于苍烟落照,只赢得几杵疏钟,半江渔火,两行秋雁,一枕清霜。

16. 出奇制胜

秦始皇灭六国。

17. 新款手机

这个绝妙的回答是:“爸爸不打算把这个手机送给我。”这个回答不管猜对猜不对,都能得到手机。因为如果这个回答猜中了爸爸正在想的事,根据“猜对了就能得到手机”的承诺,小刚就可以得到手机;如果这个回答没有猜中答案,那就变成了“爸爸打算把手机送给我”了,这样小刚还是能得到手机。

18. 一盘竹片

要是早来三个月,这盘竹片就是一碗鲜美的竹笋了。

19. 奇怪的对联

上联缺“一”,下联少“十”,就是谐音“缺衣少食”,所以郑板桥送来“及时雨”。

20. 咏物诗

水壶。

21. 和珅求匾

纪晓岚采用的是拆散字形结构的偏旁笔画方式暗示本意。他其实是在骂和珅一家个个是草包。竹苞——个个草包。

22. 聪明的伍子胥

谜底就是“相”字。

23.《玉房怨》诗谜

这首词蕴含十个字:一、二、三、四、五、六、七、八、九、十。

24. 缺标点的谜语

原谜语是这样的:“一‘不’出头,二‘不’出头,三‘不’出头。不是不出头,是‘不’出头。”谜底是:森。

25. 告示牌

此处为自行车的废弃场,若想回收,请随便取。

26. 种族语言

你可以同时这样问他们:“yes”是表示“是的”的意思么?

27. 秀才出谜难木匠

这是一首字谜,每句话的谜底是一样的,都是一个“门”字。所以,秀才指的是门应该做些修改。

28. 农家小伙求婚

他的问题是:请问公主,为了能娶你为妻,我应该提出什么样的问题,才能难倒你呢?

29. 徐文长写贺联

上联中,“礼义廉耻”少写了一个耻;下联“德容言功”少了一个德。徐文长是骂财主是个“无耻”“缺德”的家伙。

30. 唐伯虎的春联

明日逢春好,不晦气;终年倒运少,有余财。此地安,能居住;其人好,不悲伤。

31. 如何读宝塔诗

山中山路转山崖,山客山僧山里来,山客看山山景好,山杏山桃满山开。

32. 纪晓岚妙语应答

纪晓岚回答:“全国一年,生一个,死十二个。”他是说,一年之中,生的只有一个属相,死的是十二个属相。

33. 反驳对方

林肯说:“你说得对,我的奶娘是中国人。不过,据有关人士透露,你是喝牛奶长大的,那么无疑,在你的身上,有牛的血统了。”

34. 聪明的小王子

小王子说:“那要看桶的大小了,如果桶是和水池一样大的,那么就只有一桶水,如果桶只有水池一半大,那么就只有两桶水,如果桶只有水池的三分之一大,那就是三桶水……”

35. 吹牛比赛

小强说:我能把你吃了。

36. 蒲松龄辞官

不通不通,一窍不通。

37. 触景生情吟隐谜

谜底:竹篙。

38. 苏小妹试夫

人名是张飞、关羽、孙权、孔明、陈胜、陆游、孙策、朱温;物名是独木桥;猜字是小妹同意。

39. 才子曾巩

花。

40. 解缙巧连真假句

解缙在两句话中间加了个“讲”字,连成:“皇上坐在龙椅上讲公鸡生蛋。”

41. 会做诗的厨师

两个黄鹏鸣翠柳,一行白鹭上青天,窗含西岭千秋雪,门泊东吴万里船。

42. 和尚讥狂士

一、二、三、四。

43. 凶手是谁

菊妃杀女。

44. 添字

一不要钱,嫌少;二不要命,嫌老;三不要官,嫌小;四不要名,嫌臭。

45. 加字

(宋)张弘范灭宋于此。

46. 改对联

父进土,子进土,父子皆进土;

婆失夫,媳失夫,婆媳均失夫。

47. 挺胸和弯腰

我们中国人在上山,走上坡路。你们美国人在下山,走下坡路。

48. 回帖

若是收,便是贪财;若是不收,便是看不起。

49. 最好的溶剂

那你用什么东西来盛这些溶剂呢?

50. 哑巴吃黄连

我们两个都当了叛徒啦。

51. 巧妙的拒绝

如果聪明像你,美丽像我,岂不是糟糕了吗?

52. 绝妙反击

只要我和你一起进去,不就什么都有了吗?

53. 故事接龙

她接道:“写到这里,年轻的作家一把撕去稿纸。他不由得自言自语:‘如此俗套无聊的老故事,怎会出自我的手笔呢?’”

54. 黄鱼的吃法

老渔翁说:“一年有 4 个季节,而在这 4 个季节里,对于黄鱼的吃法也不同。春天应该吃鱼头,因为春天为一年之首,人得鱼首之力,身体才能更加强壮。而夏天就应该多吃鱼身,因为夏天炎热,人出汗多,全身容易发软乏力,吃鱼身刚好可以补身。至于鱼鳔嘛,应以秋天食用为最佳,因为此时的鱼鳔最为成熟,它吸取了鱼全身的精华。到了冬天,则应该多吃鱼尾,因为冬季是一年之末,多吃鱼尾恰好能驱除全身的寒气。”

55. 怪异的小昆虫

达尔文看出是孩子们在恶作剧,于是微笑着说:“既是这样,那是一个叫虫。”

56. 机智的回答

农夫说:“现在,我每天发给它们 10 块钱,爱吃什么它们自己会去买。”

57. 国王的赏赐

吴七说:“大臣已经和我说定了,他要和我平分您给我的奖赏,您奖赏我的 100 板子,我已经得到了一半,万分感谢。剩下的那一半,就如数分赏给您的大臣吧,他也一定万分感谢您的赏赐的。”

58. 一滴二滴三滴

丁香花,百头千头万头。

59. 愤怒的毕加索

不,这是你们的杰作!

60. 文字的幽默

什么时候整的容啊?脸上那颗痣呢?

61. 独奏音乐会

那我坐在钢琴前行吗?

62. 警察与罪犯

按照法律,作案工具是要被没收的。

63. 半夜归来不点灯

金银花、熟地、木通、一枝黄花、没药、独活。

64. 惊天动地人家

三弟是卖烧饼的,烧饼要一个一个数给顾客,所以要“数一数二”;二弟是做爆竹的,放起炮来“惊天动地”;老大是个屠夫,杀猪无须衙门核准,所以叫“先斩后奏”。

65. 阿三借锅

我的好邻居,你既然相信锅能生锅,怎么就不相信锅会难产死了呢?

66. 流行的都是好的

那么,流行感冒应该是最高尚的感冒了?

67. 刘墉智对乾隆

当年楚王是昏君,我不得不死;可如今皇上非常圣明,你怎么能死呢?你应该去问问皇上是不是昏君,如果皇上说是,你再死也不迟啊。

68. 总统的广告效应

这一次,书商打出的广告语是:"这是一本连总统都无法轻易做出判断的书。"既然连总统都不能轻易地做出判断,那么读者对这本书就更加好奇了,所以这一次书卖得很好,也就不足为奇了。

69. 机智的大仲马

大仲马不紧不慢地回答说:"你没看出来吗?其实这个人就是昨天看你的悲剧时睡着的人中的一个呀,只不过,直到现在,他还没睡醒呢!"

70. 一句话解 40 题

我全都不知道。

71. 聪明的司机

司机说:"放屁的人买票了吗?"老李一时冲动,傻傻地说:"买了。"

72. 妙改电文

李根源先生只是把蒋介石回的两句电文颠倒了一下,这样就使电文变成了"罪无可恕,情有可原"八个字。而这样一来,大特务沈醉和他的手下还以为这是蒋介石的命令,自然也就不会再迫害那些爱国民主人士了。

73. 反唇相讥

我只是在摇自己的头。

74. 一纸判决文书

书吏在"用"字的一竖下面添了弯钩,就成为"甩"字,变成小姑无意地"甩棒槌"砸死嫂嫂了。

75. 机智的老板

老板说:盒子还在我这,要三人同时在场时,方可交回盒子。你们去把那个第三人找回来吧。

第八辑　实践力——世界为你改变

人类从一开始到现在一直在做同一件事情,那就是实践。正是因为有了实践,我们才得以征服大自然,成为地球的主人。做事情不要怕失败,不要只停留在想的阶段,如果去做了,可能不会成功,但如果不去做,一定不会成功。务必要养成良好的动手能力,之后你会发现,原来,很简单。

注意:有的人不犯错误,那是因为他从来不去做任何值得做的事。

1. 密码藏在哪里

游戏难度：★★★☆☆　最佳完成时间：3 分钟

第一次世界大战时，德国女间谍玛利奉命搜集法国的机密情报。她先借机与法国的重要人物摩尔将军相识，然后以好友身份到摩尔将军家里做客，并偷偷将安眠药放在摩尔将军的酒里，将他灌醉。

将摩尔将军灌醉后，玛利立即找到他的保险箱，想拿到保险箱里的重要情报。但是，她并不知道保险箱的密码，试了好几次都没有打开。这时候，她想起摩尔将军平时是一个很健忘的人，一个健忘的人应该会把重要的密码写在某个地方的。于是，玛利立即观察保险箱周围的情况，保险箱上没有任何标记，旁边也没有任何记有密码的痕迹，只有一只停摆的钟。表面上似乎没有找出密码的可能，但观察片刻后，玛利还是找到了密码。

聪明的你，知道密码藏在了什么地方吗？

2. 欲盖弥彰

游戏难度：★★☆☆☆　最佳完成时间：2 分钟

一个初秋的早晨，在一片森林里一棵大树下的一顶帐篷里，发现了失踪的老地质队员的尸体，他好像是在这儿被人杀死的。

然而，公安人员得知他是个老地质队员后，只看了一眼现场，就马上下了结论："罪犯是在其他地方作的案，然后又将尸体转移到这里来，伪装成在帐篷里被杀的假象。"

此结论的理由何在？

3. 滑冰惨案

游戏难度：★★★☆☆　最佳完成时间：3 分钟

冬日里的一天，气温只有零下五六度，东东穿着厚厚的棉袄到街上去办事。正走着，他突然看到一名浑身是水的陌生男子惊慌地跑来，于是赶紧上前问道："出什么事了吗？"

"我的朋友掉到对面的河里了，快去救救他吧！"陌生人气喘吁吁地说："我们在冰面上滑冰，不知怎么的冰面突然裂开，我的朋友不小心掉进水里去了，我见此情状，赶紧跳下去救他，但怎么也捞不着，我坚持不住就上来找人帮忙了。"

东东听完后，赶紧跟着那个陌生男子向对面的湖面跑去，不料，出事的地方有很长的一段距离，足足跑了五分钟。赶到后，东东发现湖面上只有一双冰鞋，于是起了疑心。陌生人看到东东怀疑的眼神，连忙解释道："当时我已经脱掉鞋不玩了，他还想再多玩一会儿。"

东东一面将他稳住，一面偷偷地拿出手机拨通了报警电话。不一会儿这名陌生男子就被警察带走了。

请问，东东是怎么推断出这名陌生男子就是凶手的？

4. 花盆藏宝

游戏难度：★★★★☆　最佳完成时间：4 分钟

一个大盗将偷来的宝石塞到自家卧室窗台上一个花盆的底部，窗台上共有三盆花，一般情况下,谁也不会想到宝石就藏在这平凡的花盆下面,即使想到了,也不一定能立即猜出藏在哪一盆花下面。

一次,大盗不在家,一名侦探溜进了他的屋,想查看一下赃物到底藏在何处,他无意中看到了摆在窗台上的花盆,并一眼就看出了宝石的藏匿处。

大盗很纳闷:"窗台上有三盆花,他是怎么一眼就看出宝石藏在哪一盆下面呢?"

侦探笑着说:"因为我一眼就看见那盆花,它和其他的两盆不一样,只有它的花正面向我,冲着我笑呢。"

大盗立即就明白了因为自己的疏忽而让花盆吸引了侦探。

难道花真的会冲着侦探笑吗?你知道是怎么一回事吗?

5. 识破谎言

游戏难度:★★☆☆☆　最佳完成时间:2 分钟

在加拿大北部的某座城市,曾在圣诞节那天发生了一起命案。警方抓到了一个嫌疑犯,以下是警察和嫌疑犯的对话。

警察:"你曾经因一些债务问题而与死者积怨,并且还闹上了法庭,是吗?"

疑犯:"是的。过去很长时间了。"

警察:"案发当日,有人看见一个身材与相貌和你很相像的人进入了死者的住所,那个人是你吗?"

疑犯:"不是。据你们所说,死者是圣诞节遇害的。圣诞节那段时间,我正在澳洲。可能这个世界上的确有人和我长得很相像。"

警察:"你在澳洲干什么?"

疑犯:"过圣诞节。我希望在那里过一个白色的圣诞节。节日那天,我们还堆了雪人。"

警察:"好了,先生,你不用再说什么了。因为你是在撒谎,你就是凶手。"

请问,你能不能根据他们的话,找出警察做判断的理由?

6. 锁定嫌疑人

游戏难度:★★☆☆☆　最佳完成时间:2 分钟

兄弟三人都是古玩专家。一天,哥哥从外地淘来一个价值连城的古董,把它放在客厅中一个有锁的玻璃柜内,柜中的收藏品都是他们兄弟三人的。两个弟弟看着哥哥的这件宝贝,羡慕不已。

周末,一位收藏家登门拜访兄弟三人。哥哥便从柜中取出宝物给收藏家欣赏。收藏家同样羡慕不已,爱不释手。

第二天,哥哥发现宝物不见了,急忙报警。

警方到现场调查,发现玻璃柜的锁是完好的,证明是贼匪用钥匙开启的。而且,无论在任何地方,包括客厅的家具上、门锁上、玻璃上都没有留下任何指纹,说明贼匪偷去宝物时抹掉了指纹。

警方立即锁定了三个嫌疑人,两个弟弟

和一个收藏家。

请问，你认为这三个人中，谁是真正的盗宝人？

7. 狡猾的鲍里金

游戏难度：★★☆☆☆ 最佳完成时间：2 分钟

一天，某市政府官员被害，劳尔探长负责接手这件案子。这天黄昏，他来到海边的港口，在一只帆船上找到了嫌疑人鲍里金，鲍里金是被害人的朋友。

劳尔探长问："出事的时候——也就是那天下午 2:00 至 4:00，你在什么地方？"

鲍里金听说自己的朋友被害后，先是吃惊，而后悲痛，然后镇定地回答了探长对他的提问。他想了想，说："哦，那天天气很好，中午 12:00 我驾船出海办事，不料船开出两个小时后。发动机就坏了，那天海面上一丝风也没有，船上又没有桨，我的船被困在大海上，无法靠岸。情急之下，我在船上找到了一块大白布，在上面写上'救命'两个黑色大字，然后把桅杆上的旗子降下来，再把这块白布升上去。"

"哦？"劳尔探长很有兴趣地问："那么，有人看见它了吗？"

鲍里金回答："说来我还真是幸运。大概半小时后，就有人驾着汽艇过来了，那人说，他是在 3 英里外的海面上看见我的呼救信号的，后来，他就用汽艇把我的船拖回了港口，那时已近黄昏了。"

令鲍里金想不到的是，劳尔探长一听完他的回答，立即就认定了他是凶手。你知道这是为什么吗？

8. 匿藏赃物的秘密

游戏难度：★★★★★ 最佳完成时间：5 分钟

一天夜里，一个大盗从一家博物馆盗走了大批珍宝，侦探杰克负责侦查此事。接受这个任务后，杰克迅速地把本市所有的珠宝店和古董店都调查了一遍，但还是没有一点儿线索。杰克只好请教探长波利。

"如果你偷了珍宝，你会藏到珠宝店或者银行的保险箱里吗？"波利探长反问杰克。

"哦，我当然不会。"杰克肯定地说。

波利探长又说："那你就不应该到那些珠光宝气的地方去找，应到那些不起眼的地方走走。"

说着，波利探长把杰克带到了贫民区。这时，有一个年轻人从他们身后鬼鬼祟祟地闪了出来。他低声问："先生，要古董吗？价格很便宜。"

"有一点儿兴趣。"波利探长漫不经心地说，"带我去看一看。"

见那个青年有些犹豫，波利探长马上补充了一句："我是一个古董收藏家，要是我喜欢的话，我会全部买下来的，价钱不是大问题，关键是要保证你的货是真的。"

那人立即打量了一下眼前的这个"大客户"，然后带着他们穿过一条隐秘的道路，来到一个不大的制箱厂。在这里还有一个高个子青年，在他面前堆满了编着数字从 1 到 100

的小箱子。

等在这里的高个子青年和带路的年轻人交谈了几句,就取出笔算了起来,他写道:“? +396 = 824。”显然,第一个加数应该是428,他打开428号的箱子,取出了一块中世纪的精美金表。几乎就在同一时间,他看见了杰克腰间露出来的短枪的一部分,吓得他立刻把金表砸向杰克,转身就跑进了黑暗的胡同里。

波利探长立刻审讯了带路的年轻人。

“我什么也不知道。”带路的年轻人说,“我只是帮工的,每拉一个客户,他会给我100美元。我只知道东西放在10个箱子里,他说过这些箱子都有联系而且都是400多号的……”

听完这个年轻人的话后,波利探长思考了一会儿。接着,他发现一个有趣的现象:把428这个数字的不同数位换一换位置,就是824,这就是说,其他的数字也有同样的规律!

发现这个现象后,波利探长用了不到1分钟就找到了赃物。

你知道波利探长是怎样找到赃物的吗?

9. 驾驶员的谎言

游戏难度:★★★☆☆ 最佳完成时间:3分钟

警方接到报案,亿万富翁欧文跳飞机自杀了。报案的正是他的私人飞机驾驶员。在报案时,驾驶员说:“欧文先生上飞机前说是要到近海的一个岛上的别墅去,可是,飞机飞到半道的时候,他突然打开了舱门,我一听见舱门开了,下意识地回头看,只见他从口袋里掏出一个信封放到座位上就纵身跳了下去。”

警长听了驾驶员的陈述,马上前往飞机上进行现场侦查。来到飞机上,果然看见有一封信放在座位上。警长问驾驶员:“这封信你动过没有?”

“我下飞机就来报警了,没有碰过这封信。”驾驶员坚定地说。

警长听了驾驶员的话后,马上命令身边的人将他拘捕。经过审讯,正是这个驾驶员谋杀了欧文。

警长听了驾驶员的话,为什么就能立即判定他就是杀害欧文的凶手?

10. 识破伪证

游戏难度:★★★☆☆ 最佳完成时间:3分钟

桥下浮起一个被淹死的女孩,对于这个女孩,周围的人一无所知。警察正为侦破这个案子一筹莫展,这时,有个男人划着小船急速地由前面向桥驶过来。他向警察提供了这样的证词:“刚才我向桥下划来时,确实亲眼看见这个女孩在桥上脱下帽子,随后跳下了河。”

看着他满脸憨厚,语句真切,周围的人一下子全都相信了,纷纷议论起来。可是精明的警察,一下子就识破了这个男人的谎言。请问,警察是怎样判断出来的?

11. 加冰的威士忌

游戏难度:★★★☆☆　最佳完成时间:3 分钟

一天晚上,酒吧老板的弟弟来了。酒吧老板调了一杯加冰块的威士忌给弟弟,但弟弟不喝。原来,他们是同父异母兄弟,最近因为财产的继承问题闹得不可开交,弟弟怕被哥哥毒杀,所以根本不敢喝。

“我好意请你喝酒,你却怀疑我下毒?既然你怀疑,我先喝。”

哥哥说完,随即喝了半杯,然后说:“这下可以放心了吧!”

于是,弟弟也不便拒绝了,慢慢地喝着剩下的半杯酒。但是,他刚喝完,竟然倒地而死。

警长赶到现场,在勘察完现场、问明具体情况后,很快就判断出是哥哥在酒中下毒,谋杀弟弟的。可是,现场的许多工作人员和客人却证明,哥哥确实喝了弟弟杯中的半杯酒。

你知道警长是怎样分析的吗?

12. 凶犯的特征

游戏难度:★★★☆☆　最佳完成时间:3 分钟

在一条偏僻的小巷里发生了一桩凶杀案,在附近的 6 个人亲眼目睹了凶手的样子,警察前来调查,6 个人各自提供了凶手不同的特征,每个人只有一项说的是真话,根据下面的调查记录,你能总结出凶手的真实面目吗?调查记录如下:

①穿运动上衣,惯用左手。

②穿皮鞋,梳平头。

③惯用双手,梳披肩发。

④穿运动上衣,长统皮鞋。

⑤惯用右手,穿短鞋。

⑥梳披肩发,穿花格上衣。

13. 调包

游戏难度:★★☆☆☆　最佳完成时间:2 分钟

方方精品屋的生意火暴,有一个窃贼,假装往邮筒中投信,经常观察方方的举动,尤其是现金的存放动向。有一次,这名窃贼终于逮着了一个下手的机会,但他没跑出 10 多米,就因神色异常而被警察询问。这时,警察接到方方的报案。于是警察就对窃贼进行搜身,但奇怪的是,此人身上连一分钱也没有,警察无奈只好将其释放,但警方没放弃破案机会,于是继续暗中监视他。过了一两天,果然看到那个嫌疑犯顺利地取走了钞票。那么,你知道窃贼到底把钞票藏到哪里去了吗?

14. 谁是贩毒者

游戏难度:★★☆☆☆　最佳完成时间:2 分钟

某地警方接到线人的可靠消息,在一个迪厅里有人在进行毒品交易,警方立即出动抓捕犯罪嫌疑人,但是却没有抓到贩毒集团的头头。后来有佚名人举报说,贩毒集团的头头藏匿在一栋豪华别墅里。警方派出便衣,监视这栋别墅,发现房子里面的情况如下:一位老绅士,他除了早晚在房子外打太极拳,整天都待在屋里;照顾老人饮食的厨师,他每天骑着自行车定时定点地采购,先去菜市场,再去调料店,最后去水果店,经常大包小包;还有一个管家,有时也会出来买些东西,但看不出有贩毒的迹象。警员们通宵地分析,终于功夫不负有心人,警员们从表象上的线索发现了犯罪嫌疑人的破绽,一举破案。你能猜出谁是贩毒者吗?

15. 抢劫案

游戏难度:★★★☆☆ 最佳完成时间:3 分钟

一天深夜,王刚下班开车回家。在一条偏僻的小路上,突然前轮两个车胎被扎破了。王刚下车察看轮胎的时候,从丛林中跳出了四个蒙面大汉,他们把王刚身上的所有钞票和值钱的东西洗劫一空后,逃跑了。王刚只得步行向前走去。走了不久,前面有一个加油站。王刚对那里的加油员说自己刚被抢劫,希望能帮他报警,并再买两个新轮胎。加油员答应了他的请求并帮他打电话报警。过了一会儿,警察来了。王刚向警察描述了被劫的经过,他的车子也换上了新轮胎。警察走到加油员面前说,你就是劫匪。你知道警察为什么这么快就断定加油员就是劫匪吗?

16. 拖延了的侦破

游戏难度:★★★☆☆ 最佳完成时间:3 分钟

哈莱金接过一份报告,看了一会儿,对警长说:“根据验尸的报告,特里德太太是两天前在她的厨房中被人用木棒打死的。这位孤独的老妪多年来一直住在某山顶上破落的庄园里,与外界几乎隔绝。你想这是什么性质的谋杀呢?”

“哦,我昨天凌晨 4:00 就接到一个匿名电话,报告她被人谋杀了,但我还以为这又是一个恶作剧,因此直至今天还没有着手调查。”警长莫纳汉尴尬地说道。“那么我们现在去现场看看吧。”警长将哈莱金引到庄园的前廊说:“由于城里商店不设电话预约送货,而必须写信订货,老太太连电话都很少打。除了一个送奶工和邮差是这里的常客之外,唯一的来客就是每周一次送食品杂货的男孩子。”哈莱金紧盯着放在前廊里的两摞报纸和一只空奶瓶,然后坐在一只摇椅上问:“谁最后见到特里德太太?”“也许是卡森太太。”警长说,“据她讲前天早晨她开车经过时还看见老太太在前廊取牛奶呢。”“据说特里德太太很有钱,在庄园里她至少藏有 5 万元。我想这一定是谋财害命。凶手手段毒辣,但我们现在还找不到线索。”“应该说除了那个匿名电话之外,我们还没有别的线索。”哈莱金更正道,“凶手实在没料到你会拖延这么久才开始侦破!这回我们有怀疑对象了。”

哈莱金怀疑谁是凶手?

17. 不要赎金的绑架者

游戏难度:★★★☆☆ 最佳完成时间:3 分钟

一个深秋的夜晚,洛杉矶市 C 董事长的儿子被绑架了,凶犯开口要 5 万美元赎金。他在电话里说:"我要百元纸币 500 张,用普通包装,在明天上午在你家门口的邮局邮寄,地址是查尔斯顿市伊丽莎白街 2 号,西迪·卡塞姆收。"

凶犯说完后,威胁说:"假使你事前调查地址或报警,就当心孩子的生命!"

C 董事长非常惊慌,为了顾全孩子的生命,他只得委托私家侦探鲁·亚查搜查。

因为事关小孩的生命,亚查也不能轻举妄动。于是,他乔装成百科辞典的推销员,到凶犯所说的地址调查,发现城市名是真的,而街道地址和人名都是虚构的。

难道凶犯不要赎金吗?绝对不可能。忽然他灵机一动,终于发现了这宗绑票凶犯的真面目。

第二天,他捉到了那凶犯,安全地救出了被挟持的小孩。

你能知道凶犯是谁吗?

18. 推下山谷的尸体

游戏难度:★★★★☆ 最佳完成时间:4 分钟

一个黑帮团伙发生内讧,部下造反杀死了大头目。为了伪造死亡时间,将尸体塞进大冷冻箱里放了 3 天,第四天夜里用汽车将尸体运到自然公园扔进山谷,造成其在山顶遭枪击后坠入山谷的假象。

可是,第二天早晨,尸体就被发现。警察开始立案调查。事情也巧,最先发现尸体的正是在公园漫步的团侦探。

"确切死亡时间,只有在解剖了尸体后才能弄清楚。初步查实死亡已经三四天了。"法医向刑警报告说。"如果是这样,作案现场就不是这里。是在别处作案后,昨天夜里移尸到此,从山顶上推下来的。"团侦探听了法医的报告后这样肯定地说。

实际上,他发现尸体时,注意到了尸体手腕上戴的手表。手表虽然还走着,但时间要慢得多。

尽管如此,团侦探何以只看了一下不准确的手表,就能马上看穿真相呢?

19. 穿睡衣的女人

游戏难度:★★★☆☆ 最佳完成时间:3 分钟

葛顿探长为了一个学生的事上门去拜访黛妮。他按了一下门铃,没有人理会。

黛妮的门上装的是自动锁,一旦装上,除非有钥匙,否则外面人是根本进不去的。葛顿感到奇怪,便请管理员把门打开。他进去一看,见黛妮穿着睡衣,胸部被人刺了一刀,死在地上。经推测,死亡时间大约是在昨晚 9:00 前后。

经调查,昨晚 9:00 前后有两个人来找过黛妮小姐,一个是她的情人,一个是她的学生,这个学生是当地的流氓。在询问这两个可疑分子时,他们都说自己按了门铃,见里面没人答应,以为黛妮不在家,都没有进去。

听了他们的诉说,葛顿想起黛妮小姐的房门上有个小小的窥视窗,于是他立刻认准了谁是真正的凶手。

20. 让小偷自首

游戏难度:★★★☆☆ 最佳完成时间:3 分钟

詹姆是一个著名化学家,他因研制出了很多化学产品而成了百万富翁。

一天夜里,小偷钻进了詹姆的家里,摘下一幅名画卷起来。这时,桌上一瓶高档名酒将他吸引住了。原来这小偷嗜酒如命,他迫不及待地拧开酒瓶,仰起脖子喝起来。只喝了几口,小偷听到有人走过来了,赶紧放下酒瓶,夺路而逃。

第二天一早,詹姆发觉家中珍贵的名画不见了,连忙报警。纽约警察局派威廉警长赶来,组织破案。威廉在屋里转了一圈,见罪犯没留下指纹和脚印,只留下一股酒味。威廉断定窃贼喝了几口酒,便心生一计,要让这罪犯投案自首。

试问:他想的是什么办法呢?

21. 愚蠢的助手

游戏难度:★★★☆☆ 最佳完成时间:3 分钟

大盗罗克生病了,没办法,他只能叫来两名助手,并告诉他们任务:"在丽丝夫人的卧室的秘密保险柜里,有一颗重达 60 克拉的大钻石,你们去把它偷来!"

助手问:"怎么打开保险柜呢?"

"丽丝夫人外出旅行了,现在那是一座空房,所以不管用什么方法,只要打开保险柜的门就行。"

于是,两个助手带了氧气切割机和高压氧气瓶,溜进了丽丝夫人的卧室。

他们发现保险柜虽然很小,但却镶嵌在墙壁上,所以将保险柜搬走是不可能的。

两人操起氧气切割机干了起来。灼热的火焰很快将保险柜的门烧红了一大块,不久就像糖稀一样开始熔化。很快,保险柜的门就被切割出一个大洞。

其中一个助手顺着洞往柜里一看,里面却什么也没有,只有一小堆灰。

"真怪,哪有什么钻石呀。"

于是他们套上耐火手套伸进去一摸,里面果然是空的,两人像泄了气的皮球一样回到罗克那里。"怎么,没有钻石?你们俩究竟怎么打开保险柜的?"追问道。

"我们用的是氧气切割机,用它没什么大动静。"

"真是蠢货!再大的声响也不要紧呀,那是一座空房,为什么不用电钻?"

罗克痛骂了两人一顿。

请问,那两个助手出了什么错?

22. 残忍的走私

游戏难度:★★★☆☆ 最佳完成时间:3 分钟

某国为了庆祝建国 50 周年,特地从非洲订购了一批珍稀动物，免费向公众巡展一星期，每天赶来参观的人络绎不绝，动物园里出现了从来没有过的热闹场面。今天是最后一天免费开放的日子，当动物园的大铁门打开后，排在最前面的孩子们便欢快地叫起来，一窝蜂地朝前冲过去。

忽然，从人群中传来孩子惊恐的尖叫声，大人们连忙跑过去一看，也吓了一大跳，只见两只新运来的鸵鸟倒在血泊之中，更刺眼的是，凶手残忍地剖开了鸵鸟的肚子。

警察在第一时间赶到了现场，他们经过仔细检查，在一个不起眼的地方发现了被锯断的铁栏杆，地上还找到了麻醉枪的弹壳。凶手显然早有准备，他锯断栏杆，用麻醉枪制服鸵鸟，迅速作案并离开，没有留下任何指纹和有价值的线索。

警察局长一边察看现场，一边忍不住咒骂："该死的凶手！为什么用这样凶残的手段来对付两只鸵鸟？"

一同赶来的欧警官点头说道："不错，你说到了点子上，为什么？"

警察局长愣了一下："不知道。也许凶手是心理变态吧？"

欧警官摇头说道："显然不是，凶手的目的并不是杀死鸵鸟，因为他使用了很专业的麻醉枪，他的目的是剖开鸵鸟的肚子！"

警察局长有点糊涂了："可是他为什么要这么做呢？你的意思是，这是一桩悬案？"

欧警官笑笑说："不，凶手已经找到了，很可能就是运送动物的公司，这应该是一桩走私案。"

警察局长更迷惑了，聪明的读者，你能为他解开心中的谜团吗？

23. 谁烧了玫瑰

游戏难度：★★★☆☆　最佳完成时间：3 分钟

哈姆雷特种植着闻名全国的玫瑰。他专门盖了自动调节温度的玻璃房，让玫瑰在最好的环境里成长。盛夏的一天，詹姆雷斯生怕玫瑰给太阳烤坏了，拿出冬天储存下来的干草铺到玻璃房里，又在草上放上大量冰块，玻璃房的温控系统也调到最低。

到了傍晚，忽然下起了淅淅沥沥的小雨。雨越下越大，一直下到天亮。

这下气温一下子下降了好几度，再也不用担心玫瑰被晒坏了。哈姆雷特想乘这时候去买点肥料回来，便在中午时分套上马车出发了。

刚刚出庄园，他忽然看到庄园里腾起一股黑烟，接着，红色的火苗也蹿了上来！他大惊失色，连忙全速赶回去，只见玻璃房的干草已经被点燃，滚滚黑烟将珍贵的玫瑰完全吞没了。

这是多么惨重的损失啊！哈姆雷特大哭起来，并马上报了案。探长带领警察赶到现场，可奇怪的是，在现场只有哈姆雷特自己和两个赶来救火的仆人的脚印。

"刚刚下过雨，到处是湿漉漉的泥，怎么说也应该留下一些脚印吧。"一个警察说。

探长接着询问在附近劳作的仆人，他们也说起火时玻璃房里没有人。探长沉默不语，围着玻璃房绕了一圈。忽然，探长注意到玻璃房顶部有一圈圆形的凹槽，这些凹槽围绕着房顶边缘排列，非常整齐好看。哈姆雷特见探长注意，便在一旁解释道："这是用来让房顶积水流下来的。"探长沉思了一会儿说道："纵火犯找到了，就是这些圆形凹槽！"

“为什么？”哈姆雷特无论如何也想不通，自己耗费巨资修建的玻璃房，怎么就成了害死玫瑰的凶手了呢？你能告诉他吗？

24. 精明的律师

游戏难度：★★★☆☆　最佳完成时间：3 分钟

一日，迈克带着律师德恩和一篮子梨来到他的生意伙伴萧伯斯的家中。

他准备在律师的调节下，妥善解决合作中出现的经济问题。

萧伯斯很热情地拿起一把水果刀为他们削梨。削完后，他递给迈克，迈克没有接。萧伯斯尴尬地笑了笑，又递给律师，律师德恩说自己从不吃梨，迪纳克只好自己吃起来。迈克也拿了一个梨削了起来。迈克是个左撇子，德恩看起来有点怪。谁知，迈克的梨还没吃到一半，就倒下去了。

警察讯问后，都很迷惑：“他怎么会被自己带来的梨毒死呢。”在一旁的德恩冷静地说：“我敢肯定是萧伯斯毒死迈克的。”接着他描述了萧伯斯采用的手段过程。警察的调查证实了律师的话是对的。

你知道这是怎么回事吗？

25. 谁杀了黑帮头子

游戏难度：★★☆☆☆　最佳完成时间：2 分钟

在海边沙滩上，发生了一桩离奇的命案，死者是黑社会某帮头子。本来，像死者这样的人应该有保镖跟随。但在案发当日，死者却想独自享受日光浴，因此把保镖支开，想不到就出事了。

莫斯探长很快赶到现场。探长在审视现场环境时，发现死者是在沙滩上被人用太阳伞尖刺毙的。沙滩上除了保镖的足迹和那些东倒西歪的桌椅外，再也找不到第二个人的足迹（包括被害者在内）。既然这样，凶手是怎样逃走的呢？探长沉思了一会儿后说：“我知道谁是凶手了？”

那么，凶手是谁？

26. 罪犯是谁

游戏难度：★★☆☆☆　最佳完成时间：2 分钟

在新警察训练营里，实战经验非常丰富的李教官很招学员喜欢。这天，李教官又开始和学员讨论“智辨罪犯”的话题。他把一张光盘放进了 DVD 中。这时，镜头里只见两个并肩走在一起的人，乍看起来并没有什么异样，但仔细一看，就会发现他俩一个人的右手和另一个人的左手铐在同一副手铐上。两人是背朝着屏幕的，所以不能看到他们的表情。

“大家看到了，这两个人用手铐各自铐上一只手。其中一个是便衣警察，一个是罪犯。那么，谁能判断一下到底谁是谁呢？”学员小徐很快地举起手，说出自己的判断。

“小徐的判断十分正确。不过不要忘了还有特殊情况哦。”

那么，小徐的判断是怎样的？李教官所说的特殊情况又是什么呢？

27. 残忍的抢劫

游戏难度：★★★☆☆ 最佳完成时间：3 分钟

一天晚上，有个吝啬的富翁家里遭到抢劫，结果这个富翁被枪打死在保险箱旁边。胸部中两弹，足以致人死命，但奇怪的是，凶手还用刀残忍地剖开了死者的胃。

难道凶手与死者还有深仇大恨吗？不这样不足以泄愤？但根据一般情况推测，即使这样，凶手也是割下死者的头颅或者戳烂死者的面孔，剖开死者胃的实属罕见。那么，你知道凶手为什么要剖开死者的胃吗？

28. 刺杀华蒙托夫

游戏难度：★★★★☆ 最佳完成时间：4 分钟

在第一次世界大战期间，同盟国指挥官华蒙托夫投降了协约国后，这对同盟国将大大不利。华蒙托夫熟知同盟军的战术、兵力分布甚至将领的习惯，这些绝密情报让他成了同盟国军队的头号敌人。

同盟国军队曾派出了许多身怀绝技的人去刺杀他，但华蒙托夫上校不仅护卫森严，他还是拳击好手，去刺杀他的人不是被抓住，就是在其铁拳下丧生，华蒙托夫因此洋洋自得，自称是“不怕暗杀的人”。

一天傍晚，华蒙托夫上校带着警卫偷偷爬到一座山上，观察同盟国军队的情况。这座小山虽然不高，可是十分陡峭，山下有一条蜿蜒的小河，南方军队就驻扎在小河边。华蒙托夫上校和警卫们悄悄攀上山顶悬崖，趴在悬崖边缘观察同盟国军队的部署情况。

过了很长时间，警卫们发现上校还是趴在悬崖边缘一动不动，轻声呼唤也没有反应，不由着急起来。他们把华蒙托夫上校拉起来一看：上校竟然死了！警卫大惊失色，连忙把华蒙托夫抬回营地，请军医鉴定。军医经过仔细检查，发现华蒙托夫全身一个伤痕都没有，平时体壮如牛的华蒙托夫怎么会突然死去呢？一时间，谣言四起，大家都说这是上帝的震怒，叛徒得到了应有的惩罚。

事情越传越远，传到了一位著名探案专家耳中，他稍微思索了一会儿说：“这不过是一个巧妙的杀人事件，如果我没有猜错的话，华蒙托夫的望远镜当时一定遗落或者丢失了。”

后来，将信将疑的人们重返那座小山，果然在小河中找到了卡在河床上的望远镜，揭开了上校离奇死亡的秘密。

聪明的读者，你明白上校是如何死去的吗？探案专家为什么能在千里之外，预见到一架失踪的望远镜呢？

29. 女大学生之死

游戏难度:★★★☆☆ 最佳完成时间:3 分钟

公寓里的一名女大学生死在了自己的屋里,警察赶到时,发现死者是煤气中毒,煤气取暖器的接管松掉了,造成煤气外泄。但奇怪的是,门的缝都用胶带贴上了。警察认为胶带是死者自己贴的,从而断定她是想利用煤气自杀,因为凶手是不可能从外面把胶带贴在门的里面,当然就排除了他杀的可能性。

这时,死者的姐姐却不这么认为,她对探长说:"我最了解她,她很坚强,绝不会向困难低头,再说,她最近也没碰到什么棘手的事情,她向来有什么事情都会跟我说的。"

"那么,她最近有没有什么可疑的朋友?"

"我妹妹去年交了一个男朋友。最近,他们不知道为什么事情经常争吵,我曾经问妹妹是什么事,可她一听到我提的问题就要哭,我也不好再问下去了。"

"这个男子是谁?"

"是我妹妹同一大学的,名叫山田,我见过他几次,这个人给人的感觉不太好,也不知道我妹妹到底喜欢他什么。我想一定是他用的诡计谋害我妹妹的。"

于是,探长决定再仔细检查公寓里的情况。死者住的是 6 楼 605 号房,房间里有两室一厅,卧室不太大,门四边内侧贴着宽条的胶带,一点缝隙都没有,如果是凶手走出卧室后,再从门外贴上胶带密封缝隙,显然不可能。

探长又去问楼下的住户那天晚上发生的事情。

"那天晚上,好像听到马达转动的低沉的声音。"楼下 505 号房的年轻主妇忽然想起来。

"是马达的声音?"

"也许是洗衣机或是吸尘器的声音吧?"主妇自言自语地说。探长想起刚才去看的房间里有吸尘器,还有洗衣机。

"小姐,你的妹妹的确是被人谋害的,凶手使用了巧妙的方法,从卧室外把胶带纸贴在门的内侧。"

你知道探长为什么这么说吗?

30. 雪茄

游戏难度:★★★☆☆ 最佳完成时间:3 分钟

阿伦被一个富商陷害致死,他的妻子阿玉决心要为他报仇。

陷害阿伦的富商为了息事宁人,亲自去找阿玉,想给她些钱了事。到了阿玉的家里后,富商一边说钱的事,一边从自己的口袋里拿出一支雪茄来,点燃后舒畅地吸着。

阿玉根本没有想过拿他的钱,也没有想过接受他的"废话",没一会儿就轰走了他。

没过多久,有人发现富商在自己车子的驾驶内毒发而死,口中还咬着他自己的雪茄。

警方将他口中剩下的雪茄拿去化验,发现雪茄没有毒,并且检查过,他在阿玉处没有喝过任何东西,也没有吃过任何食物。案子似乎陷入僵局,但是不多久,警方还是查出了毒死富商的真凶,就是阿玉。

聪明的你,知道阿玉是怎样下毒的吗?

31. 指纹哪里去了

游戏难度:★★☆☆☆　最佳完成时间:2 分钟

偶然的一天,一位警察在咖啡馆里发现了在逃的女盗窃犯就坐在门口处喝咖啡。女盗窃犯浓妆艳抹,穿着时髦,指甲上涂了鲜红色的指甲油,正悠闲地品尝着咖啡。警察正想过去抓住这个盗窃犯,不料女盗窃犯忽然冲出门去,消失在了人海中。

警察立即检查盗窃犯的刚用过的东西,试图采取指纹。但令他失望的是,刚刚明明看见盗窃犯用手摸过东西,现在却没有发现一点指纹。也就是说,盗窃犯十分狡猾,没有留下蛛丝马迹。

警察并没有看见盗窃犯在喝咖啡时戴着手套,也没有看见她的手指上缠胶纸一类的东西,只看见她的指甲上涂了红色指甲油。请问,女盗窃犯究竟为什么没有留下指纹呢?

32. 鹦鹉作证

游戏难度:★★★☆☆　最佳完成时间:3 分钟

一家报社的总编辑家里被盗。案犯相当狡猾,现场没有留下痕迹,案子一时没有进展,警察局长不得不亲自出马去探查现场,到了总编辑家,女主人接待了他。

一进门,客厅里那只鹦鹉就学着主人说:"您好,请坐。"警察局长也被这只鹦鹉惟妙惟肖的口技逗乐了,除此之外,似乎再也没有能让他乐的事情了,因为这次还是一丝线索都没有找到。

就在他要走的时候,客厅里的那只鹦鹉又开口了,像是重复着什么话。警察局长走近了几步,才听得清楚:"到这儿,罗克!到这儿来,拜伦!"

警察局长问女主人:"夫人,请问您家里有叫罗克和拜伦的人吗?"

女主人想了一会儿,说:"没有!这只鹦鹉学人说话学得十分像,但过去从来没有听它说过这两句话。不知为什么,这两天老是重复这两句话。"

警察局长眼睛一亮,问:"请回忆一下,鹦鹉学说这两句话,是在盗窃案件发生之前,还是之后!"

女主人沉思片刻,肯定地说道:"在案件发生以后!"

警察局长听了之后,很快就破案了。你知道他是怎样找到线索破案的吗?

33. 假口供

游戏难度:★★☆☆☆　最佳完成时间:2 分钟

A 是一个嗜酒如命的人。这天早上 8 点左右,B 发现他倒毙在房中,于是马上报案。警探立即来到现场,仔细观察了案发现场,看到桌上有一瓶啤酒,A 的手中还握着一杯酒,酒还有气泡,而他的头则被人用硬物打了一个大洞,淌了很多血。他是躺在血泊中死去的。

B 向警员作了如下的口供:"今天凌晨 3 点左右,我还在睡觉,隐约听到 A 的房间传出争吵声,后来又传出打斗声。但是我太疲倦,就没有起来去看个究竟，之后再没有听见声音了。

我很快就睡熟了，直到8点多起床后，想起半夜的打斗声，我才走到A房中，结果就见到这种情况。”

警员听完后立即说：“你是在作假口供。”

请问，警员是如何确定B在作假口供的？

34. 神秘的电文

游戏难度：★★★☆☆　最佳完成时间：3分钟

某个早晨，正在值班的缉私民警小王截获了一份神秘的电报，电报上面的内容为：“朝，货已办妥，火车站交接。”

小王马上就将电报交给了处长老李。老李接过电报看了一遍，认定是上次交易未成功的毒品走私残余人员再次进行秘密交易。随即，老李进行了周密的部署，决心要把这伙毒贩子一网打尽。

这时，小王拿过电文，一边看着，一边有些犯难地说道：“李处长，我看我们还是不容易抓到这伙毒贩子，你看，这份电文只有接货地址，没有接货的具体时间，我们怎么破案啊！”

老李不慌不忙地说道：“你说得对，表面上看，我们的确无从下手。可实际上，这份电文已经明明白白地告诉了我们毒贩子交易的时间。”

很快，根据老李的安排，这伙毒贩子终于被一网打尽。

你知道老李是如何破译这份电文的吗？

35. 油漆

游戏难度：★★★☆☆　最佳完成时间：3分钟

刚发生了一起谋杀案。为查明真相，警长和乔治博士沿着一条小路慢慢行走，边走边观察。这条小路从麦克家的后门廊和后院的工具屋之间穿过，路上有油漆滴在地上的痕迹，证明麦克从这条路上走过。

“在这条小路的任何地方，麦克都可以看见被害人被杀的情景。他是唯一可能的目击证人，但他却说什么也没有看见。”警长说。

“那他对此又作何解释？”乔治博士问。

“麦克声称他一直走到工具屋才发现油漆洒了一路。”警长答到。

乔治博士开始更加仔细地察看油漆滴在地上的痕迹。从门廊到小路间，滴在路面的油漆呈圆点状，每隔两步一滴；从路中间到工具屋，滴下的油漆则呈椭圆点状，间隔为五步一滴。进到工具房里，乔治博士发现门背后挂着一把大锁。“无疑，麦克肯定看到这里所发生的一切。但他怕说出真相后会遭到凶手的报复。”乔治博士肯定地说。

请问：乔治博士是根据什么做出这样的论断的呢？

36. 凶手阿秦

游戏难度：★★☆☆☆　最佳完成时间：2分钟

一天，科瑞警长接到报案，有人在一家旅馆里发现一具男尸。他火速赶到现场，死者是被人用枕头闷住窒息而死的。经调查，死者是附近某公司的经理罗阁。据其秘书反映,阿秦最近跟罗阁争吵了几次,今天下午罗阁可能又去见他了。科瑞探长掏出表看了看,决定去找阿秦,临走时,他的表掉在了地上。

科瑞见到阿秦,便问他知不知道罗阁被人谋杀的事。阿秦说:“不知道,我好几天都没见到他了,今天刚从一个朋友家回来。”

“我知道你和此事无关,找你只是想了解一点情况。”科瑞探长一边说着一边手去掏怀表:“糟糕。我的表忘在了作案现场,请你帮我取一下并送到警局好吗?现在要急着去找一个有疑点的人,希望尽快抓住杀害你表哥的凶手。”阿秦犹豫了片刻,答应了。

阿秦大模大样地来到旅馆,一进房门就看见科瑞探长,不由大吃一惊。科瑞探长站起身说;“果然不出我所料,你就是凶手!”后经审讯,得知阿秦果然是凶手。他为继承遗产,将表哥罗阁杀害了。

现在请问,科瑞探长为什么一口咬定阿秦就是凶手呢?

37. 开关在哪里

游戏难度:★★★★☆　最佳完成时间:4 分钟

一个画家的寓所遭到抢劫,警方立即赶到现场。他们发现大门是开着的,就在他走进大厅时,突然听见从卧室传来阵阵痛苦的呻吟声,进去一看,原来画家负重伤倒在地上。画家忍痛发出微弱的声音:“快……地道……”说着右手吃力地指向床底,警方随着他指的方向发现有一块板子,大概作案人是从这里逃出去的!但是警方却没有找到这个地道的开关。就在这时,画家又用十分微弱的声音吃力地说道:“……开………关……掀……米……勒……”

说完就断气了。警察反复地琢磨着“……开……关……掀……米……勒……”这句话,然后环顾了一下四周,发现房间里有一幅米勒的画像,还有一架钢琴。警察立即认定开关设在米勒的画像后面。可是他们将画像掀开后,却没有找到开关。

就在这时候,一位警察灵机一动,找出开关之所在,并沿着地道一路追踪,将罪犯抓获。请问,你知道地道的开关设在哪里了吗?

38. 记者被杀

游戏难度:★★☆☆☆　最佳完成时间:2 分钟

酒店客房之内,发现一具尸体,死者在反锁的房间内被杀,死因是左眼被毒针刺伤致死。

但事后警方经过多方调查,发现门锁并未被破坏,而当案发时,窗门也都是关着的。

现场没有发现毒针之类的凶器,所以可以排除死者是死于自杀的可能。

后来,警方了解到死者大约三十几岁,名叫李卫,是一名职业记者。

试问:凶手是怎样杀害记者的呢?

39. 拙劣的伪装

游戏难度:★★★☆☆　最佳完成时间:3 分钟

有一天,罪犯 A 为了灭口,把一名了解自己底细的女子杀死,并将她伪装成上吊自杀的样子。被绳圈勒住脖子的尸体,两只赤脚离地大约有 50 厘米。A 还将化妆台边的凳子放倒在死者的脚下。那是一个外面包有牛皮的圆凳。

这样一来,就变成是那名女子用这个凳子来垫脚而上吊自杀的。

但当尸体被人发现后,公安人员检查了那凳子后就说:"这绝不是自杀,而是他杀!"

那么,是哪儿露馅了?

作案时 A 戴着手套,所以是绝不可能在现场留下指纹的。

40. 到底中了几枪

游戏难度:★★☆☆☆　最佳完成时间:2 分钟

一天晚上,住在某旅馆里的一位空姐被人枪杀。

凶手是从 30 米外对面的屋顶用无声手枪射中她的。

窗户是关着的,窗子上有一个弹洞。从这一迹象看,凶手只开了一枪。但奇怪的是,被害者的胸部和腿部都中弹了——大腿被子弹射穿,胸部也留有了弹。这样看来,凶手好像开了两枪。如果凶手开了两枪,那么另一颗子弹是从哪里射入被害者的房间的呢?这颗子弹又在哪里呢?

大家无法回答,于是去请教大胡子探长,他肯定地回答:只中了一枪。

大胡子探长为什么这样说呢?

41. 不打自招

游戏难度:★★☆☆☆　最佳完成时间:2 分钟

某富翁将自己的独女视为掌上明珠。但不幸的是,有一天她被人绑架了,数日后,尸体被附近一幢别墅的户主发现。

这位户主说:"我是做船务生意的,经常外出。我爱人和孩子在国外,这里大概有两年多没住人了。昨晚我才返港,早上特地来这里取一些衣服,打算寄给我爱人。没想到,在衣柜内竟发现了这具女尸。不过,绑匪似乎对这里的环境很熟。我希望能尽早查个水落石出!"

警方听完他的供词,又将衣柜检查了一遍,发现衣柜里放了不少樟脑丸,随即逮捕了别墅户主。

你知道原因吗?

42. 一模一样

游戏难度:★★☆☆☆　最佳完成时间:2 分钟

一个人杀人之后便逃之夭夭;警探赶到现场后,根据目击者提供的情况,在一家饭店里发现了他。可这个小伙子说自己一直在这儿,吃饭后,就在这里看电视,根本就没有离开过饭店。

饭店的经理和周围的人也证实了他的说法。可目击者却一致确认，从相貌和衣着上看，这个小伙就是那个作案者。

后来，警探化验了嫌疑犯留下的指纹，发现指纹和这个小伙子的明显不符。

警探忽然明白了，于是，他赶紧和助手去查了小伙子的户口册，果然如此。根据这个线索，很顺利就把凶手抓到了，并且证明确实不是这个小伙子。

请问：警探是如何找到凶手的？

43. 音乐会上的阴谋

游戏难度：★★☆☆☆　最佳完成时间：2 分钟

直到音乐会开幕的当晚，格雷对他的两个得意门生巴蒂和埃利谁将首次登台独奏小提琴，仍然犹豫不决。开幕前 15 分钟，他告知巴蒂准备出场演奏，然后将这个决定告知埃利，埃利感到很遗憾。

10 分钟之后，格雷去叫巴蒂准备出场，却发现巴蒂倒毙在小小的化妆间，头部中弹，血流满地。格雷慌忙敲开舞台侧门，将这一惨案报告尼克探长。

探长见开场时间已到，就极力劝格雷先别声张，继续演出，然后他走进埃利的化妆室。埃利听到最后决定让他登台时，没有询问情由，便拉拉领带，拿起琴和弓，随格雷登台去了。

当听众如痴如醉地沉浸在优美的乐曲中时，尼克探长却拿起电话通知警察前来逮捕这位初露头角的小提琴手。

你知道探长为什么要逮捕埃利？

44. 杀人浴缸

游戏难度：★★★☆☆　最佳完成时间：3 分钟

一天，尼克探长要去看望住在海边豪宅的好友布莱克。路上，他给布莱克打了电话，告诉他大约 30 分钟后到。

30 分钟后，尼克准时到达，可在客厅里等了 5 分钟，还不见布莱克出现。这时仆人特里说："老爷进去洗澡已经半个多小时了，会不会……"

尼克探长撞开浴室门，发现布莱克死在浴缸里。从初步的检查结果来看，他是溺水死的，死亡时间大概在 30 分钟前。

警察赶到后做了进了进一步分析，发现布莱克的肺部有大量海水，并没有淡水残留物。而整个下午只有仆人特里一个人在家，没有其他人来过。

尼克第一个反应就抓住特里。说他是凶手，特里拼命地否认他没有作案时间。尼克探长打电话来的时候主人还在接电话，从那时到现在只有 30 多分钟，可是从这里到海边却要一个小时，就是坐飞机也来不及，但尼克却一口咬定是特里干的。你认为尼克的理由是什么呢？

45. 伤号与逃犯

游戏难度:★★☆☆☆　最佳完成时间:2 分钟

一场混乱的枪战之后,某医生的诊所里冲进一个陌生人。他对医生说:"我刚穿过大街时突然听到枪声,只见两个警察在追一个逃犯,我也加入了追捕。但是在你诊所后面的那条死巷里遭到那个家伙的伏击,两名警察被打死,我也受伤了。"医生从他背部取出一粒弹头,并把自己的衬衫给他换上,然后又将他的右臂用绷带吊在胸前。

这时,警长和地方议员跑了进来;议员喊:"就是他!"警长拔枪对准了陌生人。陌生人忙说:"我是帮你们追捕逃犯的。"议员说:"你背部中弹,说明你是逃犯!"、

在一旁目睹一切的亨利探长对警长说:"这个伤号不是真凶!"

那么谁是真凶呢?

46. 奇怪的走私案

游戏难度:★★☆☆☆　最佳完成时间:2 分钟

有位海关人员常年负责在边境检查走私货物。最近,他发现一个骑着自行车、带着一大包干草的人非常可疑,于是拦住他检查。不过,海关人员将干草包打开后,发现里面除了干草外什么也没有,只好将此人放行。可是凭借多年的工作经验,他断定这个人一定是走私犯,无奈抓不住证据。

就这样,这个"走私嫌疑犯"每天骑着自行车带着一大包干草过境,而海关人员每天都要搜查他,却始终一无所获。

你知道"走私犯"在走私什么物品吗?

47. 左撇子自杀案

游戏难度:★★★☆☆　最佳完成时间:3 分钟

一名医生死在家中,他的左手握着一支手枪。从表面上看,好像死于自杀。

警方展开调查,发现当天有两个人来拜访过医生。一个是死者妻子的旧情人,3 年前出国了,两天前才返回此地。另一个访客是一名医生,他声称死者剽窃了他的科研成果,所以来讨个公道。两个人都与死者有过节。不过,死者也不是没有自杀的动机。死者的妻子告诉警方,丈夫是个左撇子,两个月前生病后留下后遗症,左手麻木,不能再拿手术刀,这使他十分沮丧。

最后,警方确定凶手就在两名访客中。你能判断出是谁吗?

48. 镰刀断案

游戏难度:★★★☆☆　最佳完成时间:3 分钟

明朝时某县发生了一起凶杀案。官府派人去验尸,鉴定死者是被人用镰刀砍死的,而他随身携带的银两分文未少。

县官认为是仇杀。然后贴出通告:"附近的居民,各家各产都将家里的镰刀送到官府

验证,隐匿不报的,一律按凶手论处。”

不一会儿,附近的居民就都把镰刀拿来了,大概有一百多把。当时正值盛夏,县官把这些镰刀仔细看了一遍。一会儿,他忽然指着其中的一把镰刀问:“这是谁的镰刀?”人群中走出一人,县官喝问:“你为什么杀人?”那人一开始不承认,县令指出一个事实后,这个人只得灰溜溜地承认了犯罪的经过。

请问:县令是怎样知道那个人就是杀人凶手的?

49. 密室杀人之谜

游戏难度:★★★★☆ 最佳完成时间:4 分钟

歌手露丽楼上住着一位金发模特。一天,露丽听见楼上的自来水一直流个不停,就叫来了公寓管理员。

管理员和露丽一起来到楼上,但是无论他们怎么敲门,都没人开门。

于是管理员用力将房门撞开,发现女模特赤裸裸地躺在浴室的地上,背上插着一把刀。淋浴的热水龙头仍在“哗哗”地往外喷水,热气弥漫了整个浴室。

不久,警长带着两名助手赶到了现场。案发现场窗户紧闭,房门反锁,原本卡在铁钩上的门闩被撞落在地上。细心的警长发现门闩的一端拴着一根金发。门的上面和下面各扎着一枚图钉,下面的图钉上还有一根打了结的金发。

你知道杀人凶手是怎样从房间中逃脱的吗?

50. 骗局

游戏难度:★★★☆☆ 最佳完成时间:3 分钟

傍晚,阿伯纳策马在原野上急行,赶往 A 城。半途中,他看见一个已经断气的人被绑在一株枯树上。被害人被堵着嘴,脖子捆了 3 根牛皮条,很明显是被人勒住脖子窒息而死的。阿伯纳大叔连忙给他解开绳子,将尸体放在马上,运到 A 城的警察局。

经过一系列的检验,警察推断死者死亡的时间是当日下午 4 点钟左右。第二天,警察逮捕了一名犯罪嫌疑人。但是,这个人从昨天中午一直到死尸被发现这段时间里一直呆在 A 城,有人证明他一步也没有离开过 A 城。警察感觉到案子很棘手,因为有人证明他不在场,所以,尽管他的犯罪嫌疑很大,也不得不予以释放。

这时,阿伯纳说:“罪犯不在现场是一个骗局。”你想明白了罪犯是用什么手段制造的骗局吗?注意:罪犯并没有同案犯。

51. 县令巧断案

游戏难度:★★★☆☆ 最佳完成时间:3 分钟

三国时,蜀国有一个县令是破案的高手。

一天,一名心肠狠毒的女人先杀了自己的丈夫,随后放火焚烧了房屋,对人称丈夫是被大火烧死的。

后来,婆家人将那名女子告上官府,可她拒不认账。高明的县令想出一计,命手下人找来两只羊,很快就破了这个案子。

你知道县令有什么锦囊妙计吗?

52. 谁是肇事者

游戏难度:★★☆☆☆ 最佳完成时间:3 分钟

一位老大娘被自行车撞倒,地上流了一摊血。交警赶过来时,肇事者早就逃之夭夭了。

细心的交警发现血上有肇事者骑自行车碾过的痕迹,并且附近也没有岔路,于是赶紧用对讲机让下一个路口的交警拦住所有骑自行车经过的人。

交警让人帮忙将大娘送往医院后,便赶到下一个路口。因为几个小时前刚下过一场大雨,现在天放晴了,可仍有一小段路十分泥泞。交警走过这段泥泞的路,赶到下一个路口时,已有十多辆自行车被拦在那里。这名交警一一观察了这十几辆车子,很快指出了肇事者。

你知道交警是怎样找出肇事者的吗?

53. 相同的鞋印

游戏难度:★★★★☆ 最佳完成时间:4 分钟

一位著名的画家被人杀死在工作室里,警方将犯罪嫌疑人圈定在画家的两个助手身上。其中男助手和画家有经济方面的纠纷,女助手和画家关系一直比较暧昧,两个人都有作案的动机。另外,两名助手都住在工作室的楼上,所以这也增加了他们作案的可能性。

警方进行了现场勘查,除了死者的痕迹以外,只在地上发现了男助手的鞋印,于是警方逮捕了男助手。男助手交代说这双鞋是他在 3 个月前买的,以后每天都穿着。不过案发当天晚上,有人证明他不在现场,所以他是清白的。

虽然女助手也有嫌疑,但是她并没有可能偷走男助手的鞋子,嫁祸于他。因为案发当时男助手正穿着那双鞋。整个案子似乎进入了死胡同。

凶手到底是谁?采用的究竟是什么样的作案手段?

54. 巧计抓强盗

游戏难度:★★★☆☆ 最佳完成时间:3 分钟

从前,日本有个非常聪明的孩子叫做泽明。一次,他和父亲到外地去,住在一家旅店里。半夜,一个手持钢刀的强盗闯进了他们的房间,用刀胁迫他们交出财物,否则就要行凶。

泽明毫不慌张,他假装去找财物。正在这时,打更的梆子声由远而近地传来。强盗怕自己被发现,于是不停地催促泽明。泽明对强盗说:“没有灯我看不见,所以要花费一些时间。如果你愿意点灯,我想我很快就可以找到。”强盗一听,觉得有道理,就同意了。于是,就在打更的梆子声在房间的门外响起的时候,泽明点亮了灯,然后把父亲藏在枕头下面的钱交给了强盗。

强盗拿了钱正准备逃走。这时,门外的更夫却突然大声喊:“抓强盗!”人们冲进来,抓住了还来不及逃跑的强盗。

你知道泽明是怎样对走在门外的更夫做出暗示的呢?

55. 杰茜的照片

游戏难度:★★★☆☆　最佳完成时间:3 分钟

某财团的经纪人柯林斯,中午在外面吃过午餐后,慢慢地踱回办公楼。他刚进入写字间坐下,就接到一个匿名电话:“柯林斯先生吗?你的女儿杰茜,现在由我们保护起来了。如果想要她活着回来,你就立即着手准备 10 万美金,交换地点另行通知。如果你想报警,悉听尊便。不过,后果你是清楚的。”不等柯林斯回过神来,电话已经挂断了。

这位经纪人急得如没头的蚂蚱,一时不知如何是好。恰好,他的好友,一位摄影专家来访,见他这副魂不守舍的样子,忙问原因。好友知道情况后,安慰他说:“如果歹徒再来电话,你就说为证实被劫持的确是杰茜,请他们先送一张杰茜的照片来;只要在交钱前保证杰茜的安全,一切听从他们的安排。”

柯林斯收到女儿的照片后,立即转交好友。后来凭借这张照片,在向绑架犯交钱的时候,警方一举抓获了罪犯。

想一想,这张照片与破案有什么联系呢?

56. 一次大抢劫

游戏难度:★★★☆☆　最佳完成时间:3 分钟

案件发生的第二天,夜总会的侍者上班时,听到顶楼上有喊叫声。

他冲进顶楼,发现经理腰上绑着一团绳子被悬挂在房梁上。经理说:“快放我下来!打电话报告警署,我们被抢劫了。”

经理向警察讲述了事情的经过。经理说:“昨晚我们店关门后,来了两名强盗,抢走了所有的钱,然后又把我带到顶楼绑在了房梁上。”

警察看到顶楼的房间是完全空的,就相信了他的叙述。因为他没东西可站,故不能把自己绑到房梁上去,而在门外边,还有一把小偷用过的梯子。

但几星期后,经理因抢劫而被逮捕。你能推断出经理在没人帮助的情况下,是怎样把自己绑在半空中的吗?

57. 害人者终害己

游戏难度:★★★★★　最佳完成时间:5 分钟

游览用的小型直升机载着一个乘客在海上飞行时,遇到了空中陷阱,还没来得及发出 SOS 遇险信号就坠到了海里。幸好,靠机翼的浮力,飞机没有马上下沉,所以飞行员和乘客才得到机会吹起救生橡皮筏转移到了上面。

海面上风平浪静。橡皮筏是 4 人用的,所以两人用绰绰有余。筏上有 5 罐紧急用的罐头食品,其中两罐是果汁,以此来代替饮用水。

“如果这样漂上二三天,大概会有搜索飞机来救助的,无需担心。”飞行员劝乘客放心。

可是,半个月后,一艘国际货轮发现这个救生筏时,飞行员和乘客都已经死了。

飞行员是被用匕首刺死的,而乘客不知为什么用左手的一个手指抠住鼓起的空气管俯在筏上饿死了。船上还有一把带血的匕首和4个空罐头盒,另一个罐头没动过,装在被绑在安全把手上的口袋中。

“这两个人是为抢夺最后的一盒罐头而用匕首互相残杀的吧?”

“如果是这样,活着的凶手为什么不吃罐头而被活活饿死呢?”

货轮上的船员们都感到不可思议。

请你推理一下么,漂泊的救生筏上到底发生了什么事?

58. 纸里包不住火

游戏难度:★★★☆☆　最佳完成时间:3 分钟

深夜1点多钟,警方接到电视播音员晴川的报案,说是他妻子被杀了。山田警长驱车火速赶赴现场。这是一幢新宅,门车库前停放着一辆红色越野车。

山田下车走近大门时,突然有条狗汪汪地吼叫起来。那是一条狼狗,被用一条长长的铁链拴着。“太郎,住声!”晴川走出门来时,那条狗便乖乖地蹲在他的脚下。

死者身穿睡衣,倒在厨房的地板上,是头部被打伤致死的。

晴川声泪俱下地向山田诉说:“我为一点小事和妻子吵了一架,憋着一肚子气跑了出去,在外面兜了两个小时的风,回来一看,妻子被杀了。那时是晚上11:00,我出去后大概妻子没关门,肯定是强盗闯进我家,被妻子发现,于是杀人后逃走了。”

“有什么东西被盗了吗?”

“放在柜子里的现金和妻子的宝石不见了。”

“去兜风时带上你的狗了吗?”

“没有,只是我一人去的。”

现场取证工作基本结束了。第二天一大早,山田警长就命令助手到邻居家了解情况。不一会儿,助手跑回来报告说:“西边的邻居家里有一个准备升学考试的学生,昨晚复习功课,整夜没睡。据他讲,没听到什么异常的动静。”

“也没有听到汽车的声音吗?”

“听到过,有过汽车的声音,是晚上11:00左右听到汽车由车库开出的声音,这一点与晴川讲的完全一致。”

“不错,罪犯就是晴川。”

果然,经审讯,晴川供认由于和女歌星约会被发觉,和妻子吵了架,怒不可遏地抄起啤酒瓶照着妻子的头部砸去。本来是无意杀死妻子的,但事后又害怕去自首,因而伪造了盗窃杀人的假象。之后他出去兜风,顺便把当作凶器的啤酒瓶扔进河里。

现在,请你推理一下,山田警长究竟凭什么证据,识破了晴川的犯罪行为?

59. 脚印中的奥秘

游戏难度:★★★★☆　最佳完成时间:4 分钟

博物馆新运到一批出土文物,在开箱清点时,发现一件珍贵的青铜器不见了。

经侦查,发觉有两个人相当可疑。这两个人一个是瘦高个子,一个是小矮胖子。

当他们发现有人跟踪时,就朝海边一座山上匆匆逃去。

由于雨过初晴,他们走过的山间小路留下了清晰的足迹。足迹延伸到一个陡坡边的乱草丛中消失了,之后又在坡上重新出现,一直到悬崖边上就不见了。

警员们仔细搜索,发现旁边草丛里丢着一个记录本,本子最后有字的一页上写的是:"一切都将逝去,一切皆可抛弃……"一位警员看后说:"可能是畏罪自杀了。"

警长仔细查看了脚印,果断地说:"人就藏在土坡附近,分头搜索!"果然在坡下百米外一个茅棚里揪出了这两个罪犯。

在押罪犯回来的路上,警长悄悄地对警员说:"脚印中的奥秘猜到了么?你想想现场:土坡以上大个子的步距比小个子的短;大个子的脚印是前掌使劲,而且大脚印有几次重在小脚印上,小脚印从来没有压上大脚印。这是个疑阵。"

警员顿时醒悟:"险些被他们骗了!"

请问,两个罪犯布了些什么疑阵?

60. 可疑的郁金香

游戏难度:★★★☆☆　最佳完成时间:3 分钟

某天夜里,卢班在驻巴黎的日本大使馆举行的宴会上,盗取了珍贵的项链之后,溜出来回到自己的秘密住所,急忙摘掉化装用的假发和胡须,穿上丝绸长袍坐到书房里的沙发上。他刚刚松了一口气,门铃响了。来人是一个有几分风度的小个子男人,穿着皱皱巴巴的和服。这个日本人刚才在宴会上好像露过面。

"晚上好,卢班君,我叫金田一耕助。"来人自我介绍道。

金田一耕助!卢班熟悉这个日本名探的名字,于是内心警觉起来,但还是做出一副笑脸,热情地把这位不速之客引到书房,在一张桌子旁坐下。桌子上摆着一个插满红色郁金香的花瓶,此时郁金香的所有的花瓣都是闭合的。

"卢班君,今晚你在哪儿干什么了?"耕助问道。

"我是一直呆在家里的。你到来之前,一直是我一个人安静地在书房里看书。你看,就是那本书。"卢班说着指着桌上扣着的那本书。

耕助把卢班递过来的书翻了一下,放在桌上,他突然发现花瓶里插着的郁金香不知什么时候花瓣都张开了。他拔出一枝看了看,又把花插进去,然后肯定地说:"卢班君,装也没用,你那套不在作案现场的证明纯属谎言,还是把黑珍珠项链交出来吧。"

名探是如何识破卢班谎言的?证据是什么?

61. 神秘的凶器

游戏难度:★★★★☆　最佳完成时间:4 分钟

这件谋杀案,是发生在烧烤的旅行中,案中的凶器,深信是难以猜测的。

这年的仲夏夜,某电器公司举行烧烤旅行,借此联络员工之间的感情。整晚烧烤,各人疲态毕露,只有班域仍在努力地继续烧烤,似未有疲态。此时,同事山姆兴高采烈地携着一只肥兔来,对班域说:"给你一份厚礼,是我在山上捉到的,味道蛮不错的呀!"

班域是个美食专家,对肉类最为喜爱。一看到眼前这只肥大的白兔,自然兴奋得立即用尖树枝穿着,烧熟吃了。其他同事看到后都认为他太残忍,自然也就不愿吃,只有班域一人高兴地享用着。

不料,就在返回公司的途中,班域竟然在旅游大巴上暴毙了。警方验尸报告证实,死者是中毒而死的。

请你们推理一下谁是凶手,班域是如何中毒毙命的呢?

62. 牵牛花照片

游戏难度:★★★★☆　最佳完成时间:4 分钟

8 月 15 日凌晨 3:30 分左右,在一座大楼里,一个保安人员遇害。看来是潜入大楼的强盗因被保安人员发现而杀人后逃跑。

搜查的结果,很快在当天晚上找出了嫌疑犯,是住在郊区的一个单身男人。

刑警立即赶到他的家。

"今天凌晨 3:30 分钟你在哪儿?"刑警在询问他有没有不在现场的证明。

"那个时候,我早就起床了,正在我家院子里用一次性照相机给我栽的牵牛花从现蕾到开放的一组隔 4 分钟拍一张的系列照。"那人指着院子一角栽种的一片牵牛花介绍说:"这种牵牛花是在凌晨 3:10 分左右开始开花,约 40 分钟后开完,我是一直在拍照的。"

将照片与花对照起来看,的确是今天早晨在院子里拍摄的。刑警们为慎重起见,又送到 A 大学的植物研究所,给他们看了照片,了解牵牛花的开花时间。

调查的结果,这个地区 8 月中旬时,牵牛花开花早的是凌晨 2:00 开始,一般是从 3:00 开始绽开花瓣,4:00 左右开花结束。

这样一来,那人当时不在作案现场的证明是成立的。从他家到作案现场,开车也少不了一个小时。可是,留在现场的指纹证明,罪犯还是他。

他没有同伙,到底使用什么手段伪造了这些照片呢?

63. 细细的钓鱼线

游戏难度:★★★★☆　最佳完成时间:4 分钟

一个盛夏的中午,一名男子被人勒死在一所公寓的房间里,尸体旁边有一台电风扇嗡嗡地转着。经检验他死去仅仅几分钟。

房间的窗户是关着的,房门的插销也从里面插着,整个房间与外界完全隔绝,房门与门框之间没有缝隙,不可能用工具拨动房门内侧的插销将门插上。一位刑警猜测，凶手可能是用糨糊、冰激凌或大头针之类的东西，把插销先斜着固定住，然后迅速出去，从外面使劲敲门，使插销正好落在插销槽里。

这一推测很快被否定了，因为死者死后几分钟就被发现了，插销上应该留下糨糊或冰激凌之类的痕迹，大头针也应该在现场找到，但现场却没有任何痕迹。

赶来现场的探长经过仔细观察，发现电风扇扇叶轴上卷着一根细细钓鱼线，于是问道："这间房子的保险盒安装在什么地方?"

公寓管理员回答："每间屋子的保险盒都安装在门的外侧。"

"原来如此，这个谜解开了。"探长说。

请你推理一下，探长是怎样解开这个谜的?

64. 狡猾的绑匪

游戏难度：★★★☆☆　最佳完成时间：3 分钟

某董事长的孙子被人绑架了，犯人要求索取 1000 万的赎金，并指定如下：

"把钱用布包起来后，放进皮箱。今晚 11:00，放在 M 公园的铜像旁的椅子下面。"

为了保住爱孙的性命，董事长按照绑匪的指示，把 1000 万的钞票放进箱子里，拿到铜像的椅子下。

到了 11:00 左右，一位年轻的女性来了。她从椅子拿了皮箱后就很快地离去了，完全不顾埋伏在四周的警察。那个女的向前走了一段路后，就拦下了一辆恰好路过的出租车。而埋伏在那里的警车，立刻就开始跟踪。

不久后，出租车就停在 S 车站前。那个女的手上提着皮箱从车上下来。警车上的两名刑警马上就跟着她。

女子把皮箱寄放在出租保管箱里，就空着手上了月台。其中的一位刑警则留下来看着皮箱，另一人则继续跟踪她。但是很不凑巧，就在那个女的跳进刚驶进月台的电车后，车门就关了。于是无法继续再跟踪。

还好，那个装有巨额赎金的皮箱还被锁在保管箱里，她的同犯一定会来拿的。

刑警们这么想着，就更加严密地看守着那个皮箱。

但是，过了好久之后，都不见有人来拿，警方觉得不太对劲，便叫负责的人把保管箱打开。当他们拿出箱子一看，里面的 1000 万元已经不翼而飞了。

你知道钱到哪里去了吗? 犯人又是谁呢?

65. 购物失败

游戏难度：★★★☆☆　最佳完成时间：3 分钟

托尼收入并不高，但他想为家人购买更多的东西，尽管他无力承担这些费用。于是，他设计了一个方案，并认为这个方案可以帮他实现这个愿望。他对电脑比较熟悉，清楚超市的电脑系统是如何运作的。到了超市之后，他就开始实施设想好的计划。他选了满满一手推车的商品，准备按照出纳机上显示的商品价格付账。然而，他被捕了。为什么?

(1)出纳机上显示，他要支付 120.25 美元。

(2)他买的都是些罐装、瓶装或者盒装的商品，没买水果和蔬菜。

(3)他设计得很好，做手脚的时候没有被店中的安全摄像头拍到。

(4)他把每样商品都交给收银台扫描了，身上和手推车中没藏匿东西。

66. 说谎的凶手

游戏难度：★★☆☆☆　最佳完成时间：2 分钟

侦探小说作家 Z 先生有一晚在家里写小说时，被人用棒球的球棒从背后杀害。书桌上的一盏台灯亮着，窗户紧闭。

报案的是住在对面公寓里的李某。他向赶到现场的警方所作的说明是这样的：“当我从窗户向外看时，无意间发现 Z 先生书房的窗户上有个影子高举着木棍，我感觉不妙，所以赶紧给你们打电话。”

但聪明的警官听了以后，却说：“你才是凶手！”说罢便将张某逮捕归案。

警官怎样判断出李某在说谎？

67. 失窃名画

游戏难度：★★★☆☆　最佳完成时间：3 分钟

探长正在书房里翻阅案卷，他的助手拿着一份匿名电报走进来。只见上面写着：“蒙特博物馆有幅世界名画被盗，请速来侦破。”探长站起身来，看了看表说：“现在是晚上 11:00，不管是真是假，我们去看看！”说完就出门驾车而去。

博物馆展厅里站着一男一女两个管理员。探长说：“我是警察，刚才接到通知，说贵馆有幅世界名画被盗了，请带我先查看一下现场。”检查完毕，探长觉得这不像是外部偷盗，就让那两名管理员讲讲失窃前后的情况。

女管理员说：“7:00 下班时，我们一起锁上大门，然后就各自回家了。几分钟前，他通知我说有幅名画被盗，我就赶来了。”男管理员接着说：“我回家后想起有本书遗忘在展厅里，就又回来取书，结果发现名画不见了。我马上给她打电话。”

探长问；“你们 7:00 关门时画还在吗？”“还在。关门前我还给画掸过灰呢。”男管理员答道。探长请女管理员讲讲自己的看法，她说：“我对发生的这一切都不知道。依我看，肯定是偷画人给你拍的电报，想故意把水搅浑，这种贼喊捉贼的把戏在众多案件中屡见不鲜。”

“你说得对极了，那幅名画就是你偷的！”探长说完，就给女管理员戴上了手铐。

你知道这是为什么吗？

68. 圆不了的谎

游戏难度：★★★☆☆　最佳完成时间：3 分钟

在酒吧，侦探霍恩遇见一个满头金发、面

孔黝黑的青年在大谈生意经:“昨天我才从沙漠地带回来,洗尽一身尘垢,刮去长了好几个月的络腮胡子,修剪好蓬乱的头发,美美地睡了一夜。最值得庆幸的是,那片沙漠地带有个储量丰富的金矿。假如有谁愿意对这有利可图的项目投资的话,请到210号房间,这儿不便细谈。”霍恩笑着说:“你若想骗傻瓜的钱,最好把故事编得好一点!”

试问,霍恩为什么会这样讲?

69. 被冤枉的狗

游戏难度:★★☆☆☆ 最佳完成时间:2分钟

一天,雷姆正在家里看书,突然响起一阵急促的门铃声,他赶紧去开门。进来的是隔壁的索菲太太,她是个远近闻名的刁妇,只见她气势汹汹地指着雷姆嚷道:“你太可恶了!自己的狗也不管好!把我咬了!”

雷姆莫名其妙,因为他的狗从来不咬人,而且今天一直都蹲在他脚边。于是,雷姆问索菲太太:“什么时候咬的?咬在哪里?我怎么没看到伤口?”

索菲太太说:“就在刚才经过你家门口时。”说着她把裤子拉得高高的。雷姆这才看到,索菲太太膝盖处有一处被咬伤的伤口。

当雷姆看过索菲太太的伤口后,十分肯定地说:“荒谬!你在撒谎!伤口不是我的狗咬的。”接着雷姆说出了证据,索菲太太哑口无言。

70. 隐匿的黄金

游戏难度:★★☆☆☆ 最佳完成时间:2分钟

为稳定黄金价格,F国政府采取了严格的措施,加强了海关缉私力量,防止从国外走私黄金进来。

这天,缉私队得到举报,有一个走私团伙准备偷运一批黄金入关,而且还知道偷运者是女子,将乘502次航班到达。

为了截获这批黄金,警署调集了大批警察与海关缉私人员一同在出口处检查。

502次航班准点到达。这次航班有很多女乘客,其中有一支由十几人组成的金发模特表演队。姑娘们个个漂亮美丽,吸引了不少旅客的眼球。

乘客们一一接受了检查,但都没发现什么问题。难道线报有误吗?当检查即将结束时,一名缉私人员看着远去的女模特,眼睛突然一亮,大喊:“快截住那些模特,她们身上有我们要找的东西!”果然,警方在那些模特身上找到了黄金。

你知道警方从哪找到黄金的吗?

71. 鸟的羽毛

游戏难度:★★★☆☆ 最佳完成时间:3分钟

杰克是某大公司的总裁,最近报纸登出这家大公司濒临破产的消息。消息刊出不久,杰克就失踪了。2天后,人们发现他倒毙在郊外自己的别墅中,是被刀片割断喉咙而死的。

警方在调查中了解到，杰克死前购买了巨额人寿保险。保险条款中规定，如果杰克死于意外，将会获得赔偿，受益人是他太太，如果死于自杀，则不能获得赔偿。

警方初步断定，这是一起保险诈骗案。杰克是自杀，他企图造成一种他杀的假象，但是警方在房间里找不到行凶的刀片。按照常理，人自刎之后不可能还有力气把刀片扔到别处。最后，有一个细心的警察在死者旁边发现了一些鸟的羽毛，这个问题便迎刃而解了。

这是为什么呢？

72. 可疑的谋杀

游戏难度：★★☆☆☆　最佳完成时间：2 分钟

昨天监狱里有个犯人被谋杀了。凶手是透过窗户的铁条将犯人射死的。不过奇怪的是窗前的蜘蛛网却一点都没有损坏，这是什么原因呢？难道他还有别的同伙吗？

73. 理直气壮的窃贼

游戏难度：★★★☆☆　最佳完成时间：3 分钟

许力是一位邮票收藏家。这天他和妻子回家见房门被撬，急忙推门进去，正好抓住准备逃跑的窃贼。他们报警后，警官赶到现场。许力说保险柜里的几枚珍品邮票不见了。窃贼辩解道：“我是来行窃的，不过邮票是别人盗走的。”

警官不信他的话，又与许力夫妇仔细地检查房间，结果找到一个纸口袋。他们将纸口袋里里外外查看了一遍，发现在底部有一些鸟粪。

警官立刻给窃贼戴上手铐说：“走吧，现在就到你家去取邮票。”许力夫妇愣住了，邮票怎么一下子就到了窃贼家里呢？

这是为什么呢？

74. 戴墨镜的杀手

游戏难度：★★★☆☆　最佳完成时间：3 分钟

市郊的一座公寓里住着两个小伙子，一个姓田，一个姓林。

这天，大雪纷飞，王警官和助手接到小田报案，说刚才小林被人枪杀了。他们赶到现场，只见小林头部中了一枪，倒在血泊中。

小田说：“我刚才正与小林吃火锅。忽然闯进来一个戴墨镜的人，对准小林开了一枪后逃走了。”

王警官看到桌上摆着还冒着热气的火锅，于是说道：“别装了，你就是凶手！”

请问，这是为什么呢？

第八辑　实践力——世界为你改变参考答案

1. 密码藏在哪里

在钟面上,因为这只停摆的钟一直指着9时35分15秒,因此密码为93515。

2. 欲盖弥彰

公安人员一看帐篷被支在一棵大树下,就可以断定为他杀。因被害人是有经验的老地质队员,他不可能在野外将帐篷支在大树底下,因为那样做如果天气骤变,就会有遭雷击的危险。

3. 滑冰惨案

当时的气温在零下五六度,如果陌生人真的是从湖里出来的,那么当他遇到东东的时候,衣服上的水早就该结冰了。可见是他在害死朋友后,回到附近旅馆在身上洒了些水,妄图蒙混过关。

4. 花盆藏宝

花"面向我,冲着我笑",说明花面向侦探,也就是面向室内。而一般植物都具有向阳的特征,茎和叶都面朝太阳光线照射的方向生长。那盆藏宝石的花却面朝室内开花,这就是一个问题。大盗将宝石藏到这盆花的底部后,将花盆摆到窗台上时,忽略了这一点,将花面朝室内一侧,这是个失败。所以,侦探一眼便看出了问题。

5. 识破谎言

澳洲在南半球,气候与北半球相反,凶杀案发生在加拿大北部冬季的圣诞节,这时澳洲应是夏季才对,不可能堆雪人过白色圣诞节。

6. 锁定嫌疑人

收藏家。因为只有他才会将所有的指纹抹去,而两个弟弟则不需要这样做。

7. 狡猾的鲍里金

其实这个问题并不复杂,联系常识便知道:白布和旗子一样,没有风绝对不可能飘起来,人们当然也就无法看清楚上面的字。鲍里金正是在这个细节上露出了马脚。

8. 匿藏赃物的秘密

波利探长根据带路的年轻人提供的每个箱子都有联系,而且都是400多号的情况,发现了其中的内在规律:和的十位上的数字与第一个加数的十位上的数字相同,这就要求个位上的数字相加一定要向十位进1,1与第二个加数396十位上的9相加得整数10向百位进1,所以和的百位上的数字一项是8,而它的十位上的数字从0到9都符合条件,因此,藏有赃物的另外9个箱子的号码是:

408、418、438、448、458、468、478、488、498。

9. 驾驶员的谎言

飞机在飞行过程中,机舱内的气压高,舱外的气压低。当打开舱门时,舱内因高压而吸入大量的空气而形成风,所以信封在打开舱门后,会被吹进来的风吹到别的地方,因而,驾驶员在说谎。

10. 识破伪证

不知你划过小船没有,人在划小船的时候,船行驶的方向和划船人的面部方向是相反的。所以向着桥急速划来的那个男人,是背向着桥身的,他不可能看见桥上所发生的事。

11. 加冰的威士忌

哥哥将毒包在冰块里,当哥哥喝那杯酒时,冰块还未融化,所以毒液还未渗透到酒中,当弟弟慢慢喝完酒时,毒已混在酒液里了。

12. 凶犯的特征

服装方面可断定是运动上衣。因为每个人只说了一句实话,那鞋子除去"长统皮鞋"和"短鞋"就是皮鞋。由此又可从手中排除"惯用左手"、"使用双手",头发则是"披发",凶手是身穿运动上衣、脚穿皮鞋、惯用右手、留着披发的男人。

13. 调包

题目中有这样的字眼:"假装往邮筒中投信",说明邮筒就在附近。那么窃贼事先准备好若干个信封,上面写好自己的地址,然后贴好邮票,他从精品屋里出来后,就直接将这些纸币分装在信封里,寄给自己。

14. 谁是贩毒者

贩毒者是厨师。因为就算人再多,调料的需求量也不大,每天买调料是不正常的举动。

15. 抢劫案

因为王刚从来没有和加油员说过自己是什么车,而加油员就可以准确地买来两个正确型号的轮胎,说明他之前见过王刚的车。所以,那四个劫匪中肯定有这个加油员。

16. 拖延了的侦破

从哈莱金最后一句话中:"凶手实在没料到你会拖延这么久才开始侦破!"

我们可以得到什么信息呢?昨天凌晨4点钟就接到一个匿名电话,报告她被人谋杀了,很显然哈莱金怀疑的是匿名报案的人,如果当时警察去破案当然是在4点钟的时候,去了的话,送报的和送奶的就会知道人死了,也就不会留下东西了,可是不巧的是警察没有相信这事,送报的照常去了,而送奶的以为警察去破案了所以没有去送奶,这可根据一个空奶瓶和两叠报纸推知。所以哈莱金怀疑的是送奶人。

17. 不要赎金的绑架者

是那家邮局的邮递员。

18. 推下山谷的尸体

手表的种类繁多。那尸体手上戴的手表是块全自动机芯手表。如果被害人是在三四天前在山谷里被杀的话,尸体一动不动,手表照理是不会走动的。

死后第四天,部下将尸体从冷冻箱里抬出运到自然公园的山顶上再扔进山谷,手表受到震动,自然指针也就走动起来。自动机芯表,在表中设置了循环发条,戴在手腕上,由于手臂的摆动,发条在齿轮的带动下会自动走动。杀人者将自动手表错当成电子表,疏忽了这一点,导致了失败。

19. 穿睡衣的女人

凶手是黛妮小姐的情人。因为黛妮小姐是穿着睡衣被人杀死的,她家门上有个窥视窗,门铃响时,她必定先看看来人是谁,如果是那个学生,她必定不会穿着睡衣迎客;只有看到自己的情人时,才会穿着睡衣让他进来。

20. 让小偷自首

威廉便让詹姆写份声明,登在报上。詹姆以一个化学家的身份,以充满人道主义的口吻,写下一段文字。说自己是化学家,失窃那天晚上,放在桌子上的那瓶酒是有毒的液体,谁喝了,不出5天,必定中毒身亡。他要求爱好那幅画的朋友,尽快到詹姆家服解毒药,否则有生命危险。

21. 愚蠢的助手

保险柜里的那一小堆灰就是那颗大钻石。钻石是地球物质中最坚硬的,其成分是碳元素的纯结晶体,如果温度超过8500℃就会燃烧。氧气切割机火焰温度高达20000℃,用如此高温的切割机切割小小的保险柜门,致使保险柜中的钻石燃烧,变成了二氧化碳。

22. 残忍的走私

鸵鸟没有牙齿,所以拥有不同寻常的胃,它大量吞食小石子,用胃里的小石子来弄碎食物帮助消化,这种小石子不排泄,会留在胃里。因此,犯罪分子觉得这是个很好的从南非走私钻石的机会,他们让鸵鸟吞食了大量钻石,等回到国内,再想办法杀死鸵鸟,取走钻石。

23. 谁烧了玫瑰

玻璃凹槽在盛满了水的时候,就变成了一面凸透镜。太阳光通过这一排凸透镜聚焦到干草上,于是就着了起来。

24. 精明的律师

梨当然没有毒,问题出在水果刀上。迈克虽然是个左撇子,萧伯斯当然知道这点,所以他就在水果刀朝皮的一面浸了毒,常人用这把刀削水果都不会中毒,因为毒液都擦到了水果皮上,而迈克是个左撇子,他用这把刀时,带毒的一面正好朝向了果肉,所以迈克就毒死了。

25. 谁杀了黑帮头子

凶手是风。当死者正在享受日光浴的时候,突然刮起了一阵大风，把太阳伞吹起，当太阳伞落下的时候，伞尖正好扎入了死者腹部。

26. 罪犯是谁

右手被铐的是犯人，小徐的判断是这样的：警察铐住犯人的右手，而铐自己的左手，以方便警察在犯人不老实时用右手制服对方。教官所说的特殊情况是指警察是个左撇子时，也可能会铐住自己的右手。

27. 残忍的抢劫

事实上，凶手与死者并无仇恨，只是想抢钱而已。凶手在开枪之前，这个爱财如命的富翁一心想到的是他的保险箱，于是便一口吞下了手里的钥匙。凶手出于无奈，只好剖开他的胃，取出钥匙，然后打开保险箱，掠走全部财产。

28. 刺杀华蒙托夫

华蒙托夫平时身体健壮，心脏健康，他的猝死显然是非正常死亡，而且身体没有任何伤痕，所以不能排除他杀的可能。考虑到他死在观察同盟国军队的时候，因此死前接触到的最后一件东西很可能是望远镜，而望远镜同样可以成为杀人利器！

被买通的警卫只要把一根毒针和调节焦距的旋钮连在一起，就能让华蒙托夫自己杀死自己！当他扭动旋钮的时候，毒针刺中眼球，导致心脏猝停。而华蒙托夫在被刺中的刹那，自然本能地将望远镜扔掉。他身处悬崖边，这一无心的举动毁灭了最后的罪证，要不是探案专家神奇的推理能力，这件案件恐怕要成为永远的悬案了。

29. 女大学生之死

凶手让被害人吃下安眠药后，在门的内侧四边贴上胶带，当然只贴胶带的半边。

然后，走出卧室，关上门，用吸尘器沿着门缝移动，这样一来，门里的胶带被紧紧贴在房门上了。

30. 雪茄

一般吸雪茄的习惯是吸到一半时，可以先挤熄它，然后再点燃。阿玉利用这个特点，预先在烟灰缸上涂毒，待富商挤熄雪茄离去，毒已在雪茄上。

当富商在车上又掏出雪茄来点，吸入毒后身亡，有毒的部分烧去，所以事后雪茄验不出毒来。

31. 指纹哪里去了

那个女郎在手指指纹部位涂了透明的指甲油，故而咖啡杯上没有留下指纹。

32. 鹦鹉作证

警察局长回到警察局，通过电脑查找名叫罗克和拜伦的档案。不出所料，果然有这两个人，于是立即进行侦查，并将这个嫌疑者拘捕审讯。

当罗克和拜伦带来审讯时，他俩显出满不在乎的样子，当突然听到一声叫唤："到这儿来，罗克！到这儿来，拜伦，"两人就立即招供了。没想到两个家伙在行窃时互相叫唤过，这只鹦鹉居然成了"证人"。

33. 假口供

如果A是在凌晨3时许死去的，啤酒不应该还有泡。

34. 神秘的电文

老李告诉大家，"朝"不是某个人的名字，而是表示日期。这在中国古代汉语里是常见的。如果把"朝"字拆开则是"十月十日，"又有早晨之意，所以老李判断，接货时间应为"十月十日早晨"。

35. 油漆

地上的油漆痕迹表明，麦克匀速走到路中间时，看到了凶杀情景，于是他快速跑进工具屋将自己反锁在里面。工具屋里内的挂锁和半路至工具旁的油漆痕迹变成椭圆形，并且间隔拉大都是证明。

36. 凶手阿泰

科瑞特探长故意让阿秦去拿怀表，却没有告诉他作案现场在哪里，阿秦不知道让他去取表是一计，自己就直接来到旅馆的房间，可见他是凶手。

37. 开关在哪里

画家临死前说的"……开……关……掀……米……勒……"并不是指掀开米勒的画像，而是指掀开钢琴盖，按键上的两个音符"3"、"6"（米为3，勒为6）。按下这两个键舌，地道的门自然打开了。

38. 记者被杀

凶手在门外吵闹，打架生事。记者想查看究竟，即从锁匙孔向外观看，但凶手的毒针已等待着他。一针刺下，死者即中毒，因而死于反锁的客房内。

39. 拙劣的伪装

因为如果那被害的女子是自己踩凳子上吊的,那么凳子上一定会留下她的足迹的。

40. 到底中了几枪

凶手开枪时,被害者正背对窗子弯腰,子弹射穿了她的大腿后进入胸部,所以表面上看好像是中了两枪。

41. 不打自招

因为衣柜里放有樟脑丸,如果真像别墅主人所说,两年已没有在这里住过,那么放在衣柜内的樟脑丸早已挥发完了。

42. 一模一样

警探想,这个小伙子可能有一个孪生兄弟,找来户口册一看,果然如此。因此,他们很快就抓获了凶手。

43. 音乐会上的阴谋

埃利事先已作好演出准备的事实,说明他对巴蒂的死和自己将上场演出有准备,这就证明他涉嫌谋杀。如果他事前不知,他上场前就应作准备,用松香先擦擦弓,并调好琴弦。

44. 杀人浴缸

思维定式是侦探最大的敌人。在海水中溺死是一条重要的线索,同时它也在暗示警察案发地点是在海边,而特里拥有不可能作案的时间证据。

实际上,如果仔细思索一下,并不是溺死现象就一定会发生在海边,如果有足够多的海水的话,在浴缸里同样也能作案,然后放掉海水,装满淡水,这只需要10分钟就足够了。

45. 伤号与逃犯

议员是真正的凶手。他进诊所时,陌生人已经换上了干净的衣服,并且吊着手臂,他不应知道陌生人是背部中弹。

46. 奇怪的走私案

这个人走私的是自行车。

47. 左撇子自杀案

死者两个月前已经因为左手麻痹而不能再用左手拿手术刀,但案发现场手枪在死者的左手里,因此证明凶手是把他杀害后才将枪放到他的手中。在两名访客中,只有两天前从国外回来的人不知道他的左手有毛病,所以那个人就是凶手。

48. 镰刀断案

那人的镰刀上由于杀过人而带有血腥味,所以落满了苍蝇,其他的镰刀上都没有苍蝇。

49. 密室杀人之谜

头发也会热胀冷缩,尤其是金发,遇热时每米能伸长2.5厘米。凶犯就是利用金发的这种特性脱身的。他杀了模特后,将模特的几根金发连在一起,一头系在门闩的尖端,使门闩向上斜吊起来;另一端挂在门上面的图钉上,再结住门下面的图钉,然后关上门就逃走了。在热蒸汽的作用下,浴室内的温度不断上升,头发遇热伸长,门闩就会顺势落入门钩,将门反锁上。

50. 骗局

罪犯是在上午把被害人绑到枯树上的。那时,被害人还没完全窒息,罪犯用湿的生牛皮捆住被害人的脖子后离开。湿牛皮在夏天炎热太阳的照射下,逐渐干缩,直到勒紧被害人的脖子,让他窒息而死。

51. 县令巧断案

县令让手下杀死其中的一只羊,与另一只羊一起放在柴堆里烧。活着被烧死的羊嘴里有很多烟灰,而死的羊嘴里却很干净。可那个女人丈夫的嘴里没有一丝灰尘,说明她的丈夫是被杀之后才被放到火中烧的。

52. 谁是肇事者

从事发现场到下一个路口,必须经过那段泥泞的路。肇事者害怕留下证据就把车轮弄得干干净净,所以一下子就露出了马脚。

53. 相同的鞋印

凶手是女助手。她见男助手每天都穿新买的鞋,就去买了一双和男助手一双一模一样的鞋,然后在男助手每天工作时,将两双相同的鞋子轮流摆在门口让他穿。这样一来,两双鞋子的新旧程度就相差不大了。

随后,女助手杀死画家,用带来的鞋子留下鞋印,再将男助手的鞋子偷偷调换。男助手被逮捕后，女助手把另一双鞋子处理掉，整个过程就显得滴水不漏了。

54. 巧计抓强盗

泽明特意选在更夫走到屋子门外的时候点亮了灯盏，这样一来强盗拿着刀的影子就很清楚地映在了窗户上，更夫一下就能看出屋子里有强盗。

55. 杰茜的照片

柯林斯的好友断定杰茜必然与绑票犯照面，后者的相貌便会映在她的眼球中。

拿到杰茜的照片，他运用最先进的摄影技术，将照片放大，直到能在杰茜的眼球上清晰地看出绑匪的相貌为止。这样一来，绑匪就会原形毕露。

56. 一次大抢劫

他是这样做的，用梯子上去，把绳子的一端系在房梁上，然后把梯子搬出屋外。他带了一大块在冰箱中准备好的冰块。然后站在冰块上，把绳子绑在身上等着。当侍者在第二天发现他时，所有的冰都融化了，经理自然留在了半空中。他聪明不聪明？

57. 害人者终害己

乘客用匕首刺死飞行员时，刀尖刺破了橡皮筏的空气管。如果不立即采取补救措施，里面的压缩空气就会跑掉，船也就会很快沉没，而且海里有吃人的鲨鱼，所以凶手用手指拼死抠住这个洞以防止漏气。这样，他就动不得半步，也就无法拿到有食品的罐头了。即便手指松开，迅速拿过罐头，也没有时间把罐头打开，因为这一时间橡皮筏的空气会跑得一干二净。或者是船沉了，自己成了鲨鱼的食饵，或者是饿死，二者必居其一。

58. 纸里包不住火

狗不叫就是证据。如果真的有强盗潜入，受过严格训练的狼狗就会大声吼叫。然而，西边邻居家准备考试的学生只听到了汽车的声音，这说明凶手是狼狗熟悉的人，也就是狗的主人晴川。

59. 脚印中的奥秘

两个人走到坡下，矮胖子上了坡，手里拿着高个子的鞋，走到悬崖边，把笔记本扔到草丛里，然后，换上高个子的鞋，倒退着下来，企图造成两人都跳崖的假象。因为退着走，所以步距比原来的还小，而且是前脚掌着力，因此小鞋印不会落在大鞋印上，只能是大鞋印落在小鞋印上。高个子在坡下草丛中接应矮个子，两个人赤脚从草丛中溜掉。

60. 可疑的郁金香

郁金香花瓣一到夜间就合上，灯光照射十五六分钟后就会自然张开。名探进来时花瓣是闭合的，而现在张开了，这说明书房在名探进来之前一直是黑着的，卢班不会在黑暗中读书。

61. 神秘的凶器

山姆妒忌班域的才能，故早已有谋杀他的计划。当他得知班域爱吃肉类后，决定买只白兔，喂食有毒的蔬菜和果实。白兔免疫力强，即使吃了有毒的东西，对身体并无影响。把兔喂肥之后，借着公司举行烧烤旅行的机会，山姆才带着兔子出现，班域因未吃过兔肉，见到白兔，自然垂涎三尺，所以将兔烧烤来吃，兔子肚内的毒素侵入班域身体，故此中毒死亡。

62. 牵牛花照片

罪犯是在头天晚上用纸做了一个纸帽套在花蕾上，这样，凌晨3:00钟花就不会开了。作案后，罪犯跑回家取下花蕾上的纸帽，于是，开花时间就推迟了。当花蕾开始开放时，他使用一次性照相机拍下开花过程的系列照片。

63. 细细的钓鱼线

凶手先把保险盒拉开，使屋内处于停电状态，然后把电风扇的开关置于开的位置，把系在电风扇转轴上的钓鱼线穿过房门上的插销槽系在插销柄上，悄悄地关上门，合上保险盒。于是电风扇旋转起来，钓鱼线随之卷进扇轴里，拉动插销柄，使之落进插销槽内。随着拉力的快速增强，钓鱼线从插销上脱落，被卷进电风扇的轴里看不见了。

64. 狡猾的绑匪

犯人其实是出租车司机。那名女子事实上和绑票并没有任何关系，她只是受“司机”之托，从公园把皮箱拿走而已。出租车司机把里面的钱拿出来之后，把空的皮箱交给那名女子，拜托她放在车站的保管箱里。当然他也给了那女子一些酬劳。

65. 购物失败

他更换了商品的条形码，把相同商品的小包装条形码换到了大包装上。他买的全是大包装商品，至少应该再支付3倍以上的钱。收银员发现其中一个条形码不正确，就按响了警铃。

66. 说谎的凶手

影子不可能出现在窗户上。因为桌上台灯的位置是在被害人与窗户之间，不可能把站在被害人背后的凶手的影子照在窗子上。

67. 失窃名画

探长只字未提匿名电报之事，女管理员却自己先说了出来，可见她偷了画，又发了电报。

68. 圆不了的谎

青年人声称他昨天刚刚刮去长了几个月的络腮胡子，但他面孔黝黑、下巴呈古铜色。如果他真的在阳光下待了数月而未刮胡子，那长胡子的地方就应显得白净些。

69. 被冤枉的狗

如果狗咬伤索菲太太，她的裤子不可能完好无缺，根本无须拉起裤子，就能明显地看到伤口。

70. 隐匿的黄金

那些女模特头上戴的是由黄金丝编成的假发。

71. 鸟的羽毛

秘密在于鸟。杰克把刀片绑在鸟的爪子上，自杀以后，鸟由窗口飞走，带走了凶器。

72. 可疑的谋杀

凶手从窗口把箭射进去杀死犯人后，又将几只蜘蛛放到窗台上。其中一只蜘蛛在天亮时结了一张网，于是就造成不是从窗户射击的假象。

73. 理直气壮的窃贼

窃贼用纸口袋装来一只他养的信鸽，行窃后，他将邮票绑在信鸽脚上，从窗户放飞信鸽，将邮票带回了家。

74. 戴墨镜的杀手

如果有人戴着墨镜从寒冷的室外进入热气腾腾的室内，镜片上会蒙上一层雾气，根本无法看清屋里的人。

后　记

本书在策划和编写的过程中，得到了许多朋友、同仁的支持和帮助，以及许多老师的大力支持，他们分别是唐德春、陈奂岳、段育文、李蓓、陈丽华、占珊、刘婷、尚论聪、赵巍、周妮、丁岭花、马泽峰、汪京、周兴华、姚为青、杜海义、王金超、高光耀、刘小勇、时小强、常付轩等，在此向他们表示感谢。

在本书的编写过程中，借鉴和参考了一些文献和作品，从中得到了不少的启发和感悟，也汲取了其中智慧的精华，谨向给予我们无私帮助的专家、学者表示崇高的敬意。因为有了大家的共同努力，才有本书的诞生。

由于编写和出版的时间仓促，以及编者的水平所限，书中的不足之处在所难免，诚请广大读者批评指正。

编　者

2010 年 2 月